KB134581

전통 혼례상차림

하나 되는 소중한 의미를 담은 한국의 전통 혼례상차림

전통 혼례상차림

기획 한식재단

Hollym

발간사

예를 중시한 우리 민족은 일생 동안 다양한 통과의례를 치러왔습니다. 그중 전통 혼례는 가장 고귀하고 성스러운 의식으로 인륜지대사(人倫之大事)라는 말로 그 중요성을 강조했습니다. 예식이 치러지는 공간은 신랑 신부의 결합을 넘어 두 가문이 이어지는 교류의 장으로, 지역의 신명 나는 축제의 한마당으로 승화되었습니다. 가족이라는 혈연공동체와 마을이라는 지연공동체가 협력하여 한 쌍의 부부를 탄생시키고 그 의미를 높이 기렸습니다.

이러한 전통 혼례를 가장 의미 있고 경사스럽게 해주는 것이 바로 혼례상차림입니다. 가문의 예를 담아 정성스럽게 준비한 음식은 혼례 의식을 보다 뜻깊고 화려하게 꽃피웠습니다. 장수, 건강, 부부 금슬, 절개 등 부부의 행복한 삶을 기원하는 마음을 음식 하나하나에 담아내었습니다. 혼례상에 오르는 물품이 서양 예식에서의 주례사 역할을 했다고 봐도 무방할 것입니다. 지역에서 난 가장 좋은 오곡백과를 올리고 쌀 한 톨에서 밤 한 알까지 예를 다하여 차렸습니다. 혼례상차림은 가장 화려하게 재현된 당대 음식 문화의 꽃이었습니다.

한식재단은 우리 음식 문화의 가치 정립을 위해 지난 2011년부터 역사적 사실을 토대로 음식 문화를 발굴하고 계승하는 한식원형복원 사업을 추진해오고 있습니다. 한식원형 발굴은 그동안 조선시대 고문헌과 풍속화, 근대 문헌의 음식 기록을 중심으로 이루어졌고 이번에는 의례 음식의 꽃이라고 할 수 있는 혼례 음식의 이야기를 담았습니다.

전통 혼례 의식은 선조들의 생활 문화와 지혜가 오롯이 담겨 있어 현대를 사는 우리들에게도 전승 가치가 매우 큽니다. 서양식 혼례의 등장과 산업화로 우리 전통 혼례가 점점 멀어져 가고 있기에 그 원형을 찾고 의미를 되새기는 작업은 매우 중요하다고 생각합니다.

이번에 발간하는『전통 혼례상차림』에는 고문헌에 등장한 조선 왕조의 혼례상차림에서부터 조선 반가의 혼례상차림, 그리고 근대와 현대로까지 이어진 문중과 지역공동체의 혼례상차림까지 담아내었습니다. 고문헌에 대한 연구 조사를 기반으로 고증과 구전을 통해 혼례상차림의 많은 것들을 밝혀내었습니다. 이 책을 통해 전통 혼례에 남아있는 선조들의 지혜와 전통문화의 가치가 새롭게 복원되었으면 하는 바람입니다.

끝으로 이 책이 나오기까지 애써주신 연구진과 집필진의 노고에 감사의 말씀을 드리며,『전통 혼례상차림』을 통해 독자 여러분이 전통 혼례의 의미와 우수성을 공감하고 한식의 역사에 한 발짝 다가서는 계기가 되기를 기대합니다.

2017년 2월
한식재단 이사장

목차

1부

상차림에
혼례의 의미를
담다

혼례 풍습의 변화

우리 민족의 서입혼(婿入婚, 신랑이 처가로 들어가는 혼을 말하며, 일명 처가살이혼 또는 데릴사위혼이라고도 함)은 1,500년 이상의 역사를 가지고 있다. 우리 고대 사회에서는 다양한 혼례 관행이 나타나는데 『위략(魏略)』「동옥저(東沃沮)」 편 에는 민며느리 제도와 비슷한 제도에 대한 기록이 보인다.

동옥저의 혼인법은 여자가 10세 되었을 때 약혼을 하고 신랑집에서 맞아들인다.
장성하도록 길러서 며느리로 삼고 성인이 된 후 다시 여가(女家)로 돌려보낸다.
여가에서 재물을 정하고 재물을 다 보내면 다시 신랑집으로 돌아온다.

고구려에서는 남취여가(男娶女嫁) 형태의 혼속(婚俗)이 나타났다.

고구려는 그 여속(女俗)에 혼인을 함에 언어로 이미 정한다.
여가(女家)에서 소옥(小屋)을 대옥(大屋) 뒤에 짓고 서옥(婿屋)이라고 부른다.
사위가 저녁에 여가에 이르러 집 바깥에서 스스로 이름을 말하고

무릎 꿇고 절하며 재워줄 것을 비는데 두세 번을 이와 같이 하면
부모가 듣고 소옥에서 자게 한다.
아이가 어릴 때 처가에 돈과 폐백을 내고,
낳은 아이가 크면 거느리고 집으로 돌아온다.

    고구려의 혼속을 보면, 해를 넘겨 시집에 들어가는 '해묵이' 관행도 엿볼 수 있다. 고려시대에는 여자가 혼례를 올리고 오래 친정에 머물면서 자녀를 낳고 자녀가 성상한 후에야 시집으로 갔다. 이렇게 사위가 처가에 거주하는 혼인 형태인 서입혼은 고려를 거쳐 조선 중기까지 이어졌다. 즉 신랑이 정식 혼례를 올리기 전에 신부집에서 기거하는 풍습으로 이어진 것이다.

    이 서입혼은 고려 말 공민왕이 성리학을 학문적 기반으로 삼은 신진사대부들을 기용하여 정치 개혁을 단행할 때 유학을 기반으로 한 정치를 지향하면서 변화를 맞았다. 즉 유교적 신분 제도와 가부장제적 질서 유지를 강화하고자 혼례에 관한 일련의 개혁 조치를 취하였는데 혼인에 있어서도 지금까지의 서입혼을 지양하고 친영혼(親迎婚, 시집살이혼이라고도 함, 신랑이 몸소 신부를 맞아 신랑 본가로 들어가는 혼)을 주장하였다. 1349년 공민왕과 노국공주가 친영혼을 치르면서 과도기를 맞는다.[01]

    친영혼이 갑자기 나타난 것은 아니다. 중국식 혼례인 친영례의 흔적은 신라 신문왕이 김흠운의 작은딸을 고기, 납채, 납징, 친영을 거쳐 왕비로 맞이한 기록에서도 나타난다.

2월에 이찬과 파진찬을 보내 기일을 정하였다.
대아찬을 보내 납채하게 하였다.
5월 7일에 이찬 등을 보내 책봉하여 부인으로 삼았다.
5월 7일 묘시(卯時, 5~7시)에 파진찬 등 30여 명을 보내
부인을 맞아 오게 하였다.[02]

01 『高麗史』, 卷89, 1454.
02 정구복 외, 『역주삼국사기』, 한국정신문화연구원, 1999, 168~169쪽.

공민왕릉

신라 왕가의 제도를 이어받은 고려 왕실의 혼례도 비슷하였다. 고려는 건국 초부터 신라의 전통을 기초로 토속적인 것과 불교적인 것을 유지시키면서 당나라 유교 예법을 도입하여 관혼상제를 정립하였는데, 고려 중엽에는 지금 우리가 볼 수 있는 관혼상제 의식이 불교와 융합된 형태로 정착되었다.[03]

정도전이 고려 왕실의 과도한 납채 폐해를 지적할 정도로 사치는 극에 달했는데[04] 귀족 계급들도 납채에서는 반드시 예단(禮緞, 예폐로 보내는 비단)을 사용하였다.[05]

의종(1146~1170)소에 상정한 육례(六禮, 납채·납징·고기·친영·동뢰·조현)에 준하는 예문(禮文)을 보면,[06] 고려 왕실이 신라 왕실보다 더 엄격한 중국식 혼례를 치르고자 한 것 같다. 그러나 사회적으로 큰 영향을 주지는 못하였으며 공민왕이 솔선수범하여 친영혼을 감행했지만 파급 효과는 미미했다.

조선 왕실은 친영혼을 납채(納采, 부인으로 채택하는 것을 증명하는 예물을 받아들이는 예), 납징(納徵, 혼약의 증거로 사자를 보내어 폐백을 받게 하는 예), 고기(告期, 신부 측에서 혼례 기일을 정하여 신랑집에 알려주는 예), 친영(親迎, 신랑이 몸소 신부를 맞이하는 예), 동뢰(同牢, 신랑과 신부의 몸의 하나가 되는 예), 조현(朝見, 신부가 시부모님을 뵙는 의례)으로 구성하였다.[07]

조선시대의 혼례는 『주자가례(朱子家禮)』를 수용하여 좀 더 복잡한 과정을 겪는다. 국초부터 『주자가례』를 예론의 최고 기준으로 삼고 그 실행을 장려하였다. 조선조 최대 법전인 『경국대전(經國大典)』에도 "혼례는 일체 가례에 준한다"고 하였다. 또 성종 5년에는 중국 주나라의 유교 경전인 『의례(儀禮)』를 기본으로 『국조오례의(國朝五禮儀)』를 제정하여 혼인에 대한 의례도 규정하였다. 그러나 뿌리 깊게 내려오는 전통 혼속이 이와 부딪치는 의례를 수용할 때는 당연히 반작용이 생겼다. 이것이 바로 친영의 문제이다. 서입혼의 문제를 제기한 첫 번째 인물은 여말선초의 정도전(鄭道傳, 1342~1398)이었다. 그는 전통적인 남귀여가 풍속을 바꿔야 한다고 보았다. 하지만 개정 요구에도 불구하고 남귀여가 혼속은 그대로 지속되었다. 태종 14년 10월에 왕은 "우리나라의

03 김상보, "朝鮮朝의 혼례음식", 『정신문화연구』, vol 25, no 1, 2002, 29쪽.
04 韓東龜, 『韓國の冠婚葬祭』, 國書刊行會, 1974, 150쪽.
05 徐兢, 『宣和奉使高麗圖經』 「雜俗」
06 韓東龜, 『韓國の冠婚葬祭』, 國書刊行會, 1974, 150쪽.
07 김상보, 『조선 왕조의 혼례연향 음식문화』, 신광출판사, 2006.

『국조오례의』

의관문물이 모두 중국의 제도를 따르고 있는데, 단지 혼례만이 구습대로이니 중국인에게 웃음거리가 되고 있으므로 고금의 제도를 참작하여 혼례를 정하라"고 명하였다. 그럼에도 왕의 뜻은 이루어지지 못하였다.

서입혼의 폐단은 『조선왕조실록(朝鮮王朝實錄)』에 다음과 같이 기록되기도 했다. 『태종실록(太祖實錄)』에는 "남자가 여자 집에 들어가 사니 그 자손이 외가에서 자라는 까닭에 본종(本宗)을 알지 못하고 어미의 신분에 따른다"라고 하였다. 『중종실록(中宗實錄)』에는 "남자가 여자 집으로 들어가 사니 여자가 무지하여 그 부모의 사랑만 믿고 남편에게 가볍게 대하고 교만한 마음이 날로 더해가서 마침내 반목하기에 이르러 가도가 무너진다"라고 하였다. 친영혼을 정착하기 위하여 세종 원년(1419)에는 왕가의 혼인을 친영례로 제정한다고 교시를 내리는 등 조선 왕실에서는 다양한 노력을 기울였지만,[08] 왕실조차도 관행으로 이어져온 서입혼에서 쉽게 벗어나지 못했다.

율곡 이이(李珥, 1536~1584)의 어머니인 신사임당(申師任堂, 1504~1551)이 살

던 시대에도 서입혼이 성행했다. 신사임당은 19세에 이원수와 결혼해 20년 동안 친정집에서 살고, 38세가 되어서야 시집에 들어가서 9년 정도 살았다. 사임당이 조선시대 여성들이 일반적으로 겪었던 시집살이의 정신적·육체적 고통에서 벗어나 '시·서·화의 삼절(三絕)'이라 불릴 만큼 예술적 소양을 닦고 현철한 어머니도 될 수 있었던 것에는 20년간의 친정살이가 영향을 미쳤을 것이다.[09] 서입혼이라는 제도가 신사임당의 예술적 기예에 기여했다고도 볼 수 있다.

조신 왕조가 『의례』와 『주자가례』를 근거로 친영혼을 적극 채택하여 시행하고자 했지만, 이러한 조치들은 당시까지만 해도 보편적이었던 서입혼을 뿌리째 흔드는 것을 의미했다. 그러다가 중종 7년 10월에 다시 교시가 내려진다.

조선의 풍속은 신랑이 신부집에 가는 것을 정식으로 생각하고 있다.
이것은 고례(古禮)에 어긋나는 것이다.
지금부터 왕자와 왕녀의 혼인은 모두 고제(古制)에 따라 행한다.[10]

중종은 재위 20년이 되는 해에 직접 신부를 맞이하여 궁궐로 데려오기 위해 문정왕후를 친영 장소로 정한 태평관에서 몸소 맞이하였다.

반가에서도 중종 13년에 유학자 김치운(金致雲)이 최초로 친영혼으로 혼례를 치렀다. 하지만 중종 14년 기묘사화(己卯士禍) 때 조광조(趙光祖)가 처단되면서 친영혼은 폐지되었다.[11]

이후 명종조에 들어 반가에서 반친영혼(半親迎婚)이 등장하게 된다. 일부 사대부에서 전통적인 서입혼과 친영을 결합한 절충론이 나왔다. 현재 민속에서도 신랑이 초행을 가서 처음 전안지례(奠幣之禮)를 행하고, 신부가 나오면 교배지례(交配之禮)와 합근지례(合巹之禮)를 행하고, 관행 3일째 신행하여 구고지례(舅姑之禮)를 행한다. 이것을 '반친영' 또는 '삼일대반(三日對盤)'이라 한다. 16세기인 중종, 명종 때에는 일부 사대부가에서 반친영이 행해지면서 차차 일

09 김상보, 『조선시대의 음식문화』, 가람기획, 2006, 119쪽.
10 『春官志』, 1744.
11 『增補文獻備考』

반인에게도 확산되었다. 그러나 보다 일반적으로 이 의례가 행해지게 된 것은 아마 이재(李縡, 1680~1746)의 『사례편람(四禮便覽)』이 편찬된 18세기 이후의 일일 것이다.   .

서입혼에서는 신랑이 신부집에 기거하다가 신방을 준비한 사흘째 되는 날 동뢰연이 행해졌지만, 반친영혼에서는 당일 혼례를 치르는 것으로 바뀌었다. 조선 후기 가부장제의 확립과 더불어 남자가 처가에 거주하는 형태는 없어졌으나 대신 여자에게 '시집살이'라는 고충이 생겼다.

혼례 절차

혼례는 남성과 여성이 부부로서 사회적으로 인정받는 통과의례의 한 단계이다. 그래서 『예기(禮記)』에는 "의식을 거쳐 예를 행하면 처라 하고, 의식 없이 야합하면 첩이라 한다"고 적고 있다. 미혼 남녀가 혼례를 치르지 않으면 정당한 부부로서 사회적으로 인정받지 못했고 성년 자격도 인정하지 않았다. 때문에 형편에 따라 성대하게, 때로는 조촐하게 예를 올리게 된 것이다.

혼인은 오늘날과 같이 당사자를 중심으로 치르는 의식이 아니었다. 가족과 가족, 친족과 친족 간의 관계 맺음을 확인하는 일종의 집단적 의식이었다. 혼인 당사자 마음대로 배우자를 선택할 수 없는 이유가 여기에 있다.

전통 혼례 절차는 흔히 육례를 갖춘다고 말한다. 즉, 납채(納采), 문명(問名), 납길(納吉), 납징(納徵), 청기(請期), 친영(親迎)의 여섯 가지 절차이다. 납채의 '채(采)'는 여자 쪽에서 혼사 문제에 대한 논의를 채택한다는 뜻이다. 문명은 여자의 이름을 물어서 길흉을 점치는 절차다. 납길은 문명을 통하여 묘당에서 길흉을 점쳐 길조를 얻게 되면, 여자 쪽에 혼인 승낙을 알리는 일이다. 납징의 '징(徵)'은 이루어졌다는 뜻으로, 남자 쪽에서 폐백을 여자 쪽에 보냄으로써, 혼례의 약조가 이루어졌음을 알리는 것이다. 청기는 혼례의 날짜를 정하는 절차다. 친영은 혼인의 날짜가 결정되어 신랑이 신부를 맞아들이는 절차이다. 그러나 이들 절차가 그대로 시행된 것은 아닌 듯하다. 또한 가가례(家家禮)라 하듯 집안에 따라서도 다소 차이가 있었다. 주희(朱熹, 1130~1200)가 편찬한 『가례(家禮)』에도 의혼, 납채, 납폐, 친영 등 네 가지 절차에 육례의 내용이 들어 있으며, 여기에 '부현구고(婦見舅姑)', '묘견(廟見)', '서현부지부모(壻見婦之父母)' 등의 항목을 넣어 혼례를 기술하고 있다.

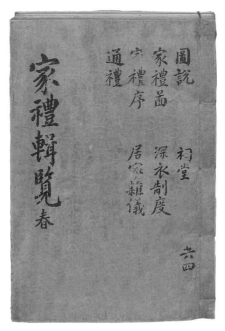

『가례집람』

조선시대의 전통 혼례 절차는 유교를 치국 이념으로 삼고, 중국의 가례를 받아들이면서 정착된 것이다. 『가례』를 기초로 조선시대에 편찬된 김장생(金長生, 1548~1631)의 『가례집람(家禮輯覽)』(1685)과 이재의 『사례편람』에 나타난 혼례의 항목을 비교해보면 주요 항목은 거의 같다. 혼인 연령은 『가례』와 『사례편람』이 동일하게 남자는 16세에서 30세, 여자는 14세에서 20세이고, 『가례집람』은 남녀 모두 20세로 되어 있다. 혼례 절차에서 의혼, 납채, 납폐, 친영의 절차는 모두 동일하고, 『사례편람』에서는 친영 이하의 항목에 있는 '부현구고(신부가 시부모 뵙기)', '묘견(사당 뵙기)', '서현부지부모(신랑이 신부 부모 뵙기)'를 친영에 포함했다.

초례의 의미와 상차림

'초(醮)'란 하늘이 내린 수명을 다하기 위해 모든 앙화와 액을 제거해주기를 지고신(至高神)인 천(天)에게 탄원하는 것이다. 이는 일종의 신앙 행위로서 교주, 교단, 교리 없이 정성과 공경의 마음으로 하늘을 향해 기원하는 것이다. 개인의 기복이 깔려 있기에 민간 신앙과 유사하다고 할 수 있다. 유교 이념에 입각하여 검소하고 절제된 개인적 수양을 중시하면서도 부귀영화와 복된 삶을 추구했던 조상들의 여망을 엿볼 수 있다.

초례(醮禮)는 음식을 차리고 하늘에 기원하는 예식으로, 별이 뜬 시각에 하늘을 향하여 무언가를 비는 의식에서 비롯되었다. 초례의 대상이 되는 별들은 오성(五星)과 열수(列宿), 북두칠성(北斗七星)이다. 오성은 화성, 토성, 금성, 수성, 목성이며, 열수는 스물여덟 개로 동방의 목성, 서방의 금성, 북방의 수성, 남방의 화성에 각각 일곱 개씩 배치되어 있다. 북두칠성은 지평선 아래로 사라지지 않고 북극성 주위를 회전하는데 옛사람들은 이를 천제(天帝)의 집이라고 생각했다. 그리하여 28수는 북두로써 중심을 삼는다. 별이 초례의 대상이 된 것은 별의 존재와 운행을 관찰하면서 오는 극대의 신비감에서 비롯되기도 했으나, 실제 성신

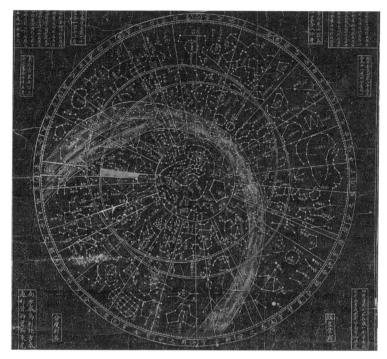

천상열차분야지도

(星辰)의 움직임에 근거하여 방위와 계절을 측정하기도 했다.

　이러한 의미의 초례는 친영에 앞서 신랑의 아버지가 신랑에게 초례(술 한 잔을 신에게 올리고 아버지가 아들에게 한 잔 술을 초하는 예)를 행하면서 결혼의 도를 훈계하고 경계하는 초계(醮戒)로 나타나고, 이것이 동뢰연에 차용되어 동뢰연상을 초례상이라고 칭한 것이다.

　서입혼을 행하던 시기의 동뢰연에 어떤 음식이 올랐는지는 알 수가 없지만 고구려시대에는 신랑집에서 신부집으로 돼지와 술을 이바지용으로 보냈다. 이 돼지와 술은 신부집의 잔치에서 각각의 상에 올랐던 주요 찬품(饌品) 재료로, 혼례식장에 모인 모두가 공음공식(共飮共食)을 통해 한 가족이 되는 신성한 주식(酒食)이었다.

　술과 돼지는 『의례』「사혼례(士昏禮)」의 동뢰연 상차림에서도 나타난다. 이 문헌에 따른 상차림 규범을 살펴보면, 하늘의 아들인 천자(天子)는 26두(豆)를, 높은 권력을 가진 제공(諸公)은 16두를, 지방을 다스렸던 제후(諸侯)는 12두를 차렸다. 또한 사대부를 의미하는 상대부(上大夫)는 8두를, 정3품 이하의 직위인 하대부(下大夫)는 6두를 차렸다.

하늘이 주는 시간, 즉 천시(天時)의 진행에 따라 생산된 식품을, 양성음식(육류)은 홀수로 담고 음성음식(곡류 등)은 짝수로 담는 것은, 신랑과 신부를 지켜주는 조상신께 제사를 드려 신을 즐겁게 하고자 하는 것이다. 음양에 맞추어 자연의 순리대로 살아야 하므로 신께 제사를 올릴 때는 음식도 자연의 순리대로 음양에 맞추는 것이다. 신께 제사 올릴 때는 시세에 맞추고, 분수에 상응하며, 행례자의 신분과 행례의 규모가 균형 있고 조화로워야 한다. 그래서 6두(음) 3조(양)이다. 이렇게 차려야 예(禮)가 성립된다. 여기서 예는 천하를 다스리기 위한 기본적인 수단이다.

아울러 신랑과 신부가 제사 올릴 때는 성의를 다하여야 제사 이후 음복(飮福)을 통하여 신으로부터 복을 받고 만사가 형통해진다.

신랑이 서쪽에서 동쪽을 향하여, 신부가 동쪽에서 서쪽을 향하여 마주하고 각자는 가운데 있는 6두 3조의 음식으로 먼저 제사한다. 자리 가까이에 있는 규저(아욱김치)와 와해(달팽이젓갈)부터 시작하여 멀리 있는 서(찰수수), 직(차조), 돼지고기의 폐와 등뼈 순서로 제사한다. 그러나 가장 중요한 제물은 폐와 등뼈이다. 폐와 등뼈가 중요한 제물인 것은 폐는 기(氣)의 주체(主體)이고 등뼈는 몸의 정체(正體)이기 때문이다. 제사 올린 음식은 폐와 등뼈부터 먹는다. 한 마리의 특돈(特豚), 즉 새끼 돼지에서 나온 폐와 등뼈를 신께 제사 올리고 신랑과 신부가 각각 하나씩 먹어 둘이 되는 것은 음과 양을 각각 하나씩 먹어 전체를 이룬다는 의미이다. 폐는 양이고 등뼈는 음이다.

폐와 등뼈를 먹을 때에는 먹기 쉽게 하기 위하여 급(맑은 고깃국)과 혜장을 사용하고, 서(찰수수)로 삼반(三飯, 세 번 숟가락을 뜬다는 뜻으로, 밥 먹는 것을 위주로 하지 않음을 나타냄)을 먹은 후 다음의 의례가 진행된다.

제1장

입을 청결하게 하고 먹은 음식을 조화롭게 하기 위하여

신랑과 신부에게 권하는 술이다.

신랑과 신부는 모두 작(爵, 발 달린 술잔)에 담긴 술로 제사 올린 후 마신다.

술을 마시기 전에 속을 편안하게 하기 위하여 간적(肝炙)이 술안주로 제공된다.

간적은 소금을 묻혀 흔들어 제사 드린 후 먹는다.

간적을 먹고 나서 술을 마신다.

제2장

신랑과 신부는 제1장과 마찬가지로 술은 제사 드린 후 마신다.

이때의 작은 제1장 때 사용했던 작이 아닌 별도의 작이다.

술안주로 간적은 제공되지 않는다.

제3장

부부 상친(相親)하고 합체하는 일심동체(一心同體)의 의미에서

작 대신에 한 개의 표주박을 둘로 쪼개어 만든 합근(合巹)을 술잔으로 사용한다.

사용하지 않을 때는 원래대로 합하여 두기 때문에 이 이름이 붙었다.

술은 제사 드린 후 마신다.

술안주로 간적은 제공되지 않는다.

신랑과 신부가 합근으로 제3장을 마시면

동뢰연에서 차렸던 음식은 이웃하는 별도의 실(室)에 다시 차려지고,

이 실에서 신부를 따라온 가족들은 동쪽 자리에서 신랑이 먹고 남긴 찬 나머지를 먹고,

신랑을 따라온 가족들은 서쪽 자리에서 신부가 먹고 남긴 찬 나머지를 먹는다.

   신이 드시고 남기신 폐와 등뼈를 음복하는 절차를 통하여 신랑과 신부가
먹고 동체(同體)가 되어 비로소 남편과 아내가 된다. 이어서 합근주를 마심으

로써 정신이 하나가 되는 것이다.

이러한 일심동체로 다시 태어나는 대상은 신랑과 신부만이 아니다. 신랑의 가족, 신부의 가족도 동뢰연에 차렸던 음식을 나누어 먹음으로써 비로소 양가의 친척 관계가 성립된다. 이는 신이 먹고 남긴 음식을 먹고 마심으로써 신과의 공음공식이 이루어지고, 이를 통하여 다시 태어나고 복을 받는 새로운 생활이 시작됨을 의미한다.

민간의 전통 혼례

이 동뢰연은 유교적인 규범으로 왕실에서는 신랑집에서 친영례를 올릴 때 예를 행하도록 하였지만, 유교적인 규범을 강조하는 양반가에서조차도 신부집에서 동뢰연을 올렸다. 1626년 신응순(辛應純, 1572~1636)이 차녀 혼인을 자신의 집에서 반친영례로 하였으며, 동뢰연의 상을 나물, 과일, 술잔, 술잔받침 등으로 차려 보통 의식 때와 같이 하였다. 조선 후기 정약용(丁若鏞, 1762~1836)은 『여유당전서(與猶堂全書)』에서 신랑 신부가 각각 상을 따로 받지 않고 상을 하나로 같이 받도록 해야 한다고 하였고, 동뢰연상에는 『사혼례』에서 보이는 서(黍, 찰기장)와 직(稷, 메기장) 대신 밥과 떡, 석(腊, 말린 토끼고기) 대신 닭으로 하여 반(飯, 밥), 병(餠, 떡), 갱(羹, 국), 어(魚, 생선), 저(菹, 김치), 해(醢, 장), 해(醢, 젓갈), 닭 반 마리, 돼지 반 마리로 차릴 것을 제시하였으나 지켜지지 않았다. 민간의 전통 혼례에서는 돼지를 올리는 일은 없었으나, 닭은 장닭과 암탉을 함께 올렸다.

일반 백성들은 혼례 당일 신부집 앞에 송죽(松竹)을 세우고, 대청에 교배석(交拜席)을 마련했다. 발 높은 고족상(高足床)에는 밤과 대추 등의 과일을 놓고 양 끝에는 몸이 묶인 닭 두 마리를 각각 청색 보자기와 홍색 보자기에 감싸 놓았다. 술 주전자, 술잔, 합근주도 배설하였다. 백성들은 이깃을 초례상이라 하였고, 이것이 현재까지 이어져 전통 혼례 초례상의 규범이 되었다.

2 부

조선 왕실의
혼례
상차림

01

조선 왕실의 초례상

왕의 결혼은 최고 권력을 움직이는 실권자의 의식이었다는 점에서 정치적인 이벤트였으며, 따라서 의례 가운데 가장 화려한 행사였다. 두 남녀의 결합이라는 혼례의 일차적 의미와 더불어 왕통을 계승하고 옹립하는 국가적, 전통적 신념 체계를 과시하는 의식이었기에 왕실 혼례는 국가 행사 중에서 중요한 위치를 차지하고 있었다. 따라서 당시의 혼례 의식과 상차림을 살펴보는 일은 당대 왕실 문화를 규명하는 방법이 될 수 있다.

왕 가례(家禮), 즉 왕실의 혼례를 규범화하는 기준과 체계는 무엇이었을까? 조선 왕조는 중국 주나라 초기에 나온 『의례』를 기본으로 하여 성종 5년(1474)에 『국조오례의』를 제정하였다. 여기에 가례에 대한 의례를 규정하였는데, 천자는 26두(豆), 제공은 16두, 제후는 12두, 상대부는 8두, 하대부는 6두를 차리는 『예기』에 근거하여 조선 왕실의 혼례는 제후 지위에 해당하는 12두 7조가 차려졌다.

두(豆)는 원래 굽이 달린 그릇으로 조선시대 왕실의 상차림에서 젖은 음식을 담는 용도로 사용하였다. 조(俎)는 도마 모양을 본떠 만든 그릇으로 소, 양,

두(豆) – 세종실록 　　　　　　　 조(俎) – 세종실록

돼지 등을 올려놓는 데 사용하였다.

　『의례』에서는 사(士, 중국 주나라 때 사민의 위이며 대부의 아래에 위치한 신분)의 혼례에서 6두 및 3조를 차렸는데 상차림은 아래 그림과 같다.

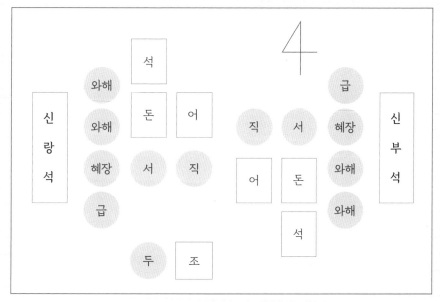

『의례』의 「사혼례」에 따른 동뢰연 상차림

- **와해** 달팽이젓갈
- **서** 찰수수
- **석** 꼬리뼈를 없애고 통째로 말린 토끼 반 마리
- **혜장** 초장
- **직** 차조
- **돈** 발굽을 제거하여 삶은 새끼 돼지
- **급** 고기를 넣고 끓인 국
- **어** 말린 붕어 일곱 마리

6두라는 가짓수에는 그 까닭이 있다. 즉 두에 담는 음식이 수(水)와 토(土)의 성질을 지닌 음성(陰性)이기에 6이라는 우수(偶數, 짝수)로 차린 것이다. 조가 3인 것은 조에 차린 음식이 양성을 지니고 있기에 3이라고 하는 기수(奇數, 홀수)로 차린 것이다. 따라서 6두 3조는 음과 양의 조화를 꾀한 조합이다. 조선 왕실의 동뢰연상은 『의례』에서 제시한 형식과는 많이 달랐다. 왜냐하면 고려 왕실의 가례 특징을 많이 받아들였기 때문이다.

『가례도감의궤』 왕 가례 시 동뢰연의 신랑 신부 상차림 배치도

고려 왕실은 대연상일 경우 조화와 유밀과로 구성된 다과상에 차와 술, 술 안주를 차렸는데,[01] 이것이 조선 왕실 동뢰연상에 그대로 이어졌다. 흥미로운 사실은 신랑과 신부에게 각각 별도로 상을 차렸다는 점이다. 동쪽은 신랑, 서

쪽은 신부를 위한 상이 놓였는데, 각각 우협상(右俠床)·연상(宴床)·좌협상(左俠
床)·면협상(面俠床)·대선상(大膳床)·소선상(小膳床)·과반(果盤)·중원반(中圓盤)·
찬안상(饌案床)·대주정(大酒亭, 신부에게는 소주정을 차렸음)을 한 조로 차렸다.

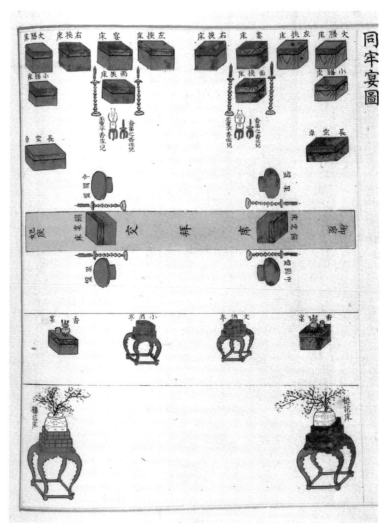

헌종효정후가례도감의궤 중 동뢰연도

신랑 신부에게는 우협상·연상·좌협상·대선·면협상·소선상 등 각기 여섯 가지의 상이 차려졌다. 상 위에 올라온 음식과 음식을 쌓은 높이 및 분량을 숙종과 인현왕후 가례 때의 동뢰연상을 중심으로 살펴보면 그림과 같다.

• 압자 오리　　• 저 돼지　　• 우후각 소 뒷다리

유밀과로 구성된 우협상·연상·좌협상의 찬품에는 비단으로 만든 조화를 꽂아 화려하게 장식하였다. 좌협상과 우협상은 앞의 첫줄에는 나화초충(蘿花草蟲)으로 장식하였고, 두 번째 줄에는 백학, 세 번째 줄에는 중간 크기의 봉황, 네 번째 줄에는 큰 봉황을 음식 위에 꽂았다. 연상 앞의 첫줄에는 실과초충(實果草蟲)을 장식하였고, 두 번째 줄에는 백학, 세 번째 줄에는 작은 봉황, 네 번째 줄에는 공작을 비단으로 만들어 장식하였다.

이들 차림은 신랑과 신부가 먹는 것이 아니라 그들을 돌보는 신을 위한 찬품으로 구성된다. 즉 신을 기쁘게 해드려 복을 받고자 하는 것으로, 먹지 못하고 쳐다만 보는 간반적 성격을 띤다. 혼례가 끝나면 상에 오른 음식은 신랑 신부를 포함하여 참석한 내빈들이 음복 한다. 혼례 중 신이 먹는 이들 상차림은 민중에 '큰상'이라는 이름으로 전래되기에 이른다.

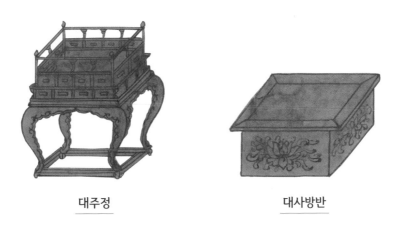

| 대주정 | 대사방반 |

동뢰연 때 남쪽에 배설된 과반·중원반·찬안상·대주정의 찬품은 주인공들이 직접 먹을 수 있는 음식들로 차려졌다. 찬안상은 아무것도 차리지 않은 빈 상으로 내놓았다가 신랑과 신부가 착석한 후 찬품들이 차려졌다. 이는 신랑과 신부가 신에게 술을 올릴 때 신이 먹는 술안주가 된다. 중원반과 과반은 이 술안주를 보충하는 상으로 차려졌다. 이 외에 신랑과 신부가 직접 입에 대

고 먹을 수 있는 초미·이미·삼미의 상이 차려졌는데, 이것이 민가에 전해져 '입매상'이 되었다. 그러니까 신랑(왕좌)과 신부(왕비좌) 앞에 차려진 초미·이미·삼미와 사방반·중원반·과반을 민가에서는 초례상이라고 했으며, 이 초례상을 동뢰연상이라고도 하였다.

조선 왕실의 동뢰연 의례

　동뢰연 의례는 왕과 왕후가 술과 음식을 나눠 먹는 의식을 통해 합일을 이루는 과정이다. 따라서 혼례를 통틀어 가장 핵심이 되는 행사라 할 수 있다. 이 동뢰연 의식을 언급하기 전에 우리 민족의 음복 문화라는 독특한 관습을 살펴보자. '음복'은 나누어 먹으며 화합을 다지는 일종의 공동체 문화라고 할 수 있다.

　음복 습속은 단군신화로 거슬러 올라간다. 신웅이 내려준 한 줌 쑥과 스무 개의 마늘을 먹은 곰은 새로운 모습으로 화하여 단군을 낳고 비로소 우리 민족의 기원인 고조선이 탄생한다. 한민족의 정체성을 형성한 이 건국신화는 음복을 통하여 아내와 남편이라는 새 인간으로 거듭나는 혼례 의식과 일맥상통한다.

　6두 3조로 차려진 동뢰연 상차림을 받고 조상신으로부터 복을 받아 성인의 도(道)를 갖춘 신랑과 부순의 덕(德)이 준비되어 있는 신부라고 하는 한 쌍의 부부가 새로 태어난다. 동뢰연은 신랑 신부가 합체하고 같은 신분이 되게 하는 의례 수단인 것이다. 특히 새끼 돼지를 생것으로 먹고 합근을 사용하여 술을 마시는 의례를 거쳐 몸과 마음이 하나로 완성된다.

주목할 만한 사실은 동뢰연 의례를 통해 왕실 문화뿐 아니라 당대 최고 권력자의 권세와 정치 세력의 변화 등도 확인할 수 있다는 것이다. 혼인 의식에서 왕실 권력의 추이와 변화를 읽을 수 있는 것이다.

여기서는 숙종과 고종 그리고 순종의 동뢰연 의례를 살펴보고자 한다. 숙종은 세 번의 혼례를 치른 왕으로『가례도감의궤(嘉禮都監儀軌)』등에 혼례에 대한 기록이 풍부하게 나타나 있는데,『국조오례의』에 의하여 치러진 조선 왕실 혼례의 전형을 볼 수 있는 혼례라고 할 수 있다. 고종의 혼례는 영조의『어제국혼정례(御製國婚定例)』이후 소략해진 왕실 혼례를 확인할 수 있으며, 순조의 혼례는 조선 최초 황태자의 혼례라는 의미가 있다.

숙종과 인현왕후가 치른 동뢰연 의례는 고종과 명성황후의 동뢰연 의례와 매우 유사하다. 혼례상차림 또한 두 왕의 가례가 똑같은 구성이다. 이는 숙종 이후 조선 왕조 말까지 동뢰연 의례 규범이『국조오례의』「동뢰의」에 의거해 치러졌기 때문이다. 다만 고종의 동뢰연은 찬품 숫자만 조금 줄어들었는데, 영조가 명한『어제국혼정례』의 혼례 규범에 따른 결과이다.

영조는 재위 25년 2월에 호조판서 박문수에게 국가 경비 지출에 관한 예규인『탁지정례(度支定例)』를 제정하도록 하고, 그해 12월 국혼에 관한 정례를『어제국혼정례』에 명시하였다. 당시 사치스러운 풍속으로 국비의 낭비가 가중되자 재정 손실을 막기 위해 각 궁방과 관아의 경비 절감을 명한 것이다.

영조는 모든 궁정 혼례를『어제국혼정례』에 따르도록 하였다. 고종과 명성황후의 가례도 그 예외가 될 수 없었다. 따라서 고종은 숙종보다 더 검소하게 혼례를 치렀다. 이러한 관점에서 왕 가례를 들여다보면 당시의 시대적 분위기를 읽을 수 있다.

숙종과 고종의 동뢰연은 창덕궁 정문인 돈화문에서 시작하였다. 신부의 친정이 아닌 임시 별궁에서 왕이 신부를 맞은 후 창덕궁으로 인도했다. 왕은 신부보다 먼저 창덕궁 편전으로 들어가 신부를 맞이하기 위해 대기한다. 내전

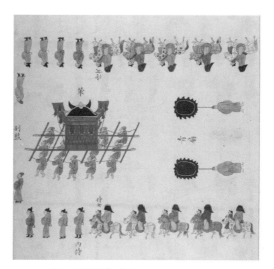

숙종인현왕후가례도감의궤 반차도 중

문밖에 이르렀을 때 전등(등화에 관한 일을 맡아 보던 벼슬아치)이 사람들을 데리고 촛불을 들었다.

편전의 앞문 밖 서쪽에 남쪽으로 향하도록 설치한 대차(제례 의식을 기다리는 곳)에 왕후의 가마가 도착하고, 가마에서 내린 왕후는 자주색 요가 깔려있는 대차로 들어가 옷매무새를 가다듬는다. 왕이 신부를 맞이하여 동뢰연을 하기 위해 편전의 방으로 들어간다. 이곳이 동뢰연청이다. 여기에는 다홍색 견으로 만든 요와 자주색 팽단(彭緞)으로 만든 요가 깔려 있고, 주변에는 화룡촉 두 쌍, 홍사촉 다섯 쌍, 홍육촉 40자루, 홍팔촉 40자루가 불을 밝히고 있다.

동뢰연청에서 왕은 동쪽에, 왕비는 서쪽에 앉는다. 상식(식사 담당 벼슬아치)이 찬을 들여와 왕과 왕비의 좌석 앞에 놓인 찬안상에 찬을 올린다.

왕과 왕비에게 술 제1잔을 올린다. 그 술은 신에게 올린 후 마신다. 그리고 탕(湯), 즉 일미를 올린다. 그다음 왕과 왕비에게 입가심을 위한 술 제2잔을 올린 후 탕(이미)을 올린다. 왕과 왕비에게 근배로 술 제3잔을 올리고 탕(삼미)을 올린다.

순조순원왕후가례도감의궤 동도금작

술을 올린 후 동뢰연이 끝나고 왕과 왕비는 왕이 있는 곳 궁전 실내에 설치
한 악차(임금이 거둥 시 잠시 머무르는 장막)로 들어간다. 악차에는 겹자리가 깔려
있고 그 위에 욕석 두 자리를 깔았다. 남쪽에 머리가 오도록 하고 북쪽에 발
치가 오도록 이불과 베개가 갖추어져 있다.

왕비를 따라온 친척들은 왕이 먹고 남긴 음식을 먹고, 왕을 따라온 친척들
은 왕비가 먹고 남긴 음식을 먹는 것으로 동뢰연 의례는 끝난다.[02]

王妃詣閤至興化門侍衛如常儀至
內殿門外於儀仗停 尚寢帥捧織扇者典燈帥執燭者供布

王妃詣閤至與化門待衛如常儀至
內殿門外於儀仗停尚寢帥捧織扇者典燈帥執燭者供布

坫趾施屏障初昏尚食設酒亭於室內稍南置西盞蜜
御幄於所御殿室內鋪地席重茵又鋪樏席二皆有衾枕
設
殿下所御殿閤外之西南向鋪樏席如常將夕尚寢帥其屬

玉妃大次於內侍之屬設

同牢儀
其日內侍之屬設

一
侍導從儀伏前導如常詣閤儀 在出宮

숙종인현왕후가례도감의궤 동뢰의

02 「嘉禮都監儀軌」, 1681.

순종의 가례 절차도 고종과 거의 비슷하다. 다만 순종의 가례는 조선조 518년 동안 행한 가례 중 유일한 황태자 가례라는 점이 다를 뿐이다.

숙종과 고종의 가례 절차는 왕과 왕세자의 혼례 의식 모습을 자세히 기록한 『가례도감의궤』에 그 전모가 드러나 있다. 숙종 때 『가례도감의궤』에는 동뢰연 의례 절차가 다음과 같이 기술되고 있다.

그날 내시의 무리가 왕비의 큰 막차(幕次, 대차大次)를 전하가 계신 곳
궁전 합문(閤門, 편전便殿의 앞문) 밖의 서쪽에 남쪽으로 향하도록 설치한다.
욕석(褥席, 요) 깔기를 평상시와 같이 한다.

저녁때에 상침(尙寢, 여관의 정6품 벼슬로 이부자리를 담당함)이 그 소속을 거느리고
어악(御幄, 임금이 쉴 수 있도록 장막을 둘러친 곳, 악차)을 전하가 계시는 궁전 실내에 설치한다.
맨 밑에 겹자리를 깔고 그 위에 욕석 두 자리를 깐다.
모두 이불과 베개를 갖춘다.
북쪽 발치에는 병장(屛幛, 안팎을 가려 막는 병풍)을 친다.

초저녁에 상식(尙食, 여관의 종5품 벼슬로 식사를 담당함)이
주정(酒亭, 신랑은 대주정, 신부는 소주정)을 실내 조금 남쪽에 설치하고
두 개의 잔과 합근배를 그 위에 놓는다.

왕비가 대궐로 나아가는데 돈화문(敦化門, 창덕궁의 정문)에 이르면
시위하기를 평상 의식과 같이 한다.
내전(內殿, 왕비의 존칭이나 여기서는 안의 궁전, 즉 임금의 거쳐)의 문밖에 이르러서
의장은 문안에 머문다.

상침이 상선(尙膳, 여관의 종2품 벼슬로 식사를 담당함)을 받들고 있는 사람을 거느리고,

전등(典燈, 여관의 종8품 벼슬로 초·등불에 관한 일을 맡음)이

촛불 든 사람을 거느리고 모두 앞뒤에 늘어선다.

왕비의 연이 큰 막차 앞에 이르면 상의(尙儀, 여관의 정5품 벼슬)가

부복(俯伏, 고개를 숙이고 엎드림)하고 꿇어앉아 연에서 내리기를 계청한다.

왕비가 연에서 내린다.

상궁(尙宮, 여관의 정5품 벼슬)이 왕비를 인도한다.

왕비는 막차에 들어가서 엄숙히 정제한다.

마치면 상의가 꿇어앉아 막차에서 나가기를 계청한다.

왕비가 막차에서 나온다.

상궁이 왕비를 인도하여 합문 밖의 서쪽으로 가서 동쪽을 향하여 서게 한다.

상의가 부복하고 꿇어앉아

외판(外辦, 임금이 거둥할 때에 의장과 호종들을 제자리에 정돈시키는 일)을 아뢰고,

어좌에서 내려와 예로 맞이하기를 청한다.

임금이 어좌에서 내려온다.

상궁이 꿇어앉아 규(圭, 옥으로 만든 홀로 위 끝은 뾰족하고 아래는 세모 혹은 네모가 졌다. 옛날 중국에서 천자가 제후를 봉하거나 신을 모실 때 사용하였다) 들기를 계청한다.

여관이 꿇어앉아 규를 올리고, 전하가 규를 든다.

상궁이 앞에서 인도하여 합문 밖의 동쪽으로 가서

서쪽을 향하여 서서 왕비에게 읍하고 들어간다.

상침이 먼저 욕석을 까는데,

전하의 욕석은 동쪽에 서쪽을 향하도록 놓고

왕비의 욕석은 서쪽에 동쪽을 향하도록 놓는다.

전하가 왕비를 인도하여 중앙 계단으로 올라간다.

상궁이 왕비를 인도하여 따라 오르고 촛불을 잡은 사람들이

동쪽과 서쪽 계단 사이에 도열하여 선다.

전하가 왕비에게 읍하고 실(室)로 들어간다.

좌석으로 나아가 서쪽으로 향한다.

왕비도 좌석으로 나아가 동쪽으로 향한다.

전하와 왕비는 모두 앉는다.

상식이 그 소속을 거느리고서 찬을 들고 와

전하와 왕비의 좌석 앞에 진설한다.

상식 두 사람이 주정으로 나아가 잔에 술을 따라

한 사람은 전하 앞에, 한 사람은 왕비 앞에 꿇어앉아 올린다.

상궁이 꿇어앉아 규 놓을 것을 계청한다.

전하가 규를 놓고 여관이 꿇어앉아 규를 받는다.

전하와 왕비가 모두 잔을 받아 제주(술로 제사함)하고 마신다.

마시는 것이 끝나면 상의 두 사람이 나아가 빈 잔을 받아 주정에 갖다 놓는다.

상식이 모두 탕을 올린다.

잡수는 것이 끝나면 상식이 또 모두 잔을 가져다

두 번째 입가심 잔을 올린다.

전하와 왕비가 모두 잔을 받아 마시면

상의가 모두 나아가 빈 잔을 받아 다시 주정에 갖다 놓는다.

상식이 모두 탕을 올린다.

잡수는 것이 끝나면 세 번째 입가심 잔을 올린다.

근배를 사용한다.

두 번째 입가심 잔을 올리는 예와 같이 한다.

상의가 중앙에서 북쪽으로 향하여 부복하고 꿇어앉아

예가 끝났음을 아뢰고 일어나 시위하는 자리로 돌아온다.

상의가 부복하고 꿇어앉아 규 잡을 것을 계청한다.

여관이 꿇어앉아 규를 올리면 전하가 규를 잡는다.

상식이 그 소속을 거느리고 찬안을 치운다.

상의가 나아가 중앙에서 북쪽으로 향하여 부복하고 꿇어앉아

일어날 것을 계청한다.

전하와 왕비는 모두 일어난다.

상궁이 전하를 인도하여 동쪽 방에 들어가도록 한다.

면복을 벗고 평상복을 입는다.

또 상궁이 왕비를 인도하여 악차에 들어가도록 한다.

적의를 벗는다.

상궁이 전하를 인도하여 악차에 들어가도록 한다.

왕비의 종자(혼례를 위해 따라온 왕비의 친인척)는

전하가 잡수고 남긴 음식을 먹고,

전하의 종자는 왕비가 잡수고 남긴 음식을 먹는다.[03]

03 『嘉禮都監儀軌』, 1681.

숙종과 인현왕후의 동뢰연은 성종 5년에 나온『국조오례의』의「동뢰의」내용과 크게 다르지 않다. 동뢰연 의례 규범은『국조오례의』가 그 바탕이 되고 있기 때문이다.

왕이 왕비에게 읍하고 실(室)에 들어가서 좌석에 나아가 서쪽으로 향하여 앉는다. 왕비도 좌석으로 나아가 동쪽으로 향하여 앉는다. 상식이 그 소속을 거느리고 찬안(饌案)을 들고 들어와서 왕과 왕비의 좌석 앞에 배설한다.

상식 2인이 주정에 가서 잔에 술을 따라 한 사람은 꿇어앉아 전하에게 드리고 한 사람은 꿇어앉아 왕비에게 드린다. 왕과 왕비가 모두 잔을 받아 제사 드리고(祭酒) 마신다. 마치면 상의 2인이 나아가 빈 잔을 받아 주정에 다시 놓는다. 상식 2인이 왕과 왕비에게 탕(湯)을 올린다.

상식 2인이 두 번째 입가심 잔을 올린다. 왕과 왕비가 잔을 받아 마신다. 마치면 상의 2인이 나아가 빈 잔을 받아 주정에 다시 놓는다. 상식 2인이 왕과 왕비에게 탕을 올린다.

상식 2인이 세 번째 입가심 잔을 올린다. 근배(표주박 잔)를 사용한다. 왕과 왕비가 잔을 받아 마신다. 마치면 상의 2인이 나아가 빈 잔을 받아 주정에 다시 놓는다. 상식 2인이 왕과 왕비에게 탕을 올린다.

상의가 한가운데에서 북쪽으로 향하여 부복하고 꿇어앉아 예필(禮畢)을 아뢰고 일어나 시립(侍立)하는 자리로 돌아간다. 상식이 그 소속을 거느리고 찬안을 치운다.

상의가 나아가 부복하고 꿇어앉아 "일어나십시오"라고 계청한다. 왕과 왕비가 일어난다. 상궁이 왕을 인도하여 동쪽 방에 들어가게 하고 왕은 면복을 벗고 평상복으로 갈아입는다. 상궁이 왕비를 인도하여 악차에 들어가게 하고 왕비는 적의를 벗는다. 상궁이 왕을 인도하여 악차로 들어가게 한다.

왕비의 종자는 왕이 먹고 남긴 찬 나머지를 싸고, 왕의 종자는 왕비가 먹고 남긴 나머지 찬을 싼다.[04]

04 『國朝五禮儀』, 1474.

03

조선 왕실의 동뢰연 미수

『가례도감의궤』와 『국조오례의』 「동뢰의」에는 왕이 동쪽에, 왕비가 서쪽에 앉으면 상식이 찬을 들고 와 비어 있는 사각의 찬안 위에 음식을 차리는데 『가례도감의궤』에는 찬에 대한 구체적 내용은 없다.

동뢰연에서 신랑과 신부를 위한 술안주상으로 차리는 과반, 중원반, 초미, 이미, 삼미 외에 사방반이 있는데 과반과 중원반, 초미, 이미, 삼미를 차린 상이 모두 둥그런 원반이므로 유일한 사각반인 사방반 찬품이 찬안 위에 놓이는 것이다. 이 찬품은 광어절(廣魚折), 문어절(文魚折), 쾌포절(快脯折), 전복절(全鰒折), 대구어절(大口魚折), 압자소(鴨子燒)이다.

동뢰연상의 백미는 사방반의 음식인데 정사각형 소반에 정교하게 칼로 오려 높게 고여 담았다. 이 음식이 신랑 신부 앞에 놓인 찬안에 차려지면 동뢰연 의례가 진행된다. 이 찬안에 차려진 음식은 제1잔에서 신랑과 신부가 술을 올릴 때 신께서 드시도록 배려한 술안주 미수가 되는 셈이다. 그러니까 사방반·중원반·과반은 신을 위한 작은 간반이다.

제1잔, 제2잔, 제3잔을 마시고 나서 올리는 『국조오례의』와 『가례도감의궤』

에 나오는 술안주 탕은 탕을 중심으로 해서 차린 초미·이미·삼미로 구성된 미수이다. 『가례도감의궤』에는 사방반·중원반·과반·초미·이미·삼미를 술안주, 즉 미수의 범주에 넣고 있다.

순조순원왕후가례도감의궤 은봉병

술은 영혼을 합일시키는 하나의 매개였다. 술 석 잔을 술안주와 함께 올렸는데, 제1잔은 신에게 드리는 제주(祭酒)이고, 제2잔은 먹은 음식을 조화롭게 하기 위한 술, 제3잔은 둘로 쪼개어서 만든 표주박 잔으로 마시는 합근주다.

헌종효현왕후가례도감의궤 근배

숙종과 인현왕후의 동뢰연 미수
(『가례도감의궤』, 1681)

중원반(4기)

인복절	자유아
전복절	건치절

왕비좌

문어절	압자소
전복절	쾌포절
과어절	대구어절

과반(9기)

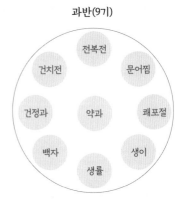

전복전
건치전 · 문어찜
건정과 · 약과 · 쾌포절
백자 · 생이
생률

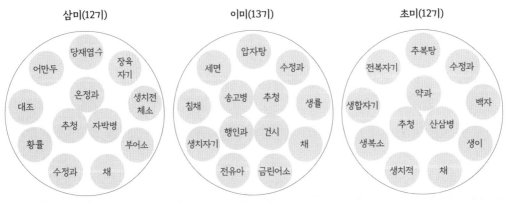

삼미(12기)

당재염수
어만두 · 장육자기
대조 · 온정과 · 생치전체소
추청 · 자박병
황률 · 부어소
수정과 · 채

이미(13기)

압자탕
세면 · 수정과
침채 · 송고병 · 추청 · 생률
행인과 · 건시
생치자기 · 채
전유아 · 금린어소

초미(12기)

추복탕
전복자기 · 수정과
생합자기 · 약과 · 백자
추청 · 산삼병
생복소 · 생이
생치적 · 채

과반(9기)

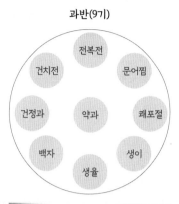

전복전
문어찜
건치전
쾌포절
건정과
약과
백자
생이
생율

문어절
압자소
전복절
쾌포절
과어절
대구어절

왕좌

중원반(4기)

인복절
자유아
전복절
건치절

초미(12기)

이미(13기)

삼미(12기)

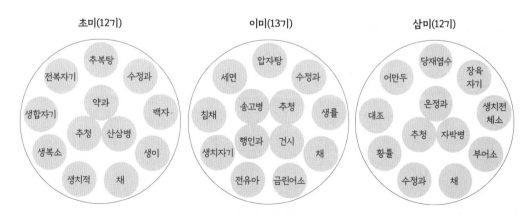

초미(12기)
추복탕
전복자기
수정과
약과
생합자기
백자
추청 산삼병
생복소
생이
생치적 채

이미(13기)
압자탕
세면
수정과
침채
송고병 추청
생률
행인과 건시
생치자기
채
전유아 금린어소

삼미(12기)
당재염수
어만두
장육자기
온정과
대조
생치전체소
추청 자박병
황률
부어소
수정과
채

이 술 석 잔의 안주로 동원된 것이 중국의 『의례』 「사혼례」에서는 새끼 돼지였지만 반친영혼을 적용했던 민중에게는 과일과 채소였고, 친영혼을 적용했던 조선 왕실에서는 삼미였다. 제1잔의 술안주는 초미이고, 제2잔의 술안주는 이미이며, 제3잔의 술안주는 삼미이다.

삼미만으로는 부족하다고 여긴 탓인지 미수사방반 한 상과 중원반 한 상, 과반 석 상을 삼미에 곁들여 신랑과 신부 앞에 각각 차렸다. 즉 왕실의 대례 상이란 삼미, 미수사방반, 중원반, 과반의 상을 신랑과 신부 앞에 함께 차린 것을 말하며, 이들은 술 세 잔에 따른 안주상 차림이다.

고종의 동뢰연에 오른 음식을 살펴보면 숙종의 연회와 상차림은 같으나 찬품의 수는 훨씬 축소된 양상이다. 사방반은 6기에서 5기로, 과반은 9기에서 10기로, 초미는 12기에서 8기로, 이미는 13기에서 8기로, 삼미는 12기에서 8기로 줄어들었다. 과반이 9기에서 10기로 된 것은 언뜻 그릇 수가 늘어난 듯 보이지만 숙종 가례에서는 과반이 여섯 상인 반면에 고종 가례에서는 두 상으로 줄어들었다. 전자에서는 신랑과 신부를 위해서 각각 과반 석 상을 준비하였고 후자는 각각 한 상을 준비한 것이다. 이를 정리하면 다음과 같다.

	숙종의 동뢰연 미수	고종의 동뢰연 미수
사방반	광어절, 대구어절, 문어절, 쾌포절, 전복절, 압자소	광어절, 대구어절, 문어절, 쾌포절, 전복절
중원반	전복절, 인복절, 건치절, 전유아	전복절, 인복절, 건치절, 전유어
과반	문어절, 전복절, 건치절 쾌포절, '생률' 백자, 생이, 약과, 건정과	문어절, 전복절, 건치절, 실생률, 실백자, 생이
초미	추복탕, 생합자기, 생치적, 전복자기, 생복소, 산삼병, 추정, 채, 생이, 백자, 수정과, 약과	약과, 천문동정과, 생강정과, 동아정과, 추복탕, 생치적, 전복자기, 산삼병, 추정, 실백자, 수정과, 약과
이미	세면, 생치자기, 채, 침채, 전유아, 송고병, 추청, 금린어소, 건시, 생률, 행인과, 압자탕, 수정과	세면, 생치자기, 전유어, 송고병, 추청, 실생률, 행인과, 수정과
삼미	당저염수, 어만두, 장육자기, 생치전체소, 자박병, 추청, 채, 대추, 황률, 전은정과, 부어소, 수정과	어만두, 장육자기, 생치전체소, 자박병, 추청, 대추, 전은정과, 수정과

『어제국혼정례』의 영향으로 고종 가례에서는 찬품 종류가 축소되긴 했지만 숙종과 고종의 시대적 연차가 200년임에도 불구하고 찬품 구성의 일관성을 보여준다는 점은 왕실 혼례의 정통성과 역사성이 계승되고 있음을 드러낸다.

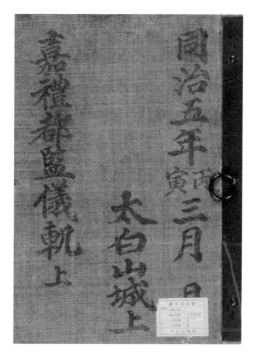

고종가례도감의궤

고종 가례 당시 상에 올랐던 찬품의 수량 및 소요 물량은 다음과 같다.

사방반 5기의 찬품

전복절 1기씩 2기, 각 1접 8꽂이

광어절 1기씩 2기, 각 10마리

대구어절 1기씩 2기, 각 6마리

문어절 1기씩 2기, 각 3마리

쾌포절 1기씩 2기, 각매기 8근

중원반 4기의 찬품

전복절 1기씩 2기, 각 5꽂이

인복절 1기씩 2기, 각 10주지

건치절 1기씩 2기, 각 5마리

전유어 1기씩 2기, 각 대생선 2마리·참기름 1되·녹두가루 3홉

과반 10기의 찬품

문어절 1기씩 2기, 각 ½마리

전복절 1기씩 2기, 각 3꽂이

건치절 1기씩 2기, 각 3마리

약과 1기씩 2기, 각 밀가루 4되·꿀과 즙청 합하여 2되·참기름과 합유 합하여 2되

생이 1기씩 2기, 각 10개

실생률 1기씩 2기, 각 5홉

실백자 1기씩 2기, 각 5홉

생강정과 1기씩 2기, 각 5홉·꿀 9홉

동아정과 1기씩 2기, 각 ¼개·꿀 9홉

천문동정과 1기씩 2기, 각 5홉·꿀 9홉

초미 8기의 찬품

추복탕 1기씩 2기, 각 추복 10접·계아 1마리·실백자 3작·실임자 5홉·소금 3작

전복자기 1기씩 2기, 각 전복 3꽂이·계란 3개·간장 2홉·후춧가루 3작·참기름 5작·잣 3작·
　　생강 2전

생치적 1기씩 2기, 각 꿩 2마리·간장 1홉·참기름 1홉·후춧가루 1작

산삼병 1기씩 2기, 각 찹쌀 5되 5홉·산삼 2근·꿀 1되·참기름 2되

추청 1기씩 2기, 각 흰 꿀 5홉

약과 1기씩 2기, 각 밀가루 4되·꿀과 즙청 합하여 2되·참기름과 합유 합하여 2되

잣 1기씩 2기, 각 5홉

정과 1기씩 2기, 각 흰 꿀 5홉·잣 5작

이미 8기의 찬품

세면 1기씩 2기, 각 녹두가루 2되·간장 5홉·표고 1냥

생치자기 1기씩 2기, 각 꿩 3마리·간장 2홉·참기름 5작·후춧가루 3작·계란 5개·생강 2전

전유어 1기씩 2기, 각 대생선 2마리·녹두가루 3홉·참기름 1되

송고병 1기씩 2기, 각 찹쌀 5되 5홉·쌀 9홉·참기름 1되 5홉·송고 2근

추청 1기씩 2기, 각 흰 꿀 5홉

행인과 1기씩 2기, 각 밀가루 4되·꿀 1되 5홉·참기름 1되 5홉·백당 4냥

실생률 1기씩 2기, 각 5되

수정과 1기씩 2기, 각 흰 꿀 5홉·실백자 5작

삼미 8기의 찬품

장육자기 1기씩 2기, 각 장후각 1각·간장 2홉·참기름 5작·후춧가루 3작·계란 3개·표고버섯 1냥

어만두 1기씩 2기, 각 대생선 3마리·녹두가루 6홉·표고버섯 4냥·생강 5전·잣 4홉

생치전체소 1기씩 2기, 각 꿩 2마리·간장 1홉·참기름 1홉·후춧가루 1작

자박병 1기씩 2기, 각 찹쌀 5되 5홉·백두함 2되·꿀 1되·참기름 4되

추청 1기씩 2기, 각 흰 꿀 5홉

전은정과 1기씩 2기, 각매기 밀가루 4되·꿀과 즙청을 합하여 2되·참기름과 합유 합하여 2되

대추 1기씩 2기, 각 1되

수정과 1기씩 2기, 각 흰 꿀 5홉·잣 5작

　　순종의 혼례는 우리나라에서 처음으로 치러진 황태자의 혼례이다. 비록 왕은 아니었지만 황태자라는 신분으로 왕의 가례에 버금가는 의례를 치렀으며, 혼례상도 세자의 혼례상이 아닌 왕의 혼례상을 적용하여 차려졌다.

순종과 순정효황후의 동뢰연 미수
(『가례도감의궤』, 1906)

중원반

| 인복절 | 전유어 |
| 전복절 | 건치절 |

황태자비
좌

전복절	문어소
광어절	쾌포절
	대구어절

전복절
건치절 · 문어절
건정과 · 약과 · 쾌포절
백자 · 생이
실백자

삼미 · 이미 · 초미

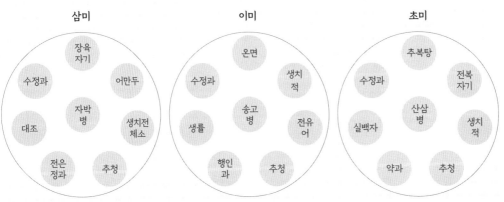

삼미: 장육자기 / 어만두 / 수정과 / 자박병 / 생치전체소 / 대조 / 전은정과 / 추청

이미: 온면 / 생치적 / 수정과 / 송고병 / 전유어 / 생률 / 행인과 / 추청

초미: 추복탕 / 전복자기 / 수정과 / 산삼병 / 생치적 / 실백자 / 약과 / 추청

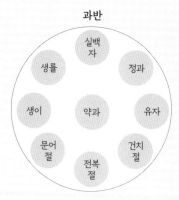

과반

황태자
좌

초미 이미 삼미

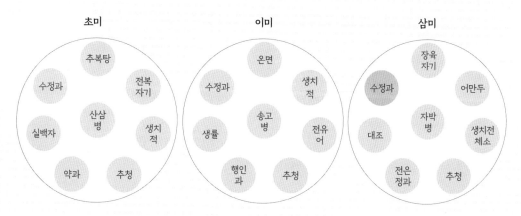

순종가례도감의궤

　사방반 찬품은 왕의 가례일 경우 『어제국혼정례』 이전에는 6기, 이후에는 왕 가례일 경우 5기, 왕세자 가례일 경우 2기로 축소되는데 순종 황태자 가례에서는 왕 가례에 적용된 5기가 그대로 채택되었다. 중원반 찬품은 일관되게 4기로 이어졌다. 다만 그 양이 순종 황태자 가례에서 월등히 많다. 과반 찬품은 『어제국혼정례』 이전에는 9기이고 이후에는 왕 가례일 경우 8기, 왕세자가례에서는 8기로 축소된다. 그러나 순종 황태자 가례에서 9기로 오히려 늘어났다.

　12기로 구성된 초미 찬품과 13기로 구성된 이미 찬품, 12기로 구성된 삼미 찬품은 『어제국혼정례』에서 왕 가례와 왕세자 가례 모두 8기였고 순종 황태자 가례에도 그대로 이어졌지만 양은 늘었다.

　어느 정도의 양이 변하였는지 고종의 왕 가례의 동뢰연 미수와 순종 황태자 가례의 동뢰연 미수를 비교하면 다음과 같다.

	고종 왕의 동뢰연 미수	순종 황태자의 동뢰연 미수
사방반	광어절 ǀ 광어 10미 대구어절 ǀ 대구 6미 문어절 ǀ 문어 3미 쾌포절 ǀ 쾌포 8근 전복절 ǀ 전복 180개	광어절 ǀ 광어 50미 대구어절 ǀ 대구 50미 문어절 ǀ 문어 10미 쾌포절 ǀ 쾌포 25편 전복절 ǀ 전복 200개
중원반	전복절 ǀ 전복 50개 인복절 ǀ 인복 10주지 건치절 ǀ 건치 5수 전유어 ǀ 대생선 2미, 녹두가루 3홉, 참기름 1되	전복절 ǀ 전복 200개 인복절 ǀ 인복 10동 건치절 ǀ 건치 50수 전유어 ǀ 대생선 25미, 녹두가루 5되, 참기름 1말
과반	문어절 ǀ 문어 ½미 전복절 ǀ 전복 30개 건치절 ǀ 건치 3수 실생률 ǀ 밤 5홉 실백자 ǀ 잣 5홉 생이 ǀ 배 10개 약과 ǀ 밀가루 4되 천문동정과 ǀ 천문동 5홉, 꿀 9홉 생강정과 ǀ 생강 5홉, 꿀 9홉 동아정과 ǀ 동아 ¼개, 꿀 9홉	문어절 ǀ 무어 10미 전복절 ǀ 전복 200개 건치절 ǀ 건치 50수 실생률 ǀ 밤 2,000개 실백자 ǀ 잣 5되 생이 ǀ 배 150개 약과 ǀ 밀가루 3말 정과 ǀ 천문동 8냥, 생강 1근, 모과 8냥, 연근 2되, 　　　청매 8냥, 산사 8냥, 도라지 2단, 과현 8냥, 　　　건포도 8냥, 흰 꿀 1말 유자 ǀ 유자 100개
초미	추복탕 ǀ 추복 1,000개 생치적 ǀ 생치 2수 전복자기 ǀ 전복 30개 산삼병 ǀ 찹쌀 5되 5홉, 산삼 2근, 꿀 1되, 　　　참기름 2되 추청 ǀ 흰 꿀 5홉 실백자 ǀ 잣 5홉 수정과 ǀ 흰 꿀 5홉, 잣 5작 약과 ǀ 밀가루 4되	추복탕 ǀ 추복 2,000개 생치적 ǀ 생치 10수 전복자기 ǀ 전복 100개 산삼병 ǀ 찹쌀 1말, 산삼 1근, 꿀 5되, 참기름 1말, 　　　잣 1홉 추청 ǀ 흰 꿀 5홉 실백자 ǀ 잣 8되 수정과 ǀ 흰 꿀 1되, 잣 1홉, 배 5개, 오미자 5전 약과 ǀ 밀가루 3말
이미	세면 ǀ 녹두가루 2되 생치적 ǀ 꿩 3수 전유어 ǀ 대생선 2미 송고병 ǀ 찹쌀 5되 5홉, 송고 2근, 꿀 9홉, 　　　참기름 1되 5홉 추청 ǀ 흰 꿀 5홉 실생률 ǀ 밤 5되 행인과 ǀ 밀가루 4되, 꿀 1되 5홉, 　　　참기름 1되 5홉, 백당 4냥 수정과 ǀ 흰 꿀 5홉, 잣 5작	온면 ǀ 건면 35사리, 소고기 5냥 생치적 ǀ 꿩 10수 전유어 ǀ 대생선 25미 송고병 ǀ 찹쌀 1말, 송고 5되, 꿀 5되, 　　　참기름 5되, 잣 1홉 추청 ǀ 흰 꿀 5홉 실생률 ǀ 밤 2,000개 행인과 ǀ 밀가루 3말, 꿀 2½말, 참기름 2½말, 　　　사당 1원, 잣 1홉, 게핏가루 2전 수정과 ǀ 흰 꿀 5홉, 잣 1홉, 배 5개, 오미자 2홉

삼미	**어만두** ‖ 대생선 3미 **장육자기** ‖ 노루뒷다리 1각 **생치전체소** ‖ 생치 2수 **자박병** ‖ 참쌀 5되 5홉, 백두함 2되, 꿀 1되, 　　참기름 4되 **추청** ‖ 흰 꿀 5홉 **대추** ‖ 대추 1되 **전은정과** ‖ 밀가루 4되, 꿀과 즙청 합하여 2되, 　　참기름과 합유 합하여 2되 **수정과** ‖ 흰 꿀 5홉, 잣 5작	**어만두** ‖ 대생선 20미 **장육자기** ‖ 노루뒷다리 1각 **생치전체소** ‖ 생치 10수 **자박병** ‖ 찹쌀 1말, 꿀 5되, 참기름 5되, 　　콩가루 5홉, 잣 5작 **추청** ‖ 흰 꿀 5홉 **대추** ‖ 대추 1말, 잣 5홉 **전은정과** ‖ 밀가루 3말, 꿀 2되 5홉, 　　참기름 2되 5홉, 잣 5작 **수정과** ‖ 흰 꿀 5홉, 잣 1홉, 배 5개, 연지 2냥, 　　오미자 1홉

04

동뢰연 미수 찬품[*]

사방반 찬품

절육

　절육(切肉)은 사방반뿐만 아니라 중원반과 과반에도 등장한다. 문어, 생복, 꿩, 광어, 대구, 소고기를 재료로 해서 말린 건어와 건육을 각각의 특성에 맞게 칼로 오려 아름답게 만들었기에 절육(折肉)이라 했다. 절(折)은 '끊을 절', '휠 절'로 건어나 건육을 칼로 오리고 휘어서 아름답게 만든 것이다. 『도문대작(屠門大嚼)』에는 "화복(花鰒), 경상도 바닷가 사람들은 전복을 꽃 모양으로 깎아 이것을 꽂는다"라 하였고[05] 『영접도감의궤(迎接都監儀軌)』에는 봉대전복절육(鳳大全鰒折肉)이라는 말이 나오는데[06] 말린 생복을 칼로 오려 꽃이나 봉황을 만들었다는 뜻이다. 즉 절육은 조화(각종 꽃과 봉황 등의 새)로 만든 포(脯)를 말한다.

　쾌포(快脯)는 얼려서 말린, 즉 추운 겨울에 말린 포라는 뜻이다. 소고기를 얇게 저며 떠서 겨울철에 말린 육포를 칼로 오려 조화로 만든 것이 쾌포절(快脯折)이다.

* 김상보, 『조선왕조 혼례연향 음식문화』, 신광출판사, 2006, 315～328쪽.

05 허균, 『屠門大嚼』, 1611.
06 『迎接都監儀軌』, 1643.

압자소

　압자란 '오리'를 말하는 것으로 압자소(鴨子燒)는 '오리구이'다. 압자소는 아니지만 생치전체소(生雉全體燒)가 1719년의 『진연의궤(進宴儀軌)』에 등장한다. 참기름, 간장, 후춧가루를 꿩에 발라 불에 구운 통꿩구이다. 이로 미루어 압자소는 토막 친 오리에 후춧가루를 뿌리고 간장기름(간장과 참기름 섞은 것)을 발라 불에 구운 것이라고 추정된다.

중원반 찬품

자유아 · 전유아 · 전유어

고종 가례 ┃ 대생선 2마리, 녹두가루 3홉, 참기름 1되

순종 황태자 가례 ┃ 대생선 25마리, 녹두가루 5되, 참기름 1말

　생선의 살을 포로 떠서 녹두가루로 옷을 입혀 참기름으로 지져낸다.

　숙종 가례 때에는 자유아(煮油兒), 『어제국혼정례』에서는 전유아(煎油兒), 고종 임금과 순종 황태자 가례에서는 전유어(煎油魚)라 했다.

과반 찬품

약과

고종 가례 ┃ 밀가루 4되, 꿀과 즙청 합하여 2되, 참기름과 합유 합하여 2되

순종 황태자 가례 ┃ 밀가루 6되, 꿀과 즙청 합하여 5되, 참기름과 합유 합하여 5되

　밀가루에 꿀과 참기름을 합하여 반죽하여 네모지게 빚어서 참기름으로 지져낸 다음 꿀에 담갔다가 꺼내어 만든 유밀과류이다.

건정과(천문동)

고종 가례 | 천문동 5홉, 생강 5홉, 동아 ¼개, 꿀 2되 7홉

순종 황태자 가례 | 천문동 8냥, 생강 1근, 모과 8냥, 연근 2되,

청매 8냥, 산사 8냥, 도라지 2단, 과현 8냥, 건포도 8냥, 흰 꿀 1말

생강, 동아, 모과, 연근, 청매, 산사, 도라지, 과현 등에 꿀을 넣고 끓여서 조려 만든다. 천문동정과는 쌀뜨물에 천문동을 담갔다가 심을 빼고 물에 삶아서 쓴 맛을 우려낸 뒤에 꿀을 넣어 조려서 만든다.

초미 찬품

추복탕

고종 가례 | 추복 1,000개, 연계 1마리, 잣 3작, 깨 5홉, 소금 3작

순종 황태자 가례 | 추복 2,000개, 계란 5개, 참기름 1홉 5작, 잣 2작, 밀가루 1홉, 간장 1홉

추복(살짝살짝 두드려가며 말린 전복)을 물에 불리고 냄비에 담아 물과 연계(병아리보다 조금 더 큰 닭)를 넣고 끓인다. 연계가 익으면 꺼내어 살을 발라내고 뼈는 버린다. 발라낸 연계 살을 추복과 합하여 한소끔 끓인 후 소금으로 간을 한다. 그릇에 담아 잣과 깨를 넣는다. 또 다른 방법은 물에 불린 추복을 냄비에 담아 물을 넣고 무르도록 끓여낸다. 이것에 밀가루를 묻혀 참기름에 지져낸다. 추복을 끓여낸 물을 불에 올려 끓으면 앞서의 추복전과 간장, 참기름을 넣고 한소끔 끓인다. 그릇에 담아 계란지단과 잣을 고명으로 얹는다.

생치적

고종 가례 | 생치 2마리, 간장 1홉, 참기름 1홉, 후춧가루 1작

순종 황태자 가례 | 생치 10마리, 간장 5홉, 참기름 2홉, 후춧가루 3작

토막 낸 꿩에 간장, 참기름, 후춧가루를 발라 불에 굽는다.

전복자기(전복)

고종 가례 | 전복 30개, 계란 3개, 간장 2홉, 참기름 5작, 후춧가루 3작, 잣 3작, 생강 2전

순종 황태자 가례 | 전복 100개, 계란 5개, 간장 5홉, 참기름 1½홉, 후춧가루 5작, 잣 5작

건전복을 충분히 불려 냄비에 물과 함께 넣고 뭉근한 불에서 푹 끓인다. 물이 거의 다 졸면 간장, 후춧가루, 참기름, 잣을 넣고 볶는다. 계란은 삶아 껍질을 벗겨 간장 넣을 때 같이 넣고 볶거나, 지단을 만들어 고명으로 한다.

산삼병

고종 가례 | 찹쌀 5되 5홉, 산삼 2근, 꿀 1되, 참기름 2되

순종 황태자 가례 | 찹쌀 1말, 산삼 1근, 꿀 5되, 참기름 1말, 잣 1홉

찹쌀가루에 곱게 다진 산삼과 꿀을 넣고 익반죽한다. 이것을 큰 밤톨 크기만큼 떼어 산삼 모양으로 빚어서 참기름으로 튀겨낸 후 즙청한다.

순종 황태자 가례에서는 즙청하고 나서 잣가루를 고물로 한다.

수정과

고종 가례 | 흰 꿀 5홉, 잣 5작

순종 황태자 가례 | 흰 꿀 1되, 잣 1홉, 배 5개, 오미자 5전

물에 꿀을 타서 통잣으로 고명한다.

순종 황태자 가례에서는 채로 썬 배를 그릇에 담아 꿀을 탄 오미자물을 붓고 통잣으로 고명한다.

이미 찬품

세면

고종 가례 | 녹말가루 2되, 표고버섯 1냥, 간장 5홉

순종 황태자 가례 ᅵ 건면 35사리, 소고기 5냥

녹말가루에 물을 넣고 반죽하여 압착면을 만든다. 물에 삶아 건져내어 그릇에 담는다. 표고버섯을 채 썰어 냄비에 담고 물을 부어 한소끔 끓인 후 간장으로 간을 하여 육수장국을 만든다. 이것을 앞서 그릇에 담은 면에 붓는다.

순종 황태자 가례에서는 메밀가루로 만든 건면에 뜨거운 소고기 육수를 부어서 온면으로 한다.

생치자기와 생치적

고종 가례 ᅵ 꿩 3마리, 간장 2홉, 참기름 5작, 후춧가루 3작, 계란 5개, 생강 2전

순종 황태자 가례 ᅵ 꿩 10마리, 간장 5홉, 후춧가루 2전, 참기름 2½홉, 깨소금 1홉

꿩을 토막 내어 냄비에 담아 물을 넣고 끓인다. 꿩이 익고 물이 거의 다 졸았을 때 간장, 참기름, 후춧가루, 생강을 넣고 볶는다. 계란은 삶아서 껍질을 벗겨 간장을 넣을 때 같이 넣고 볶거나 지단을 만들어 고명으로 한다.

순종 황태자 가례에서는 토막 낸 꿩에 간장, 참기름, 후춧가루를 발라 불에 구워 깨소금을 뿌린다.

전유어

고종 가례 ᅵ 대생선 2마리, 참기름 1되, 녹말가루 3홉

순종 황태자 가례 ᅵ 대생선 25마리, 참기름 1말, 밀가루 5되, 계란 250개

생선의 살을 저며 떠서 녹말가루를 입혀 참기름으로 지져낸다.

순종 황태자 가례에서는 생선의 살을 저며 떠서 밀가루와 계란으로 옷을 입혀 참기름으로 지져낸다.

송고병

고종 가례 ᅵ 찹쌀 5½홉, 송고 2근, 꿀 9홉, 참기름 1½홉

순종 황태자 가례 ᅵ 찹쌀 1말, 송고 5되, 꿀 5되, 참기름 5되, 잣 1홉

찹쌀가루에 삶아서 곱게 다진 송고(송기)와 꿀을 넣고 익반죽한다. 이것을 밤톨 크기로 떼어내 참기름으로 지져서 즙청한다.

순종 황태자 가례에서는 즙청하고 나서 잣가루를 고물로 한다.

행인과

고종 가례 ㅣ 밀가루 4되, 꿀 1되 5홉, 참기름 1되 5홉, 백당 4냥

순종 황태자 가례 ㅣ 밀가루 3말, 꿀 2말 5되, 참기름 2말 5되, 사당 1원, 잣 1홉, 계핏가루 2전

밀가루에 꿀을 넣고 반죽하여 행인 모양으로 빚는다. 이것을 참기름으로 튀겨낸 다음 즙청하고 사당(砂糖, 엿가루 혹은 백당이라고도 함)을 고물로 한다.

순종 황태자 가례에서는 즙청하여 사당, 잣가루, 계핏가루 합한 것을 고물로 한다.

삼미 찬품

어만두

고종 가례 ㅣ 대생선 3마리, 녹말가루 6홉, 표고버섯 4냥, 생강 5전, 잣 4작

순종 황태자 가례 ㅣ 대생선 20마리, 녹말가루 3되, 표고버섯 5홉, 잣 5작, 돼지다리 1개,

참기름 1되, 깨소금 5작, 숙주나물 1말, 석이버섯 5홉, 목이버섯 5전, 황화 5전

곱게 다진 표고버섯에 잣과 생강즙을 넣고 대추 크기로 동그랗게 빚어서 녹말가루에 굴려 소로 만든다. 둥그렇게 저며 뜬 생선살에 앞서의 소를 넣고 반달 형태의 만두 모양으로 빚은 다음 녹말가루에 굴려 쪄낸다.

순종 황태자 가례에서는 소로 돼지고기, 숙주나물, 표고버섯, 석이버섯, 목이버섯, 황화, 깨소금, 참기름, 잣을 재료로 한다.

장육자기

고종 가례 | 노루뒷다리 1각, 간장 2홉, 참기름 5작, 후춧가루 3작, 계란 3개, 표고버섯 1냥

순종 황태자 가례 | 노루뒷다리 1각, 무 3개, 소고기 2냥, 미나리 ⅓단, 간장 1홉, 계란 5개,

밀가루 1홉, 참기름 1홉, 잣 1작

토막 낸 노루뒷다리를 냄비에 담고 물을 부어 익도록 끓인다. 물이 거의 다 졸았을 때 간장, 참기름, 후춧가루, 표고버섯을 넣고 볶는다. 계란은 삶아서 껍질을 벗겨 간장을 넣을 때 같이 넣고 볶거나 지단을 만들어 고명으로 한다.

순종 황태자 가례에서는 토막 낸 노루뒷다리와 함께 무를 냄비에 담아 물을 붓고 끓인다. 물이 거의 다 졸았을 때 간장, 소고기, 미나리, 잣을 넣고 볶는다.

생치전체소

고종 가례 | 생치 2수, 간장 1홉, 참기름 1홉, 후춧가루 1작

순종 황태자 가례 | 생치 10수, 간장 1홉, 참기름 1홉, 깨소금 1홉

통꿩에 간장, 참기름, 후춧가루를 발라 불에 굽는다.

순종 황태자 가례에서는 통꿩에 간장, 참기름, 후춧가루를 발라 불에 구워서 깨소금을 고물로 한다.

자박병

고종 가례 | 찹쌀 5½홉, 백두함 2되, 꿀 1되, 참기름 4되

순종 황태자 가례 | 찹쌀 1말, 꿀 5되, 참기름 5되, 콩가루 5홉, 잣 5작

찹쌀가루를 익반죽하여 밤톨 크기로 떼어내 홈을 만들어 빚는다. 익힌 콩에 꿀을 넣고 만든 소를 넣고 버무려서 참기름으로 지져내어 즙청한다.

순종 황태자 가례에서는 콩가루, 꿀, 잣을 합하여 소로 한다.

전은정과

고종 가례 | 밀가루 4되, 꿀과 즙청 합하여 2되, 참기름과 합유 합하여 2되

순종 황태자 가례 | 밀가루 3말, 꿀 2되 5홉, 참기름 2되 5홉, 잣 5작

밀가루에 꿀을 넣고 반죽하여 일정한 크기로 얇게 밀어서 참기름으로 지져내어 즙청한다.

순종 황태자 가례에서는 즙청하여 잣가루를 고물로 한다.

각 찬품이 지닌 상징적 의미

동뢰연에서 사방반에는 전복절·광어절·대구어절·문어절·쾌포절·압자소, 중원반에는 전복절·인복절·건치절·전유아, 과반에는 문어절·전복절·건치절·쾌포절·약과·생이·생률·잣·천문동정과·동아정과·생강정과, 초미에는 초복탕·전복자기·생합자기·생복소·생치적·산삼병·추청·채·약과·생이·잣·수정과, 이미에는 세면·침채·생치자기·전유아·압자탕·금린어소·송고병·추청·행인과·건시·생률·수정과·채, 삼미에는 장육자기·어만두·당저염수·생치전체소·부어소·자박병·추청·채·전은정과·대추·황률·수정과 등 합하여 58그릇의 찬품을 차렸다.

이들의 재료는 조개·전복·광어·대구·문어, 생선·금린어·붕어, 밀·찹쌀·녹두·콩, 소·노루·돼지, 오리·꿩·닭, 배·밤·잣·건시·대추, 천문동·동아·생강·산삼·무·송고·채소 등으로 분류된다.

'동뢰'란 신랑과 신부가 신 앞에서 교배례(交拜禮)와 함께 술과 술안주를 먹음으로써 몸과 마음이 합체되는 의식을 말하는데, 서민의 혼례에서는 이를 초례라 했다. 초례 과정에서 세 번째 술을 올리는 의식에서는 둘로 쪼갠 표주박으로 만든 술잔으로 술을 마시게 하는데, 이는 일심동체가 된다는 상징적 의미가 담겨 있다. 이를 합근지례(合卺之禮)라 했다.

동(同)은 '한 가지 동', 뢰(牢)는 '굳을 로' '애오라지 로' '우리 로' '옥 로' '짐승 뢰' 등으로 해석된다. 풀이하면 '굳게 한결같이 변함없이 한 몸이 되는 과정'이 동뢰이며, 이를 수행하는 연회가 동뢰연, 즉 초례이다.[07]

동뢰가 한 몸이 된다는 상징적 의미가 담겨 있듯이, 동뢰연에 오르는 찬품 역시 상징적 의미로 차려지는 것이다. 찬품에 깃들어 있는 상징성은 재료나 찬품에 전래되는 속담이나 여러 속설로 표현되었다. 이는 혼례 의례에 내포된 의미를 살펴볼 수 있는 중요한 대목이다. 즉 실과(實果)와 떡, 유밀과 등의 재료로 쓰인 밀, 찹쌀, 녹두, 콩은 '씨'를 상싱하는 다산(多産)을 뜻한다. 대추, 밤, 배, 잣, 건시, 밀, 찹쌀, 녹두, 콩 등은 기본적으로 열매가 주렁주렁 달리듯이 아이를 많이 점지해달라는 소망에서 채택된 재료이다.

대표적으로 밤, 대추, 쌀을 살펴보자. 『의례』가 등장한 시절에 밤과 대추는 윗사람께 올리는 중요한 선물이었다. 밤(栗)은 '공손함, 단단함, 갖춤'을, 대추(棗)는 '많음(다산)'을 의미하기도 한다. 신부가 현구고례 때 시아버지께 밤과 대추를 올리는 것은 '공손하게 갖추어 진심 어린 마음을 많이 드린다'는 뜻을 담고 있다.[08]

백제 다루왕 33년에 국가적 차원에서 논농사를 실시한 이후부터[09] 19세기 말까지 근 2천 년 동안 쌀은 조세의 핵심이었다.[10] 모든 물건의 가치를 쌀로 환산해온 오랜 역사 속에서 민중의 가장 큰 염원은 쌀의 증산이었다. 풍작과 흉년에 따라 혹독한 보릿고개를 겪으면서 살아온 민중들에게 쌀은 부(富) 그 자체였다.

이들과 관련된 속담을 보자.

쌀농사 짓는 놈 따로 있고 쌀밥 먹는 놈 따로 있다(부).
대추가 풍년 드는 해는 벼도 풍년 든다(부).
산 열매가 많이 열리면 벼도 풍년 든다(부).
쌀광에서 인심 난다(부).

07 김상보, 『조선왕조 궁중의궤 음식문화』, 수학사, 1995, 134~135쪽.
08 김상보, 『조선왕조 혼례연향 음식문화』, 신광출판사, 2006, 102쪽.
09 『三國史記』 「百濟本紀」, 1145.
10 『萬機要覽』, 1808.

쌀광이 차면 예절을 안다(부).

쌀독에서 인심 난다(부).

쌀은 백곡 중에서 왕이다(부).

대추를 보고 먹지 않으면 늙는다(장수).

곯은 대추 삼 년 간다(장수).

대추나무 한 그루 털어서 딸 시집보낸다(다산).

큰 감나무에서는 감 백 접(10,000개) 넘게 딴다(다산).

쌍밤을 먹으면 쌍둥이 낳는다.[11]

노루(獐)는 배필 한 마리가 포수에 잡히면 남은 한 마리는 그 근처를 떠나지 않고 며칠 동안 울부짖는다. 기러기(雁)는 일단 부부가 되면 죽도록 변치 않으며 한쪽이 죽으면 다른 한쪽이 따라 죽는다고 한다.[12] 오리·닭·꿩 등은 이러한 상징성 즉 절개를 내포한다. 그러나 오리나 닭이 낳은 압자(鴨子)·계란(鷄卵)·계아(鷄兒)는 다산과 부(富)의 상징이다.

닭이 닭장에 늦게 오르면 풍년이 든다(부).

닭이 알을 많이 낳으면 길하다(부와 다산).

암탉이 알 낳는 것을 보면 횡재를 얻는다.[13]

소와 돼지는 부와 절개를 상징한다. 농사에 더없이 중요했던 소의 경우 식용은 부차적인 것이었다. 『의례』나 『예기(禮記)』에 따르면 소는 대뢰(大牢)라 하여 천자의 연향에, 양은 소뢰라 하여 제후의 연향에, 돼지는 대부의 연향에, 개는 사(士)의 연향에 올랐다.[14]

이러한 사실은 소·돼지·양이 정치적으로나 종교적으로 대단히 중요한 도구였음을 의미한다. 즉 소·돼지·양은 부와 직결되었으며, 소는 그중에서도 절대적이었다.

11 송재선 엮음, 『농어속담사전』, 동문선, 1994, 277~279쪽.
12 이광규, 『한국인의 일생』, 형설출판사, 1985, 263쪽.
13 송재선 엮음, 『농어속담사전』, 동문선, 1994, 348·350쪽.
14 김상보, 『음양오행사상으로 본 조선왕조의 제사음식문화』, 수학사, 1995.

정월 초 열흘 안에 고기 꿈을 꾸면 그해 농사가 잘된다(부).

정월 초이튿날 꿈에 고기를 보면 농사가 풍작 든다(부).

소 꿈을 꾸면 재수가 좋다(부).

소 꿈을 꾸면 길하다(부).

소는 믿어도 사람은 믿지 못한다(절개).

소 믿고는 살아도 종 믿고는 못 산다(절개).

돼지고기를 먹는 꿈을 꾸면 다음 날 큰 상을 받는다(부).

돼지꿈을 한 번 꾸면 음식이 생기고, 두 번 꾸면 옷이 생긴다(부).

돼지띠는 잘산다.[15]

　　조개·전복·광어·대구 등의 생선과 조개는 알을 많이 까 떼로 무리 지어 다니는 데서 다산을 의미했다. 한편으론 이들 생물들이 부를 가져다주는 산물이었기에 부를 의미하기도 했다. 전복은 불로장수를 뜻하여 고대 중국에서는 전복을 선약(仙藥)으로, 수명장수를 기원하는 중요한 길상의 청정(淸淨) 식품으로 여겼다.[16]

칠팔월 은어 뛰듯 한다(다산).

개울에 고기가 많은 해는 풍년이 든다(부).

문어는 문어끼리, 숭어는 숭어끼리 논다(다산).

강진 원님 대합 자랑하듯 한다(다산).

우물 안에 고기가 생기면 부자가 된다(부).

이월 천둥에 조기 몰려온다(다산).[17]

　　천문동·동아·생강·산삼·무·송고·채소는 다산과 장수를 뜻한다. 깊은 산중에서 야생하는 인삼은 불로장수를 상징하며, 그 약효가 재배종보다 월등하다 하여 매우 귀히 여긴다. 호라지좆의 뿌리인 천문동은 폐에 좋은 한약재로

15 송재선 엮음, 『농어속담사전』, 동문선, 1994, 293·294·311·312쪽.
16 矢野憲一, 「あわび」 『たべもの日本史總覽』, 新人物往來社, 1982, 211쪽.
17 송재선 엮음, 『농어속담사전』, 동문선, 1994, 376·384쪽.

쓰인다. 역시 장수를 위해서는 절대적인 약재이다. 소나무는 변하지 않는 절개(節介)를 상징한다. 동아, 생강 등의 채소는 주렁주렁 달리기 때문에 다산을 의미하며, 이들이 갖는 약선적 효능 때문에 장수를 위해서는 절대적인 식품이다.

무는 많이 먹으면 약이 되고 참외는 많이 먹으면 병이 된다(장수).
무 먹고 트림하면 산삼 먹은 것보다 낫다(장수).[18]

이 밖에 산삼병, 송고병, 자박병 등 찹쌀로 만든 찹쌀떡과 멥쌀로 만든 떡은 떡이 가지는 질감 때문에 금슬을 상징한다.

찰떡같은 정분이다(금슬).
송편 예쁘게 빚으면 예쁜 딸 낳는다(금슬).[19]

따라서 혼례상차림을 보면 선인들이 혼례를 통해 투영했던 발원 의식, 사상, 개인적 또는 집단적 감정, 그리고 그 역사성까지도 유추해볼 수 있다. 각 찬품을 통해 금슬, 장수, 부귀, 다남(다산), 절개를 투영했다. 부부가 된다는 것은 무엇보다 변하지 않는 마음인 절개가 최고의 덕목이다. 또한, 오랫동안 풍요를 누리며 금슬 좋게 장수하면서 자식을 갖는 것이 가장 소망스러운 일이다.

왕의 가례이건 왕세자나 황태자의 가례이건 한결같이 일관성 있는 찬품으로 동뢰연을 장식했던 것은 이상의 상징체계 속에서 동뢰연이 뜻하는 바를 나타내고자 했기 때문이다.

18 송재선 엮음, 『농어속담사전』, 동문선, 1994, 250쪽.
19 송재선 엮음, 『음식속담사전』, 동문선, 1994, 173·175쪽.

3부

조선 반가의
혼례
상차림

01

조선 반가의 혼례 규범

조선시대의 혼례는 단지 남녀의 결합이 아니라 집안의 대를 잇고 가문을 번성케 하는 중대한 행사였기에 매우 경사스럽고 정성스럽게 준비했다.

본래 혼인 절차는 납채, 문명, 납길, 납징, 청기, 친영의 육례를 따랐으나 중종 이후부터 유교 규범에 따라 의혼, 납채, 납폐, 친영의 사례를 받아들이면서 규범화되었다. 납채는 청혼의 의미를 지닌 서신을 통해 언약을 하는 절차이고, 납폐는 혼인의 모든 의사가 합의되었음을 나타내기 위하여 신랑집에서 신부집으로 서신과 폐물을 보내는 의식이며, 마지막 절차인 친영은 신랑이 신부집에 와서 신부를 데려와 본가에 가서 혼례를 치르는 것이다.

주희가 편찬한 『가례』를 표본으로 조선시대 편찬된 김장생(1548-1631)의 『가례집람(1685)』과 이재(1680-1746)의 『사례편람(1844)』에 나타난 혼례의 항목을 비교해보면, 주요 항목은 거의 같다. 혼인 연령은 『가례』와 『사례편람』이 동일하게 남자는 16세에서 30세, 여자가 14세에서 20세이고 『가례집람』은 남녀 모두 20세로 되어 있다. 혼례의 절차에서 의혼, 납채, 납폐, 친영의 절차는 모두 동일하고, 친영 이하의 항목에서 '부현구고', '묘현', '서현부지부모'를 『사례편람』에서는 친영에 포함하였다. 각 항목들을 통하여 조선시대 친영혼의 절차 및 규범이 어떠했는지를 알아볼 수 있다.

	『가례집람』 권23 혼례	『사례편람』 권2 혼례
의혼	혼인 연령은 남녀 모두 20세다. 반드시 먼저 중매를 시킨다.	혼인 연령은 남자는 16세에서 30세 사이, 여자는 14세에서 20세 사이다. 혼인 당사자와 혼주는 일년복 이상의 상을 입지 않아야 혼인할 수 있다. 반드시 먼저 중매를 시켜 왕래하며 말을 전하게 해서 신부집이 허락을 기다린 후에 납채한다.
납채	납채서를 마련한다. 사당에 고한다. 자제를 사자로 보낸다. 납채서를 받든다. 사자가 신랑에게 복명한다.	주인이 납채서를 마련한다. 일찍 일어나 납채서를 가지고 사당에 고한다. 이에 자제를 사자로 삼아 신부집에 보낸다. 신부집 혼주는 나와서 사자를 맞이한다. 납채서를 받들어 사당에 고한다. 문밖에 나아가 답서를 사자에게 주고 예절로 대접한다. 사자가 돌아와 보고하면 신랑집 혼주는 다시 이것을 사당에 고한다. 축문은 사용하지 않는다.
납폐	납폐서를 마련한다.	납폐한다. 납폐서를 써서 사자를 시켜 신부집에 보내고, 신부집에서는 납폐서를 받고 답서를 쓴다. 빈을 대접하는 것과 사자가 돌아와 보고하는 것은 모두 납채 의식과 같다.
친영	하루 전날 신랑집에서는 자리를 마련한다. 주인이 사당에 고한다. 아들에게 술 한 잔을 내린다 신랑이 나간다. 신부집에 이른다. 사당에 고한다. 딸에게 술 한 잔을 내린다. 신부가 들어온다. 신랑 신부 맞절을 한다. 나아가 앉는다. 다시 들어온다. 빈을 대접한다.	하루 전날 집에서 사람을 시켜 사인의 방을 마련한다. 다음 날 신랑집에서는 방 안에 자리를 마련한다. 신부집에서는 대문 밖에 대기소를 마련한다. 초혼에 신랑은 성복한다. 주인은 사당에 고한다. 아들에게 술 한 잔을 내리고 맞이할 것을 명한다. 신랑은 나아가 말에 오른다. 신부의 집에 이르러 대기소에서 기다린다. 신부집 주인은 사당에 고한다. 주인이 나아가 맞이하면 신랑은 들어가 기러기를 바친다. 수모가 신부를 모시고 나가 가마에 오른다. 신랑은 말을 타고 신부 가마에 앞서서 간다. 신랑집에 이르면 신부를 인도하고 들어간다. 신랑 신부가 맞절한다. 나아가 앉아서 먹기를 마치면 신랑은 방을 나간다.

(신랑이) 다시 들어와 옷을 벗고 촛불을 내놓는다.
(신랑) 혼주는 빈(신부집에서 따라온 손님)을 대접한다.
다음 날 신부는 일찍 일어나 시부모를 뵙는다.
시부모가 신부에게 대접한다.
신부가 여러 어른을 뵙는다.
총부(冢婦, 맏며느리)인 경우에는 시부모께 음식을 대접한다.
시부모가 며느리에게 음식을 내린다.
3일째에 주인은 며느리를 사당에 뵙게 한다.

부현	시부모가 신부에게 대접한다.	
구고	신부가 여러 어른을 뵙는다. 총부(冢婦, 맏며느리)인 경우에는 음식을 대접한다. 시부모가 며느리에게 음식을 내린다.	
묘현	며느리를 사당에 뵙게 한다.	
서현부 지부모	사위를 대접하는 예는 평상시 예절과 같이 한다.	다음 날 신랑은 신부의 부모를 가서 뵙는다. 다음은 신부 쪽의 여러 친족을 뵙는다. 신부집에서 사위를 대접하는 예는 평상시 예절과 같이 한다.

김향숙, "기호사림에서의 서지적 연구", 한국학중앙연구 한국학대학원 박사학위논문, 2015, 185~187, 248~249쪽 참조하여 작성

사례편람

이렇듯 예서를 통하여 친영혼을 확산하려 하였으나 혼례를 신랑집에서 치른다는 점에서 민간에 남아 있는 서입혼의 전통과 상충되는 점이 있어 『주자가례』식 혼례는 민간 서민층에서 실행되기는 어려웠다. 그러다가 전통 혼속과 『주자가례』식 혼례가 절충된 반친영혼이 보급되기에 이른다. 예식은 신부집에서 하되 3일 이후에는 신랑집으로 가서 친영의 례를 행하는 것이다. 반친영은 일부 사대부들을 중심으로 16세기경에 시작되어 18세기경에는 일반 서민에게 널리 보급되기에 이르고, 20세기 초까지 이어졌다.

02

초례상차림

　고려 왕조까지 서입혼이 계속되어오다 충정왕 1년(1349) 공민왕이 노국공주와 결혼할 때 북경에서 친영을 한 것을 계기로 가입혼의 서막이 오르게 된다.

　서입혼이란 신랑이 정식으로 혼례를 올리기 전에 신부집에서 묵었다가 신방을 준비한 3일째에 독좌(獨座, 초례상)를 받는 것이다. 독좌 때에는 신랑과 신부 사이에 행3배(行三杯)가 행해졌다. 1,500년 이상 지속되어온 서입혼은 고려 말 봉건적 신분제도와 가부장제적 질서 유지를 강화하고자 실시된 일련의 개혁 조치에 따라 『주자가례』를 근거로 친영의에 밀려나기에 이르렀다. 하지만 고려 말에 있었던 일련의 개혁 조치는 그 빛을 보지 못하고 다음 정권으로 이어졌다. 중종 13년(1513) 유학자 김치운이 최초로 친영의를 행했지만, 기묘사화 때 조광조가 처단된 이후 폐지되었다.

　친영의란 납채, 납길, 납징, 친영, 동뢰연, 현구고례를 거쳐 혼례를 완성시키는 의식으로 『의례』의 「사혼례」가 기반이 되었다. 어쨌든 명종(明宗, 재위 1545~1567)조에 이르러 사민(士民) 계층에서 신랑이 신부집에 가서 동뢰연을

행한 다음 날 아침 신랑집에 가서 시부모님에게 현구고례를 행하는 반친영혼
이 상당히 광범위하게 보급되었다.

규범(친영례)과 관행(반친영례)이 다른 가운데 전개된 일반 서민들의 동뢰연은
혼례 날 신부집 앞에 송죽을 세우고 대청에 교배석을 마련한 다음, 발 높은
고족상에 밤, 대추 등의 과일을 놓고 양 끝에는 몸을 묶은 닭 두 마리를 청
색 보자기와 홍색 보자기에 싸서 놓았다. 술 주전자, 술잔, 합근주도 배설하
였다. 이것이 동뢰연상(초례상) 차림이다.

원래 신랑집에서 치르는 동뢰연 상차림은 새끼 돼지 반 마리를 중심으로 서
(黍, 찰수수), 직(稷, 차조), 석(腊, 꼬리뼈를 없애고 통째로 말린 토끼), 어(魚, 말린 붕어),
급(湆, 고기만 넣어 끓인 국), 저(菹, 소금에 절인 김치), 혜장(醯醬, 초장) 등으로 구성
되었다. 새끼 돼지를 중심으로 차렸던 상차림이, 처가살이혼에 젖어 있던 사
회에 반친영혼이 생기면서, 서입혼속 상차림에 동뢰연상 차림을 끼워 맞춘 초
례상으로 변한 것이다.[01]

초례는 개인적인 기복이 깔려 있는 의식으로 민속 신앙과 관계가 깊다. 조
선시대에는 유교를 치국 이념으로 삼아 성리학적인 인격 수양을 중시했지만
현실적으로는 복을 받고자 하는 종교적인 바람 또한 존재했다. 따라서 초례
와 같은 신앙 행위가 있었던 것이다.

도교적인 초례가 혼례에서는 신랑이 신부집에 가서 치르는 혼인 의례의 한
과정을 말하는 용어로 변화하였다. 흔히 초례청이라고 하면 신랑 신부가 혼인
을 하기 위해 마당에 차일을 치고 혼례상을 마련한 곳을 말한다. 그러면 양반
가의 초례청은 어떤 모습일까? 1626년 신응순(辛應純, 1572~1636)이 기록한 차
녀 혼례 때의 초례청 광경을 보자.

의자와 탁자를 동서로 마주 보게 놓았는데
신랑의 자리는 동쪽으로, 신부의 자리는 서쪽으로 하였다.
나물, 과일, 술잔, 잔받침을 보통 의식 때와 같이 차려놓았다.

01 김상보, 『조선왕조 혼례연향 음식문화』, 신광출판사, 2006, 141~142쪽.

술병은 동쪽 자리 뒤에 놓았다.

탁자를 술병의 남쪽에 놓고 그 뒤에 합근배 두 개를 합하여 놓았다.

방의 구석에 남과 북으로 각각 손숫물대야, 수건, 휘건을 놓았다.

대기소를 문밖에 설치하고 장막을 치고 방석을 깔았다.

신랑이 기러기의 머리가 왼쪽으로 가게 하여 안고 대청에 이르러서

북쪽으로 향하여 무릎을 꿇고 기러기를 내려놓았다.

신랑이 남쪽에서 손을 씻고 신부는 북쪽에서 손을 씻었다.

신부가 두 번 절하자 신랑이 한 번 설하여 답하였다.

신부가 또 두 번 절하고 신랑이 또 한 번 절하여 답하였다.

신랑이 신부에게 읍하고 자리에 앉았다.

종자(신랑과 신부를 돕기 위하여 따라온 사람, 곧 가족들)가 술을 따르고 찬을 올렸다.

신랑과 신부는 술과 마른 안주를 제사하였다.

종자가 술을 따랐다.

신랑과 신부는 제사하지 않고 마셨으며 안주는 없었다.

종자가 합근배를 신랑과 신부에게 나누어 놓고 술을 따랐다.

신랑과 신부는 제사하지 않고 마셨으며 안주는 없었다.

신랑이 방 밖으로 나가고 음식을 치워 방 밖으로 내놓았다.

신랑의 종자들은 신부가 남긴 음식을 먹고

신부의 종자들은 신랑이 남긴 음식을 먹었다.

위 상황은 신응순이 양반이지만, 『주자가례』의 친영을 따르지 않고 전통적인 반친영 형식으로 차녀 혼인을 치르는 모습이다. 집에 장막을 치고, 나물, 과일, 술잔, 술잔받침 등을 진설한 초례상과 기러기를 받치는 전안례 그리고 신랑 신부가 교환하여 마시는 합근례 등 요즘 전통 혼례와 별반 차이가 없다. 초례청에 놓는 닭에 대한 언급은 없다. 정약용은 『여유당전서』에서 어느 정도 절충된 반(飯), 병(餠), 갱(羹), 어(魚), 저(菹), 해(醢), 닭 반 마리, 돼지 반 마리

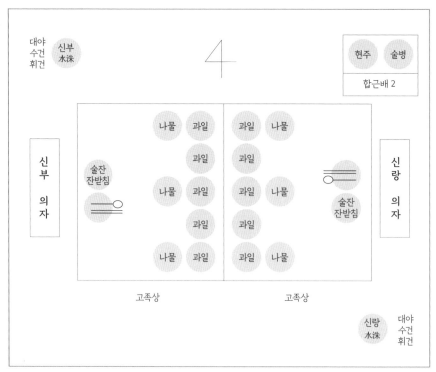

신부집에서 차린 반친영 형식의 동뢰연상 [01]

로 차릴 것을 제시하였으나 지켜지지 않았다.

　다음은 정약용의 『여유당전서』 제3집 23권 「가례작의(嘉禮酌儀)」에 수록된 반가 초례상과 그 절차이다.

신랑 신부가 당에 오르면 공뢰(共牢)의 예를 행한다.

신랑이(정현(鄭玄): 신부를 이끌고) 서쪽 계단으로 올라가

정당의 왼쪽(동쪽)에 서향해서 서면(『가례』를 따름),

신부는 서쪽 계단으로 올라가

드디어 정당의 오른쪽(서쪽)에 동향해서 선다(시어머니의 방이 동쪽에 있을 때는 『주자가례』를 따르고, 시어머니의 방이 서쪽에 있을 때에는 고례를 따라 신랑은 서쪽에 서고 신부는 동쪽에 선다).

찬자(贊者)가 절하라고 고하면 신부가 먼저 재배하고,

신랑이 재배로 답하면, 신부가 다시 재배한다(이것이 『주자가례』에서 말하는 교배이다. 사마온 공(司馬溫公)이 말하기를 "남자는 재배, 여자는 사배(四拜)로 예가 된다. 고례에는 교배지례가 없으 니 풍속대로 하며 될 것이다"라고 하였다).

찬자가 앉을 것을 고하면 부부가 모두 앉는다.

찬자는 다음 그림과 같이 찬을 드릴 것을 고한다.

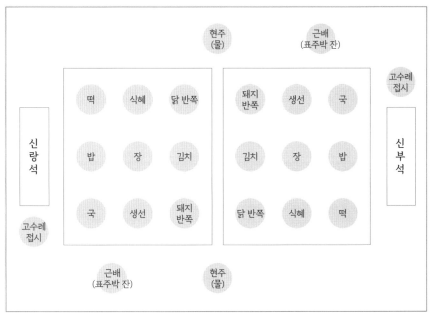

『여유당전서』의 공뢰합근도

여어(女御, 수모) 두 명이 식사를 돕는다(신부집에서 온 수모가 신랑 일을 돕고, 신랑집 사람이 신부를 돕는다).

각기 접시 하나를 잡아 탁자 밑에 놓으면 신랑이 밥을 떠서 고수레한다(한 숟가락을 접시에 고수레한다). 신부도 이와 같이 한다.

⊙ 고례를 살펴보면 상차림이 이와 같지 않다.

⊙ 지금은 풍속대로 따른다(아홉 가지 음식을 차리는 것은 고례이다).

찬자가 삼반(三飯)을 고한다(신부는 반드시 먹지 않을 것이니, 형식만 갖출 뿐이다). 그리고 삼윤(三酳, 술을 세 번 드림)을 고한다. 삼윤의 예는 찬자가 근배를 들어 술을 따라 수모에게 주어 신랑 신부에게 드리게 하고(먼저 신랑에게 드린 다음 신부에게 드림) 또한 접시 두 개를 하나씩 탁자 앞에 놓으면 신랑은 술을 고수레한다(접시에 조금 따른다). 신부도 이와 같이 한다. 신랑이 술을 마시면(고례에는 잔을 비웠다), 신부도 이와 같이 한다.

⊙ 고례를 살펴보면 첫 잔과 두 번째 잔은 작(爵, 술잔)을 쓰고 세 번째 잔은 근배를 썼는데, 지금은 세 잔 모두 근배를 쓰니 풍속을 따르고 간편함을 좇는 일이다.

찬자가 일어나라 고하면 신랑과 신부는 모두 일어난다. 신랑이 신부 앞에서 읍하고 방으로 들어간다. 신부가 따라 들어간다. 신랑이 방 안에서 겉옷을 벗고(수모가 받는다) 나가면 신부도 겉옷을 벗는다(또한 수모가 받는다).

⊙ 고례를 살펴보면 삼윤의 예를 방 안에서 행하는데, 지금은 풍속을 따라 대청에서 하기 때문에 삼윤을 마치고 나면 신랑이 신부를 이끌고 방으로 들어간다.

⊙ 찬을 치운다. 신부 측 수모는 신랑이 남긴 것을 먹고, 신랑 측 수모는 신부가 남긴 것을 먹는다.[02]

정약용은『여유당전서』를 집필할 당시의 풍속이 동뢰연 때 술 세 잔을 전부 합근배로 쓰는 점, 동뢰연을 대청에서 하는 점, 부부가 각각 상을 따로 받지 않고 한 상을 같이 하는 점을 지적하고 그대로 채택해도 되는 것과 고쳐야 할

---

02 문옥표 외,『조선시대관혼상제』(I) 관례혼례편, 한국정신문화연구원, 1999, 202~203쪽.

것을 제시하였다. 『의례』의 「사혼례」를 따른다면 원래 동뢰연은 대청이 아니라
신랑 방에서 해야 되는 것이며, 합근배는 세 잔째 술을 마실 때 쓰는 것이고,
동뢰연상은 신랑 신부가 각각 독상 형태로 받게 하는 것이다.

　　이보다 앞선 시기의 영남학파 학맥인 장현광(張顯光, 1554~1637)이 저술한
『혼의(婚儀)』에도 동뢰상이 보인다. 그는 친영을 하게 되면 기물과 음식을 진설
하는 것을 마땅히 신랑집에서 해야 할 것이나 지금은 시속에 따라 친영하지
않으므로 신부집에서 이러한 진설을 하는 것이라고 하였다.[03]

　　친영의 분제는 『주자가례』의 시행에 있어서 가장 충돌되는 것 중 하나였다.
『주자가례』에서는 신랑집에서 친영을 해야 된다고 하나 실제 관습에서는 신부
집에서 친영을 하였다. 장현광이 살았던 조선 중기도 여전히 친영, 전안례, 교
배례로 이어지는 동뢰 의식을 신부집에서 하였다. 유학자 장현광도 『혼의』에
서 이를 그대로 따라 유교적인 『주자가례』와 현실적인 의례 관습을 융합하여
유교화를 시도한 것으로 보인다.[04]

　　『혼의』의 동뢰도는 다음과 같이 차렸다.[05]

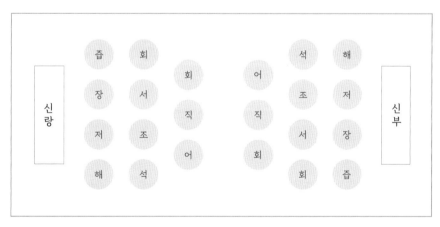

• 저 절인 김치　　• 해 젓갈　　• 서 찰기장　　• 직 메기장

조선 후기의 기호학파 유학자 동춘당 송준길(宋浚吉, 1606~1672)이 저술한

03 성백효 역, 『국역여헌집』 4, 민족문화추진회, 1999, 86쪽.
04 유권종, 「여헌의 예학사상」, 『여헌 장현광의 학문세계 우주와 인간』, 예문서원, 2004 , 164~165쪽.
05 성백효 역, 『국역여헌집』 4, 민족문화추진회, 1999, 90쪽.

『관혼의절(冠婚儀節)』에서 은진 송씨 가문의 동뢰도를 보면 다음과 같이 차렸다.

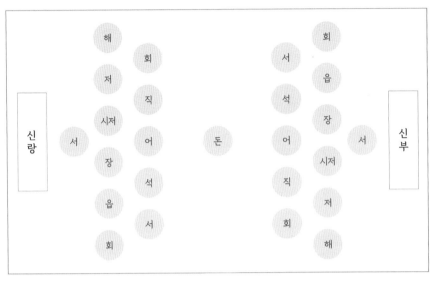

· **어** 말린 붕어   · **석** 꼬리뼈 없애고 통째 말린 토끼 반 마리   · **돈** 발굽 제거 후 삶은 새끼 돼지
· **시저** 숟가락 젓가락   · **읍** 고깃국

친영에서 동뢰연 음식을 방 안에 차리는데 『가례증해(家禮增解)』(1792)나 『상변통고(常變通攷)』(1830) 등 전통적인 유교 의례서는 거의 『의례』 「사혼례」의 내용을 옮겨놓았고, 저해(菹醢, 젓갈김치), 혜장(醯醬, 초장), 읍(潗, 고깃국), 서직(黍稷, 찰기장과 메기장), 어(魚, 말린 붕어), 석(腊, 말린 토끼), 돈(豚, 발굽을 제거하고 삶은 새끼 돼지) 등을 신랑집에서 차려 의례를 행하는 것으로 되어 있다.

하지만 전통적인 의례서와 달리 앞서 본 유학자들은 현실적인 관습에 따라 신부집에서 친영 의례를 하고 의례 음식도 형편에 따라 달리한 것으로 보인다.

『증보사례편람(增補懸解四禮便覽)』에서도 '옛부터 내려온 전통적 혼례상'에 대하여 언급하면서 떡과 국수, 대추, 밤, 산자로 한다고 하였다. 정약용은 국수를 밥으로 대체했을지도 모른다.

『예기』에는 '대나무와 소나무는 경사스러운 것의 대표로서, 사계절을 통하여 고사되지 않고 항상 푸르기 때문에 사람의 건강과 절의가 견고한 것을 존중하여 귀하게 여기는 것이다'라 하였다.[06] 불교에서도 대나무는 축수(祝壽), 소나무는 장생수(長生樹)의 속성을 지녀 장수의 상징물로 되어 있다.[07]

민중들은 이 대나무와 소나무를 지조 또는 절개의 의미로 신부집 문 앞에 세우고 마당에 교배석(交拜席)을 마련한 다음, 밤, 대추 등의 과일과 술 주전자, 술잔 그리고 합근배를 진설한 발 높은 고족상(高足床)을 한가운데 놓고 이것을 동뢰상으로 삼았다. 초례싱 앙 끝에는 몸이 묶인 닭 두 마리가 청색 보자기와 홍색 보자기에 싸여서 놓였다.[08]

06 『禮記』「禮器」
07 허균, 『사창장식 그 빛나는 상징의 세계』, 돌베개, 2000, 142쪽.
08 韓東龜, 『韓國の冠婚葬祭』, 國書刊行會, 1974, 204쪽.

03

폐백상차림

혼례 가운데 현구고례를 폐백이라 한다. 폐(幣)는 '돈 폐', '폐백 폐'이고, 백(帛)은 '비단 백'이다. 폐백이란 '예의를 갖추어 보내는 물건'을 뜻하니, 여기에서는 '예의를 갖추어 보내는 비단'이 된다.

신랑과 함께 시집으로 처음 들어간 신부는 가마에서 나와 신랑집에서 미리 마련한 방에 들어가서 폐백을 준비하는 동안 잠시 쉰다. 이때 신랑집에서는 '입맷상'이라고 하여 국수장국에 수정과나 화채와 같이 씹지 않고 요기를 할 수 있는 상을 신부에게 마련해준다.

신부가 폐백을 올릴 때 시아버지는 동쪽, 시어머니는 서쪽에 앉는다. 수모(手母)의 도움을 받은 신부는 시부모에게 큰절을 네 번 하고 술을 권한다. 폐백에는 대추와 꿩을 쓰는데, 대추는 시아버지께, 꿩은 시어머니께 드린다. 하지만 근대로 오면서 폐백상에 닭을 올린다. 이를 두고 우리 속담에 '꿩 대신 닭'이라는 말이 생긴 것이다.

밤과 대추는 한 나무에 많이 달리니 다산을 상징하는 것이지만, 중국에서 대추 조(棗)는 조(早)와 같은 발음인 '짜오(Tsao)'이고, 밤 율(栗)은 설 립

(立)자 같은 발음으로 '리(Li)'이다. 그리고 열매가 자(子, Tzu)로 중국에서는 '아이를 일찍 가지라(早立子)'는 밤과 대추의 의미가 우리나라에서는 대추는 아들로, 밤은 딸로 바뀌어 '아들 딸 많이 낳아라'는 뜻으로 변한 듯하다.

정약용의 『여유당전서』 제3집 23권 「가례작의」에 수록된 반가의 현구고례 절차와 음식은 다음과 같다.

신부는 아침 일찍 일어나 성복하고 현구고례를 행한다.

고례에는 신부가 사계(纚笄, 머리싸개와 비녀)를 하고 소의(宵衣)를 입는다고 했다.

소의란 초의(綃衣, 얇은 옷)인데,

그 옷은 치의(純衣, 검은 옷)보다 격이 떨어지는 것이다.

지금은 소매가 좁고 긴 웃옷을(방언에는 당의, 唐衣) 입고 시부모를 뵙도록 한다.

찬자는 대청 동쪽에 두 자리를 마련한다.

시아버지 자리는 동쪽 층계 위에(서향해서 앉고),

시어머니 자리는 그 오른쪽에(역시 서향해서) 있다.

탁자 하나씩을 각각 앞에 놓는다(대추와 육포를 놓기 위함이다).

⊙ 고례를 살펴보면 시어머니는 남향하고, 『주자가례』에서는 시부모가 동서로 마주 보는데, 지금은 풍속을 따라 나란히 앉아서 받는다.

신부가 서쪽 계단으로 내려와 안마당에 서면

찬자가 번(笲, 대추와 밤을 담은 그릇)을 준다.

신부가 이를 들고 서쪽 계단으로 올라가

시아버지 앞에 가서 앉아 탁자 위에 놓으면

시아버지는 이를 어루만진다(대추와 밤을 어루만져서 기쁨을 표시하는 것이다).

신부는 조금 물러서서 숙배(肅拜)한다(지금은 4배를 드린다).

시아버지는 읍으로 답한다(고례에는 답배).

신부가 다시 물러가 서쪽 계단 위에 가서 서면(동향해 선다)

찬자가 변(箋, 육포 담은 그릇)을 드린다.

신부가 이를 들고 시어머니 앞에 가 앉아서 탁자에 놓으면

시어머니는 이를 어루만진다(고례에는 시어머니가 이를 들어 종자(從者)에게 넘겨준다).

신부는 조금 물러서서 숙배한다(지금은 4배를 드린다).

시어머니는 앉은 채로 읍하여 답한다(고례에는 시어머니도 절한다).

신부는 다시 물러서서 여러 시숙 시숙모에게

두루 일배(一拜)씩 한다(사람마다 각각 일배씩 한다).

여러 시동생 시누이는 모두 늘어서서

함께 여배(旅拜)한다(사람이 많아도 모두 일배만 한다).

신부가 물러나 방에 들어가면(서쪽 방) 수모는 탁자를 채운다.

⊙ 고례를 살펴보면 신부는 대청 위에서 절하고 『주자가례』에서는 층계 밑에서 절한다고 되어 있다
(온공(溫公): 옛날에는 대청 위에서 절했는데 지금은 대청 아래에서 절하니, 공손한 것이다. 여러 사
람들이 하는 대로 따라도 된다). 우리나라의 풍속은 도리어 고례와 맞으므로 지금은 풍속을 따른다.

또 살펴보건대 단(腶, 포)이란 두드린다는 것이요,

수(脩, 산포)는 길다는 것이다.

두드려 다스려서 생강과 계핏가루를 친 것을 단이라 하고,

길게 쪼개어 말린 포로 만든 것을 수라 한다.

지금 우리의 풍속에서는 대추 한 그릇과

거(腒, 말린 꿩고기) 한 그릇만을 시부모께 드리니 간략함을 따른 것이다.

가난한 선비의 집에서 대추와 포를 마련하지 못하면

밤과 수(鱐, 건어)를 써도 실례되지 않는다.

대추, 밤, 포 등은 물명(物名)일 뿐인데,

가공언 <소>에는 그 소리가 같음을 취해서 글자의 뜻을 말하고 있으니,

왜곡이 심하다고 하겠다(가공언: 대추와 밤은 아침 일찍부터 스스로 조심하고 공경한다는 뜻을
취한 것이고, 단(腶)·수(脩)는 단단하게 스스로 닦는다는 뜻을 취한 것이다).

이에 예부지례(禮婦之禮, 신부에게 단술을 내리는 예)를 행한다.

시부모의 자리는 앞서와 같이 하고

신부의 자리는 시어머니 앞에 마련한다(남향하는 것이 옳다).

신부가 나가 자리에 앉으면(남향해서 앉는다) 찬을 드린다.

⊙ 예부(禮婦, 신부에게 단술을 내림)하는 물건은 예(醴, 단술) 한 그릇, 포(脯) 하나, 혜(醢, 식혜) 한 그릇뿐이다.

⊙ 찬자가 접시 하나를 탁자 앞에 놓으면, 신부는 예(醴)를 들어 고수레한다(세 숟갈을 떠서 접시에 고수레한다). 그리고 단술을 맛본다(조금 입에 넣는다). 일어나 사배(四拜)한다(고례에는 일배에 그친다). 물러가 방으로 들어간다.

⊙ 고례를 살펴보면 절차가 번거로워 이제 모두 깎아버리고 『주자가례』를 따른다(『주자가례』에는 부모가 초녀(醮女)할 때의 예대로 한다고 하였다).

이에 관궤지례(盥饋之禮, 음식을 보내는 예)를 행한다.

찬자는 정실(正實, 안방)에 자리 둘을 마련하여 시부모가 좌정하면 찬을 드린다.

⊙ 관궤의 물건은 특돈(새끼 돼지) 한 솥(생선포는 없다), 반(飯, 밥) 한 궤(簋, 서직(黍稷)을 담는 제기)(서(黍, 찰기장)는 있고, 직(稷, 메기장)은 없다)에 그치고, 형(鉶, 국그릇) 하나, 두(豆) 두 개(즉 김치와 식혜)에 장(醬, 초장)을 곁들여 여섯 가지뿐이다.

청주(淸酒)는 한 번 따르고 삼헌(三獻)은 없다.

돼지 한 마리를 오른쪽 반은 시아버지, 왼쪽 반은 시어머니 그릇에 담으니(정현의 〈주(注)〉), 공뢰와 같다. 찬을 놓는 법은 경문(經文)에 보이지 않으니, 이제 풍속을 따라 아래와 같이 그려본다.

⊙ 성호(星湖)가 말하기를 "옛날과 지금의 풍속이 다르니 고례에 있는 물건을 꼭 써야 할 필요는 없다. 미식(米食)·면식(眄食, 떡과 국수)·대추·밤·생선·고기로 여섯 가지를 갖추면 된다" 고 하였다.

⊙ 경문의 사례를 살펴보면 밥이 있는 경우는 궤(饋)라 하고 밥이 없는 경우는 향(饗)이라 하였다.

기왕에 관궤라 하였으니 밥이 없을 수 없다.

밥이 있으면 포(脯)와 혜(醢)가 없을 수 없으니, 고례를 바꿀 수 없다고 생각된다.

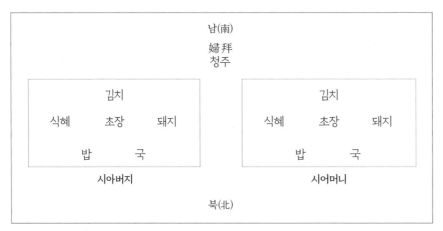

관궤도(盥饋圖)

신부는 손을 씻고 시부모님께 찬을 드린다.

그리고 술을 따라 시부모님께 드리고 조금 물러서서

숙배(肅拜)하고(일배만 한다) 시어머니 곁에 선다.

⊙ **찬을 치운다.**

⊙ **신부는 시어머니 곁에 앉아 시어머니가 남긴 것을 먹는다.**

『가례』에 말하기를 "이날 식사 때에 신부집에서는 성찬(盛饌)과 술단지를 마련하고, 신부의 종자는 대청에 소과(蔬果, 채소와 과일) 탁자를 마련한다"고 하였다.

살펴보건대 예란 절문(節文, 알맞게 조절하여 꾸미는 것)이다.

태뢰(太牢, 소·양·돼지의 세 가지 희생을 갖춘 제수, 대성찬(大成饌))·소뢰(小牢, 양·돼지만의 제수)·특시(特豕, 큰 돼지 한 마리)·특돈(特豚, 새끼 돼지 한 마리)·삼정(三鼎, 세 솥)·일정(一鼎) 등 그 등급이 삼엄하니,

관궤하는 물건도 당연히 이에 가려 써야 할 것이다.

지금 사람들은 성찬 두 자에만 매달려 사치와 낭비가 극하여 남의 눈을 현혹하고

가난함을 업신여겨 신부의 뜻을 오만하게 하니, 이는 크게 어지러운 도(道)이다.

경대부(卿大夫)의 집에서 제사에 소뢰를 쓰니,

관궤에는 마땅히 특생(特牲, 한 마리 짐승)·삼정을 쓰고,

명사(命士, 하급 관원)의 집에서는 제사에 특생을 쓰니,

관궤에도 마땅히 특돈·일정·일저(一菹)·일률(一栗)을 써야 하는데,

어찌하여 마음대로 증감(增減)할 수 있겠는가?

이러한 일은 소소한 예로 하찮은 일 같으나,

기풍(氣風)을 상하고 풍속을 무너뜨려 나라가 어지러워지고 백성이 가난한 것은,

모두가 금지하는 것을 무너뜨리고 분수를 넘는 데에서 말미암은 것이다.

예를 아는 사람은 마땅히 관궤도(盥饋圖) 하나를

미리 신부집에 보내어 이를 무너뜨리지 않게 할 것이다.[09]

『가례집람도설(家禮輯覽圖說)』

09 문옥표 외, 『조선시대관혼상제』 (I) 관례혼례편, 한국정신문화연구원, 1999, 205~208쪽.

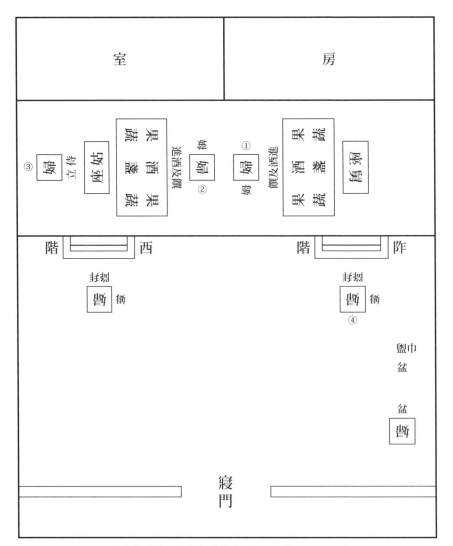

신부가 시부모에게 음식을 올리는 그림(饋于舅姑圖)

① 신부가 시아버지에게 술과 음식을 올린다.
② 신부가 시어머니에게 술과 음식을 올린다.
③ 신부가 시립(侍立)해 있는다.
④ 신부가 절을 하고 내려온다.

「평생도(平生圖)」의 폐백상

조선 후기 반가에서 행한 폐백 풍경을 그린 풍속화이다. 폐백 의례 광경에서 예식 진행 모습과 음식을 추정해볼 수 있다. 신부를 중심으로 시아버지는 왼쪽에, 시어머니는 오른쪽에 앉아 폐백상을 앞에 두고 있다. 시아버지 상에는 밤이나 대추가 놓인 듯하고 시어머니 상에는 꿩, 닭이 아니라 포(脯, 고기를 얇게 저며 썰어 말린 것)가 놓인 듯하다. 『예서』에는 신부가 시부모를 처음 뵐 때, 시아버지에게 조율(棗栗, 대추와 밤)을, 시어머니에게는 단수포(腶脩脯, 생강과 계핏가루를 뿌려 길게 쪼개어 말린 포)를 올린다고 했다. 이것은 대추와 밤은 음의 성질을 가졌고, 단수포는 양의 성질을 가졌기에 양인 남자에게는 음의 성질인 밤과 대추를 올리고, 음인 여자에게는 양의 성질을 가진 음식을 올려 음양이 조화하도록 하는 상징으로 보고 있다.

현구고례는 대청마루에서 올리는데, 신부가 양쪽 두 사람의 도움으로 큰절을 한다. 일반적으로 큰절을 하면 시부모에게 술을 바치는데, 상 위에는 『예서』에 나타난 술이 보이지 않는 점은 차이가 있으나 대청마루에서 올리는 폐백은 『예서』의 기록과 동일하다.

04

큰상차림

혼례를 마친 신부가 처음 시댁으로 가서 부모에게 인사를 올리는 현구고례, 즉 폐백을 마친 다음에는 '큰상'을 받는다. 신부집에서 혼인식을 한 다음에도 신랑 신부가 받는 큰상이 있다. 신부가 시댁에 오면 다시 큰상을 받는데, 신부를 데리고 온 후행(後行) 또는 상객(上客)도 함께 받는다.

정약용의 『여유당전서』에 수록된 「가례작의」에는 현구고례 다음 신부를 대접하는 향부지례(饗婦之禮, 신부를 대접하는 예)를 적고 있다.

살펴보건대 고금의 마땅히 여기는 바가 다르다.

지금은 서부(庶婦)도 관궤를 행하고, 시부모도 남을 시켜 초(醮)할 필요가 없다.

이에 향부지례를 행한다.

예부(醴婦)의 예는 대추와 육포에 대한 보답이고,

향부(饗婦)의 예는 관궤에 대한 보답이다.

⊙ 향부에 쓰는 물건에 대하여는 경문에 보이지 않으나 경(經)에 "조(俎, 그릇)를 신부 측에 돌려준다" 하였으니 절조(折俎, 수육)가 있었음을 알 수 있다.

또한 『예기』에 "며느리 대접하는 데는 시어머니가 준다" (정현 〈주〉: 포(脯)·혜(醯)를 준다)고 하였으니, 포와 식혜가 있었음을 알 수 있고, 경에 "술 한 잔 주는 예로 향부한다" 하였으니, 청주가 있었음을 알 수가 있다.

따라서 생(牲, 돼지나 양), 포, 식혜의 세 가지와 술 한 잔 외에 더해서는 안 될 것이다.

⊙ 향(饗)을 마치면 조(俎)를 신부집에 돌려보내니, 고례를 따르는 것이 마땅하다.

시부모가 좌정하면 신부는 시어머니 곁에 앉는다.

수모가 신부 앞에 찬을 드린다.

⊙ 시아버지는 술잔을 씻고, 시어머니는 술을 따라 신부에게 준다.

⊙ 신부는 술을 받아 마신다(조금 입에 넣는다).

⊙ 고례를 보면 향례를 마치고 시부모가 서쪽 층계로 내려가면, 신부는 동쪽 층계로 내려감으로써 대를 전했음을 밝혔는데 지금은 생략한다.

신부집에서 온 사람들은, 남자는 시아버지가 대접하고
여자는 시어머니가 대접하는데, 모두 술 한 잔 권하는 예를 쓴다.
그들이 돌아갈 때 모두 속금(束錦, 비단 묶음)을 준 것은
옛적의 도(道)이나 지금은 그렇게 할 수 없다.
그러나 술과 과일로 대접하고 몇 자 되는 포목으로 보수하는 것도
예를 갖추는 것이 될 것이다.
부귀한 집에서는 후하게 할 것이다.[10]

정조(正祖, 1776~1800) 때 관(官)에서 치른 서민의 혼례 기록인 『동상기(東廂記)』에도 상화(床花)를 꽂고 있다.

모든 일은 끝냄이 있어야 하는 것이니,
봉상시의 숙수(熟手) 몇 사람을 급하게 불러다 음식을 마련시켰다.

10 문옥표 외, 『조선시대관혼상제』 (I) 관례혼례편, 한국정신문화연구원, 1999, 209~210쪽.

증병, 인절미, 권모(權母), 백설기, 송편, 난면(卵麵), 산면(酸麵), 유밀과, 홍산자,

중박계, 다식, 양색요화, 각색강정, 약과, 어만두, 어채, 구장(拘醬), 연계유(軟鷄濡),

어회, 육회, 양지머리수육, 전유아, 누름이, 저육, 백육(白肉), 잡탕, 탕평채, 화채, 아가위,

능금, 유행(柳杏), 자두, 배, 황률, 대추, 참외, 수박 등을 숙수가 내놓았다.

수파련을 꽂지 않을 수 없었으니,

이야말로 사또 어른 밥상이라, 두꺼비가 받은 큰상과 같았다.

평생을 마시고 먹었으되 죽과 밥만을 알았거늘

한술 뜨기도 전에 배 먼저 부르구나.

신랑의 소매엔 황률이 반 되나 가득

수모(手母)가 합환주(合歡酒) 따른 통에는 술이 가득

다들 사양치 마시고 드십사, 이렇게 큰 상은 다시 얻기 어려우이.

　이 기록은 정조 시대 이후 구한말에 궁중음식 문화가 민가에도 전해져 궁
중에서나 음식에 꽂았던 상화가 민가 혼례에도 등장할 정도로 퍼져 있음을
보여준다. 물론 상화만이 아니다. 많은 궁중음식이 사대부가로 널리 확산되
었다.[11]

　큰상은 신랑집이나 신부집에서 받지만 거의 먹지는 않는다. 이를 '눈요기
상'이라고도 하는데, 이 상을 물리면 신부집에 보내거나, 따라온 하인들이 먹
기도 한다. 대신 '입맷상'이라 하여 작은 상에 국수장국과 떡, 술을 내놓는다.

　그러면 조선 후기 그림에 나타난 큰상차림은 어떨까? 다음의 그림을 보면
8폭과 10폭의 병풍을 둘러친 방에 신부와 안쪽에 시댁 식구로 보이는 두 명
의 여인, 신부 맞은편에 대반(對盤, 신랑과 신부의 접대 역할을 맡은 사람)으로 추정
되는 한 명이 앉아 사각반에 큰상을 받고 있다.

　병풍에 꽃그림(花草圖)이 있을 법도 하지만, 민병풍을 둘러쳤다. 신부의 상
은 양쪽에 상화가 있다. 이 상화는 조화일 수도, 생화일 수도 있다. 여러 가지
음식이 놓여 있는데, 밤·대추·배 등 과일류와 다식, 약과, 적 종류 등이 올라

11 김상보, 『조선왕조 혼례연향 음식문화』, 신광출판사, 2006.

新婦宴席

신부안석

가 있다. 안쪽의 두 사람은 아마 시어머니와 집안 어른인 듯하고, 신부 맞은편 여인은 대반이 아닐까 한다. 음식은 대체로 열 가지 넘는 종류가 상에 올라 있는 것으로 보인다. 앞쪽에 일꾼인 듯 보이는 하님 두 사람이 음식을 옮기고 있다. 큰상을 받는 여인들은 모두 얹은머리를 하고 있고, 신부와 상객은 모두 노리개를 차고 있는 듯하다. 신부와 상객으로 보이는 여인은 치마저고리에 조끼를 입었다. 대반으로 보이는 여인은 조끼를 입지 않았다. 병풍 뒤쪽에는 집안의 친척일 것 같은 여인들이 구경을 하면서 이야기를 나누는 모습도 보인다.

　이 그림이 그려진 1800년대 말경 어느 양반집 혼례를 보면, 신랑집에서 34명이 후행으로 오고, 이들을 대접하기 위하여 신부집에서 34명의 대객을 선발하였다. 큰상에는 건시, 귤, 사과, 배, 대추 ,밤, 육포, 과자, 산자, 다식, 빙사과, 약과, 누름이, 행적, 족적, 두부적, 전유어, 수란, 계적, 어적, 육산적,

송기떡, 인절미, 절편 등을 차렸고, 조화인 목단과 국화를 상화로 꽂고 있다.

이 눈요기상 큰상은 연회가 끝난 후 신랑과 신부 및 그날 온 손님들에게 허물어 골고루 음복하게 했다. 또 다음 날 신랑집으로 갈 때에 이바지 음식이 되었다.

비록 신랑과 신부가 신부집에서 큰상을 받았지만 신랑집에서도 받았다. 다음 날 신랑집으로 돌아온 후 현구고례가 끝난 다음 또 한차례 산같이 높게 고인 찬품으로 차려진 큰상을 받는 경우가 대부분이었다. 많이 높게 고일수록 신랑과 신부가 복을 많이 받는다고 해서 가능힌 힌 높게 고였다. 이 큰상의 음식 역시 음복함으로써 복을 받게 하고 신부집으로 보내는 이바지 음식이 되었다.[12]

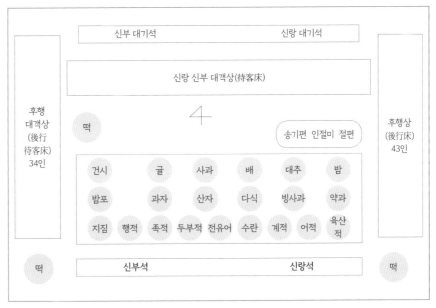

동뢰연을 치른 후 신랑 신부가 받는 큰상과 손님 접대를 위한 주연상

12 김상보, "朝鮮朝의 혼례음식", 『정신문화연구』, vol 25, no 1, 2002, 46~47쪽.

4부

근대의
혼례
상차림

근대의 혼례 규범

서양식 혼례의 등장

우리의 전통 혼례는 대부분 조선시대에 형성된 예식을 기준으로 하며, 그 규범은 『주자가례』를 근거로 한다. 주자가례식 예법은 16세기 들어 성리학적 명분을 중시하는 사림 사이에서 퍼지기 시작하여 17세기에는 양반 사회에서 일반화되었다. 18세기에는 중인이나 평민들도 경제력이 커지면서 수용하기 시작하여 19세기에는 사회 전체로 확산되었다.

중국과 다른 우리 문화 속에 들어온 『주자가례』는 성리학을 기반으로 한 조선 양반 사회에 정착되어 의례의 준거 틀이 되었다. 하지만 우리 문화 속에 녹아 있는 전통적인 관습 또한 쉽게 사라지지 않았으니 그 절충점들이 실제 관행에서 드러났다. 가문이나 지역, 당색, 신분에 따라 차이가 조금씩 있어 '가가례(家家禮)'라는 말이 나오기도 하였다.

전통 혼례는 근대에 들어 이른바 신식 서양 혼례가 들어오면서 변화를 맞는다. 개항과 함께 유입된 서구 종교 문화가 만들어낸 신사조의 영향이 컸다.

조선 말엽 기독교도들을 중심으로 전개된 간단한 혼례식 형태인 '복수결혼 (福手結婚)'이라는 것도 나타났다. 복수결혼은 가까운 친척들이 모인 가운데 찬물을 떠놓고 신랑이 신부의 댕기머리를 쪽 찌어주고 신부는 신랑의 머리를 상투 틀어주는 것으로 식을 전개하는 결혼 방식이다. '복수(福手)'란 쪽을 찌어 주고 상투를 틀어주는 사람을 일컫는다.

이런 예식이 등장한 데에는 이유가 있다. 당시 전통적인 유교적 혼례 방식은 경비가 많이 들었다.[01] 경제적으로 부유한 일부 계층 외에는 일생에 한 번 있는 혼례도 제대로 치르지 못하는 빈곤층이 많았다. 따라서 가난한 사람들 사이에 퍼져 있던 복수결혼이 개신교도들 사이에서 수용된 것이 아닌가 여겨 진다. 빈민층 개신교도들 사이에 행해졌던 혼례식이 나중에는 보편화되어 양 반들도 개신교도가 되었을 때 복수결혼을 채택했던 것으로 보인다.[02]

한편에서는 이러한 혼인을 '작수성례(酌手成禮)'라고도 불렀는데, 이는 1910년 이전에 일본이 집권을 하면 조혼을 금한다는 풍설이 돌자 7~8세부터 12~13세 까지의 소년 소녀가 무더기 혼인을 하면서 생겨났다는 견해도 있다.

전통 혼례

01 한국역사연구회, 『우리는 지난 100년 동안 어떻게 살았을까』, 역사비평사, 1998, 274쪽.
02 장철수, 『한국의 관혼상제연구』, 집문당, 1995, 194쪽.

최초의 신식 결혼은 1888년 3월 정동교회에서 헨리 G. 아펜젤러의 주례 아래 열린 기독교도 한용경과 과부 박씨의 예식이었다. '예배당 결혼'으로 불린 이런 신식 결혼식은 기독교 전파와 함께 교회가 세워지면서 점차 늘어났다.[03]

복수결혼과 작수성례라는 예식의 탄생에는 모두 빈곤이라는 경제적인 이유가 있었다. 하지만 세속적인 물질보다 정신적 가치를 중시했던 당시 기독교 교리가 확산됨에 따라 이러한 예식 형태가 보다 넓고 빠르게 확산된 것으로 보인다.

복수결혼이 일반 민가에서 몇몇 친지들과 행해졌던 것과 달리, 예배당 결혼은 서구 개신교인들의 결혼식과 같이 공동 건물에서 비교적 공개적으로 거행되었다는 데서, 그 형식과 함께 완전히 새로운 변화를 보이고 있다. 한편 명동 천주교회에서도 혼배성사(婚配聖事)라는 천주교식 결혼 예식이 진행되었는데, 천주교식의 독특한 절차와 양식, 엄숙한 분위기에서 신부의 집전으로 이

함경남도 북청 군수댁 혼례 장면

03 이규태(李圭泰)의 『개화백경(開化百景)』에 의하면 이 복수결혼은 1890년대에 들어서면서 그 모습을 좀더 바꾸어 '예배당 결혼'이란 새로운 '혼례식' 형태를 낳았다. 즉 고을 도처에 잇달아 예배당이 서게 된 것이 바로 '예배당 결혼'을 낳게 한 산파 구실을 한 것이라고 말하고 있다.

뤄졌다. 혼배 전에 중혼(重婚)을 막기 위해 고시를 하였으며, 혼배 때는 신랑 신부에게 증인을 세워 후일을 다짐하는 절차도 있었다.

1900년대에는 불교에서도 '불식화혼법(佛式花婚法)'이라는 개량 혼례가 등장하였다. 신도뿐 아니라 비신도들도 이 방법대로 식을 올리는 예가 많았다고 한다.

1930년대에 성행했던 혼례의 하나는 천도교식이었다. 세창서관에서 발행한 『현토주해 사례편람(懸吐註解 四禮便覽)』의 부록에 천도교식 혼례를 소개하고 있다.

근대 시기에 서양식 혼례, 이른바 신식 혼례는 주로 종교단체를 중심으로 수용 및 확산되었다. 그러다가 1930년대에 커다란 변화를 맞이하게 된다. 주로 예배당에서 행해지던 예배당 결혼에 대한 수요가 점차 늘어나면서 'ㅇㅇ예식부'라는 이름으로 결혼 전문 예식장이 생겨난다. 혼례복 대여 가게와 신부 화장을 하는 미장원도 생겨났다.[04] 예배당 결혼에서 '사회 결혼'이라는 말이 이때 나왔다.

시대 변화에도 지속된 전통 혼례

도시를 중심으로 서양식 결혼인 '신식 혼례'가 확산되어 갔지만 촌락사회에서는 1960년대 후반까지도 전통적인 '구식 혼례'가 남아 있었다. 1970년대 이후 전통 혼례는 거의 사라지고 예식장 혼례가 전국적으로 정착되기에 이른다. 서양의 교회 예법에서는 사제자(司祭者)가 식을 주관했지만 예식장에서는 주례를 세웠고, 옛 절차인 현구고례, 즉 폐백 절차는 계속 채택되는 방식으로 남았다.

전통 혼례는 근대에도 널리 행해졌는데, 조선 후기에 편찬된 『사례편람』 내용을 기준으로 한 것으로 보인다. 이재의 『사례편람』 이후 1900년에 황필수

04 한국역사연구회, 『우리는 지난 100년 동안 어떻게 살았을까』, 역사비평사, 1998, 275쪽.

(黃必秀, 1842~1914)가 『증보사례편람』[05]을 편찬하고, 1924년에는 『현토주해 사례편람』[06]이 나와 혼례 규범을 밝혀놓았다. 하지만 혼례 부분에서 특별히 추가된 것은 없어 보인다. 다만 『현토주해 사례편람』에는 기독교인 혼례식과 비기독교인의 혼례식에 관한 내용이 부록으로 붙어 있다.

근대 이후 전통 혼례 관행은 당시 신문 광고에서도 볼 수 있다. 1922년 동아일보에 게재된 광고에는 결혼 도구와 용품에 대한 내용이 등장하는데, 관복(官服), 각대(角帶), 사모(紗帽), 흉배(胸背), 목화(木靴), 원삼(元衫), 족두리(簇頭里), 대당기(大唐其), 용잠(龍簪), 면당지(面唐只), 조박이(造朴伊), 옥판(玉板), 산호영(珊瑚永), 계영(系永), 호구(虎毬), 양구(洋毬), 소당지(小唐只), 접지(接只), 사인교(四人轎), 장보교(欌步轎), 단보교(單步轎), 교자(轎子) 등이 보인다. 옷감의 재료로는 갑사(甲紗), 법단(法緞), 영단(永緞), 양단(洋緞) 등이다. 품질은 특상품(特上品), 특품(特品), 갑품(甲品), 을품(乙品) 또는 상품(上品), 중품(中品), 하품(下品)으로 나누고 있다.

재래식 혼구 광고는 서울 사람만이 아니라 지방 사람을 대상으로도 하고 있다. 지방 교회당에서 거행되는 기독교 신식 결혼식 외에는 모두 재래식 혼례를 올릴 수밖에 없었을 것이기 때문이다. 촌락사회의 혼례 절차는 『사례편람』에 근거하지만, 의혼, 납채, 연길, 납폐, 대례, 현고구례로 나누어서 그 절차를 살펴볼 수 있다. 일제 시기에 혼인한 경험이 있는 분들의 사례를 통해 대체적인 사실들을 찾아볼 수 있을 것이다.

혼인 약조에서 택일까지

의혼이란 『예서』에서와 같이 중매로 이어진 혼인 이야기가 오가는 것을 말한다. 일반적으로 중매자는 친척이나 친지들이며, '연줄 중매'라고 하여 아는 관계 안에서 흔히 의혼이 이루어졌다. 종래에는 대부분이 부모의 인품에 의해 혼인이 결정되었지만 요즘은 본인끼리 맞선을 보고 난 뒤 정한다. 맞선을

05 사례편람의 보충 또는 주해 성격으로 증보사례편람서(增補懸解四禮便覽序), 신증범례(新增凡例), 보유(補遺), 통례(通例)가 추가되었다.
06 『현토주해 사례편람(懸吐註解四禮便覽)』(조선도서주식회사, 1924)은 『증보사례편람』 본문 전체에 현토를 하고 난 상(欄上)에 간략하게 한자 풀이, 단어 풀이, 인명 해설 등을 실어 이해하기 편리하도록 했다. 현토자·주해자가 누군지는 밝혀지지 않았다.

1950년대 결혼식 풍경(전라북도 정읍)

본 다음 일정한 기간 동안 교제를 하고 배우자를 결정하기도 한다. 자유로운 교제에 의한 의혼일 경우 양가의 문벌이 공개될 때는 아직도 주저하는 경향이 많다. 그러나 가문이 공개되지 않았을 때는 그다지 문제 삼지 않는 경향이 있다.

일제 시기에는 양가에서 혼인을 결정하면 '면약(勉約)'을 하는 사례도 있었다. 이것은 약혼식과 달리 신랑 신부가 나가지 않고 양가 부모가 만나는 절차이다. 그 자리에서 예식 날짜 등을 의논하였는데, 당시는 혼례식 전에 면약을 예(禮)로 삼아 반드시 거쳤다고 한다.

다음은 1939년 혼인한 제보자 남웅시 옹(84세)이 전하는 면약에 관한 이야기다.[07]

"음력 3월에 면약이라고 있어. 시골에는 면약이 있어."

"음력 3월에요?"

"요새는 신랑, 신부 보는 게 약혼식이지.

그때는 양쪽 혼주가 면약을 했지. 힘쓸 면(勉) 자, 약속 약(約) 자.

사돈하자는 말이지."

"힘쓸 면 자요? 얼굴 면(面) 자가 아니고요?"

"그래. 우리 혼인 한다고 힘써 약속하자.

신랑 신부는 놔두고 양쪽 부모만 하는 거지. 너하고 나하고 사돈하자."

"그건 언제 하는 거예요?"

"혼례 올리기 전에 하지.

신랑 신부가 결혼하기로 결정하면 미리 만나.

혼인 언제쯤 지내겠나, 신행을 바로 올 거냐, 묵었다 올 거냐, 이런 이야기를 하지.

여러 이야기를 하지. 3월에 면약을 했어.

3월, 4월, 5월, 6월, 7월, 8월, 9월, 10월, 11월, 12월, 1월 열한 달 만에

---

07 안동대학교 대학원 민속학과 BK21사업팀, 『셋이면 하나인 원구마을』, 민속원, 2007, 161쪽.

혼인을 지냈어."

"면약 볼 때 중매를 서신 분이 중간에서 역할을 하나요?"

"중간에서 활동을 해줘야지. 어디서 만나자, 몇 시에 만나자."

"신부집 마을에서 만나나요?"

"아니, 딴 데서 만나지. 읍내나 요새 말하면 식당 같은 데서."

"그때 양가 혼주 분이 다 나오시는 거예요?"

"다른 사람들도 친하면 가지만 그래 많이 안 가거든.

많이 가면 폐가 뇌 서든.

있는 사람들은 많이 가고 가난한 사람들은 수가 적고.

나 면약할 때는 이 집 개 잡고 사람들이 모여 놀았다는데."

"면약을 어디서 하셨는데요?"

"집에서 한턱을 낸 거지. 우리 정자가 떨어진 데 있어.

거기서 개 잡고 뭐 친구들 다 모여 놀았다는데.

그런데 나는 술 한 잔 안 주더라."

"면약하고 장인 어르신이 마을에 한턱낸다고 개 잡고 하셨다는 말씀이잖아요."

"그래. 처자 총각은 비이도 안 하고 혼주들까지만 만나서 장가 갈동 시집 갈동 모르고."

"그때는 어르신들은 면약하는 것도 모르고 있고."

"면약하는 것을 알기는 알지."

"옛날에 다른 어르신들 혼례하실 때도 면약은 다 했던 건가요?"

"다 하는 기래. 다 예가 그래 돼 있다고. 예가 빠지면 안 되는 기라, 면약."

중매로 의혼이 성립되면 일반적으로 궁합을 본다. 예전에는 궁합이 혼인 조건으로 절대적으로 신봉되었으나 요즘은 단지 관습일 뿐이다. 혼인이 성립되면 먼저 신랑 쪽에서 신부 쪽으로 사주단자(四柱單子)를 보낸다. 이를 납채라 한다. 사주단자는 신랑의 생년월일시를 적은 종이를 봉투에 넣고 싸릿대에 끼워 청·홍실로 감아 금전지를 네 귀에 단 청·홍보에 싼 것을 말한다. 이 사주단자는 중매자를 통해서 아니면 복이 있는 사람을 골라 손이 없는 날을 꼽아 보낸다. 사주단자가 도착하면 신부집에서는 대청에 상을 놓고 사주를 받는다. 그리고 사주를 가지고 온 사람을 후하게 대접한다. 사주를 받은 신부집에서는 택일할 준비를 한다.

택일을 '연길'이라고도 부른다. 양가 부모가 혼인한 달, '썩은 달' 가운데서 특히 6월과 12월을 피해서 한다. 썩은 달이란 흔히 삼복이 낀 달, 농번기, 짝수의 달, 마지막 달을 말한다. 택일이 되면 신부집에서는 연길지와 편지를 써서 신랑집에 보낸다. 연길지에는 전안 일시와 납폐 일시를 쓴다. 납폐 일시는 '혼인 일시'와 나란히 '납폐동일선행(納幣同日先行)'이라고 쓰고 있다. 택일이 되면 신랑집이나 신부집 양가에서 모두 혼인날이 될 때까지 왕래하지 않는다.

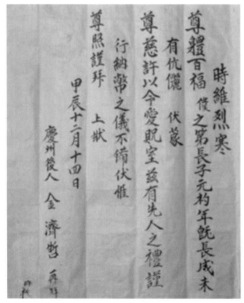

청혼서

02

근대의 혼례 과정과 상차림

납폐를 위한 상차림

　납폐란 신랑집에서 예장지와 채단을 예장함에 넣어 함진아비에게 지워 신부집에 보내는 절차이다. 연길지에 쓴 혼인날 전에 하기도 하고 하루 전날 하기도 한다. 예장지는 금전지를 네 귀에 단 검은 보자기에 싸는 것이 보통이다. 채단은 청단과 홍단 두 종류를 준비하여 청·홍지로 각각 싸서 넣는다. 근래에는 여러 가지 패물이나 옷감을 함 대신 함께 여행용 가방에 넣는다. 함진아비와 수행원들 모두 신랑의 친구들인데, 특히 함진아비는 첫아들을 낳은 친구가 맡는다. 함이 신부집에 도착하면 '함을 판다'고 하여 함 값을 흥정하여 많고 적음에 따라 함진아비가 신부집에 일찍 들어가거나 늦게 들어간다. 함은 신부집 대문 안에만 들어가면 못 나온다고 하여 함진아비를 힘으로 끌어들이기도 한다. 함이 대문 안에 들어오면 봉치시루떡이라는 붉은 팥고물 시루떡을 쪄서 대청 상 위에 놓고, 그 위에 함을 얹었다가 내려서 열어본다. 주인이 눈으로 보지 않고 손으로 더듬어 꺼내는 채단의 빛깔에 따라 신랑 신부가 낳을

첫아기의 성(性)을 점친다. 함진아비와 그 수행원들에게는 음식과 술로 정성껏 대접해 보낸다. 그리고 홍단으로는 치마허리를 달아 신부가 대례 때 입는다.

혼수 물목(경상북도 구미시)

현대의 봉치시루떡(봉채떡)은 찹쌀 석 되와 붉은팥 한 되를 시루에 두 켜만 안쳐 중앙에 대추 일곱 개를 둥글게 모아놓고 함이 들어올 시간에 맞추어 찐 찹쌀 시루떡이다. 찹쌀은 부부 금슬이 찰떡처럼 화목하게 잘 합쳐지라는 뜻이, 붉은 팥고물은 액을 면하게 해달라는 소망이 담겨 있다. 일곱 개의 대추는 아들 칠 형제를 상징하며, 떡을 두 켜로 하는 것은 부부 한 쌍을 뜻한다. 신랑 신부 양가에서 각각 준비하거나 서로 교환한다. 신부 또는 신랑 측 한쪽만 준비하기도 한다. 봉채떡을 하지 않아도 인절미, 절편, 백설기, 기타 이바지를 신랑집에서만 신부집으로 보내기도 한다.

제주도에서는 신부 측에서 사양한다는 특별한 통고가 없는 한 신랑 측에서 신부집 혼례에 소모될 물자를 보내는 것을 이바지라 하며, 당연한 의무로 약혼 후 혼례에 앞서 적당한 날에 보내는 것이 일반화되어 있다. 이곳의 이바지 품목은 돼지, 닭, 달걀, 두부 또는 두부콩, 쌀, 술 등인데, 신부집의 지위를 나타내는 위상을 가지므로 성의를 다한다.

경상도에서는 신랑집에서 함을 보낼 때, 그리고 신랑 신부 양측에서 혼례 전날 또는 당일에 혼인 음식을 서로 주고받는다. 예물 음식으로는 백설기, 각색 인절미, 절편, 조과, 전과, 과일, 전, 편육, 갈비, 돼지 다리, 소고기, 건어물, 술 등이 일반적이다. 개성 지역은 신부가 시댁에 들어갈 때, 시댁 친척과 동네 사람들이 잔치를 할 수 있을 만큼 음식을 준비하고, 또 동네 사람들에게 싸서 나눠주고도 남을 정도의 음식을 준비한다. 떡류로는 수수경단, 인절미, 메절편인 달떡을, 그 외에는 엿, 국수, 돼지 다리, 밥반찬 등을 가져간다.

음식 문화가 발달한 전라도는 예로부터 결혼 이바지도 화려하고 푸짐하기로 유명하다. 한마디로 이바지는 '정성 들여 보내는 음식'이다. 주로 신부집에서 보내는 것이 상례이지만 각 지역에 따라 풍습이 달라 신랑집에서 신부집으로 보내기도 한다. 이바지의 품목으로는 육류, 어류, 떡류, 한과류, 과실류, 술을 보낸다.

이바지 떡은 찰떡인 인절미와 메떡인 절편이 내표직이다. 이바지 떡을 한 가지만 보내면 '홀아비 떡'이라 하여 큰 흉이 되었다. 이바지로 보내는 과일 중에 특히 전라도 나주에서 많이 생산되는 배는 당도와 품질이 뛰어나서 모든 상차림이나 이바지 과일로 꼭 빠지지 않는다. 그러나 중국에서는 배를 뜻하는 '이(梨)' 자 발음이 '이별하다'의 '이(離)'와 같다고 하여 지금도 배는 선물하지 않는다고 한다. 중국의 영향을 받아서인지 배를 보내지 않는 집안도 있다.[08]

대례상차림

혼인날에 신랑은 상객과 여러 손님과 함께 신부집에 도착한다. 혼례 시간이 되기 전까지 신랑은 '사처방'이라 하여 신부집을 지나지 않는 곳에서 머물며 예복으로 갈아입고 쉰다.

신랑이 신부집 근처에 도착하여 초례청에 나가기 전 큰상을 받기도 했던 남응시 옹의 사례를 보자.

아버지와 내가 사랑방에 들어가니
방 안에는 신부 일가친척들이 많이 앉아 있었다.
그리고 얼마 있다가 방 안으로 큰상이 들어왔다.

08 주영, "한·중 혼례와 혼례음식의 비교연구", 부산외국어대학교 대학원 석사학위논문, 2007, 36~37쪽.

나와 아버지는 각각 큰상을 받아

나란히 앉지 않고 'ㄱ'자로 앉아서 음식을 먹었다.

큰상을 받을 때는 방 안에 있는 사람들도 함께 먹었는데

어른들은 아버지와 함께 먹고

젊은 사람들은 나와 함께 먹었다.

큰상에는 떡은 없고 술과 고기, 떡국, 과일 등 음식이 많이 차려져 있었다.

"큰상이란 게 있어. 실과, 고기. 신랑 한 상, 상객 한 상, 두 상 주고.

이걸 받고 끝나면 거기서 사모관대를 하는 기라."

"어르신하고 상객하고 큰상을 받잖아요. 그걸 신부집에서 받은 것인가요?"

"신부집에서 다 하지."

"거기 가서 음식을 받은 다음 사모관대를 하고

그러고 나서 혼례를 올리시는 거네요."

"그렇지."

"큰상 음식에는 어떤 게 있나요?"

"실과, 고기, 한정 없지 뭐. 떡은 없고."

"떡은 없고요?"

"그다음에는 다 있다."

"술은요?"

"술도 다 있어. 다 있는데 큰상에 떡은 안 놓는다 그래."

"예전에 떡을 안 놓는 게 법이었나요?"

"그것만 먹어도 뭐. 밥, 국수 있지, 떡국 있지, 감주 있지, 실과 있지, 술 먹고 뭐."

"큰상을 받을 때는 어르신 혼자 받으셨나요? 아니면 다른 분이."

"우리 아버지도 상 받았지."

"다른 방에서 받으신 건가요?"

"아니, 한 방에서."

"어르신 한 상, 상객 어르신 한 상."

1950년 혼례(경북 문경)

"그런데 한 방에 받는데 일자로 안 받아요. 'ㄱ'자로 앉아요.
큰상 받는다 그러면 뭐 부자나 뭐 상객하고 'ㄱ'자로 앉는다고."

"그럼 그때 방 안에 다른 사람들은요?"

"많이 모였지."

"누가 모였어요?"

"일가도 오고 친척도 오고 친구도 오고, 뭐 다 오지."

"어르신 친척들이요?"

"우리 친척 말고 신부 친척 일가."

"그럼 같이 식사하시는 건가요?"

"큰상 다 받지."

"음식을 같이 먹고, 그리고 그 방에서 사모관대를 하고
혼례를 올리러 나가시는 거네요?"

"그렇지."

대례시(大禮時)가 되면 신부집에서는 마루나 마당에 대례청을 준비하고, 안마당 북쪽에 병풍을 치고 붉은 보자기를 덮은 상을 자리 위에 놓는다. 초례상은 다음과 같이 구성한다.

① 청·홍색 양초를 꽂은 한 쌍 ② 소나무 가지 ③ 대나무 가지를 꽂은 꽃병 한 쌍 ④ 찹쌀 두 그릇 ⑤ 청색은 신랑 쪽, 홍색은 신부 쪽, 장닭 입에 밤을 물리고 암탉 입에 대추를 물린다. ⑥ 밤 ⑦ 대추 ⑧ 술 ⑨ 술잔 ⑩ 향불 ⑪ 정화수

교배례와 합근례가 끝나면 하객들이 대례상 위에 놓여 있는 밤, 대추 등을 신랑 주머니에 넣어준다. 이 구성과 의미를 보다 상세히 설명하면 다음과 같다.

- 초례상 배설을 상 가운데를 중심으로 동서로 나눈다.
- 상 가운데를 기준으로 남쪽에는 소나무, 북쪽에는 대나무를 놓는다.
  송죽을 놓는 것은 변함없는 절개를 의미하며, 대나무를 북쪽에 놓는 것은 동서남북 중 북쪽이 상위이기 때문이다(東西南北, 春夏秋冬, 梅蘭菊竹).
- 대나무와 소나무 사이를 청실홍실로 연결한다.

청실[靑-男-夫], 홍실[弘-女-婦]은 신랑 신부를 의미하며, 다섯 가닥으로 연결하는 것은 오복(五福)을 의미한다. 이때 실은 깁실(인견사, 명주실)로 한다. 깁실은 질기고 윤기가 나므로 영원히 행복하게 살라는 뜻이다.

초례상 동편 신랑 쪽

- 초례상 동편 신랑 쪽에는 장닭(雄鷄)을 놓는다 (안은 붉은색, 겉은 푸른색으로 된 겹보에 장닭을 싸서 놓는다). 남청여홍(男靑女紅)의 이치에 따라 푸른색은 남색(男色), 즉 신랑을 의미한다.
  닭은 계오덕(鷄五德), 즉 문(文), 무(武), 용(勇), 인(仁), 신(信)을 뜻하며 부오덕(夫五德)을

의미한다.

- 쌀을 놓는다. 이는 장수(長壽)와 식복(食福)을 의미한다.
- 대추를 놓는다. 대추는 한자로 조(棗)인데, 조를 아침 조(朝)로 비유하는 것이다. 대추의 붉은색은 이른(早) 아침의 붉은 동녘 하늘을 상징한다. 즉 대추로 아침을 비유하면서 만물의 소생을 기원하는 의미를 담았다.

초례상 서편 신부 쪽

- 암탉을 놓는다. 안은 푸른색, 겉은 붉은색으로 된 겹보로 암탉을 싼다. 암탉은 자(雌), 즉 음(陰)이며 신부를 뜻하고, 아울러 부오덕을 의미한다. 혼사(婚事) 시 겹보(푸른색, 붉은색)는 신랑 신부 측에 따라 안과 겉의 보색이 달라진다.
  신랑 측에서 신부 측에 보낼 때는 안은 붉고 겉은 푸른 색보로 하며, 신부 측에서 신랑 측에 보낼 때는 안은 푸르고 겉은 붉은 색보로 한다. 이는 음양오행설(陰陽五行說)에 따른 것이다.
- 쌀은 장수와 식복을 의미한다.
- 밤을 놓는다. 밤 율(栗) 자는 서녘 서(西)와 나무 목(木)자가 결합되어 있는데,
  서쪽은 저녁(夕)을 의미함과 동시에 음(陰)을 의미하며 신부를 의미하기도 한다.
  율(栗) 자를 전율(戰慄)로도 해석하며, 나아가 지극정성을 뜻하기도 한다. 신부가 시댁에서 효성을 다한다는 증표이다(栗-戰慄-恭遜, 栗-西+木-西-夕-陰-女).

혼례 때가 되면 신랑은 사처방을 떠나 가마를 타고 신부집으로 간다. 신랑이 신부집 대문에 도착하여 목안을 받들고 들어가서 전안청에 이르러 전안상 위에 목안을 놓고 재배한다. 이 목안은 신부의 모친이 치마에 싸서 신부 방에 두었다가 후행이 돌아올 때 함께 시댁으로 가지고 온다.[09]

신랑은 전안례를 마치고 대례청으로 올라가 대례상의 동쪽에, 그리고 신부는 서쪽에 마주 선다. 그리고 신부가 수모의 도움으로 재배하고, 신랑은 대반의 도움으로 답일배를 한다. 이것을 교배례라고 부르는데, 일반적으로 두

09 주영, "한·중 혼례와 혼례음식의 비교연구", 부산외국어대학교 대학원 석사학위논문, 2007, 36~40쪽.

함남 북청에서 치러진 결혼식 모습

번 반복한다. 따라서 신부는 모두 네 번, 신랑은 두 번 절하는 것으로 교배례를 마친다. 교배례를 마치면 합근례를 올린다. 먼저 수모가 청실홍실을 손 등에 드리우고 술을 따라 신랑의 대반에게 전하면 신랑 입술에 대었다가 신부의 수모에게 전하고 신부 입에 대었다가 쏟는다. 그리고 또 한 번 신부 입에 먼저 대었다가 신랑 입에 대고 쏟는다. 이러한 절차를 일반적으로 세 번 하면서 마친다.

신랑은 예복을 벗고 신부는 신방으로 들어간다. 신랑과 후행은 각각 다른 방에서 큰상을 받는데, 신랑의 큰상은 나누어 먹고, 후행의 큰상은 간단한 요기를 제외하고는 모두 싸서 후행이 돌아갈 때 신랑집으로 보낸다.

저녁이 되면 수모가 신방을 꾸미고, 신부의 예복은 신랑이 벗긴다. 흔히 3일 정도 처가에서 지내다 신랑집으로 돌아오기도 하나 지방에 따라 몇 개월 또는 일 년이 지나서 돌아오기도 한다. 이것을 '우귀(于歸)'라 부른다. 첫날밤을 지낸 이튿날 신랑과 신부는 처가의 부모에게 배례하고 친척들과 상면한다. 일반적으로 3일이 지나면 우귀를 한다. 신부는 다시 예복으로 차리고 수모와 후행, 그리고 짐꾼이 뒤따른다. 짐꾼은 반드시 한 가지 물건을 한 사람씩 맡는다. 이때 특별히 폐백 음식을 준비한다. 일반적으로 밤, 대추, 육포, 닭과 함께 술을 장만한다. 시가에 도착하면 시부모께 현구고례를 올린다.

현구고례

신부가 처음으로 시부모를 뵙는 예를 현구고례라고 하는데, 시아버지에게는 대추와 밤을 올리고, 시어머니에게는 육포를 올린다. 폐백 음식은 지방마다 종류가 다른데 중부 지방에서는 대추·밤·엿·닭(편포)·술이, 개성 지방에서는 대추·약과·알 품은 닭·술이 차려진다. 전라도에서는 대추와 꿩을 폐백으로 올리고, 경상도에서는 주로 대추와 닭을 폐백으로 올린다.

　　시아버지에게 대추와 밤을 폐백으로 올리는 것은 '부지런하고 조심스러운 마음으로 시집살이를 하겠습니다'라고 아뢰는 의미가 담겨 있다. 시어머니에게 올리는 육포를 단수포라 하는데, '단(腶)'은 육포의 고기를 한결같이 저며야 하는 까닭에 '한결같은'이라는 뜻이 담겨 있고, '수(脩)'는 육포를 말릴 때 정성을 다해 뒤적여야 하므로 '정성을 다해'라는 뜻이 담겨 있다. 즉 시어머니에게 육포를 올리는 것은 '한결같은 마음으로 정성을 다해 모시겠습니다'라는 의미가 있다. 며느리에게 폐백을 받은 시부모는 술을 내리며 교훈을 주고, 신부집에서 마련한 음식상을 신부가 차려서 시부모에게 올리고, 신부집에서 가져온 술을 시부모에게 따라 올린다.

대추 고임

벌레 먹지 않은 굵은 대추를 골라서 깨끗이 씻어 건진 후, 표면에 술을 뿌려두었다가 대추 하나하나에 양쪽으로 잣을 박는다. 준비한 대추를 길게 꼬아 만든 다홍실에 한 줄로 꿴다. 실에 꿴 대추는 둥근 목기에 쌓아 올린다.

편포

소고기를 살코기 부위 3근, 5근 혹은 7근의 홀수로 준비한 뒤, 이를 곱게 다져 양념하고 둘로 나눈다. 쟁반 길이에 맞춰 타원형으로 만들어 햇볕에 꾸덕꾸덕하게 말린다. 반쯤 말랐을때 모양을 매만진 다음, 위에 잣가루를 뿌리고 이를 청띠와 홍띠로 두른다.

육포

소고기를 얇고 넓게 포 떠서 양념한 뒤 채반에 널어 뒤집어가며 말린다. 이것의 가장자리를 잘 다듬어 차곡차곡 쌓고서 청띠와 홍띠로 감는다.[10]

　　『오례의』에서는 폐백 음식에 관하여 "신부가 시가로 가서 시부모를 뵐 때는 밤, 대추, 포를 드린다"고 하였다. 시아버지께는 대추 폐백을 준비하는데 대추

---

10 주영, "한·중 혼례와 혼례음식의 비교연구", 부산외국어대학교 대학원 석사학위논문, 2007, 41쪽.

서울 지역에서 치러진 폐백 장면

는 크고 좋은 것을 실로 꿰어 큰 쟁반에 서려 담고 붉은 보자기에 싸서 근봉(謹封)한다고 하였다. 그 의미는 '부지런하겠다', '두려운 마음으로 공경하겠다'는 것이다. 폐백을 받은 시아버지는 대추를 신부에게 던져주었다. 이는 다복다남(多福多男)을 기원하는 것이다. 시어머니께는 포를 드렸는데 소고기가 없는 경우는 닭으로 준비하였다. 이것은 시어머니를 깍듯이 모시겠다는 뜻이다. 신부가 시부모에게 폐백을 올리면 시부모는 신부에게 교훈을 내린다. 가족의 화목과 가문의 번영을 위해 헌신해줄 것과 자손을 많이 낳아 건강하게 키우라는 등의 가르침을 일러주었다. 이런 폐백 음식은 폐백대추, 폐백닭, 폐백산적이라는 이름으로 현대 혼례에서도 가장 많이 남아 있는 풍습이다.

현구고례는 대청이나 내실에서 시부모와 시가 친척들이 앉아 있는 가운데 행한다. 상 위에 폐백 음식을 차려놓고 신부가 수모의 부축을 받아 먼저 시부모에게 배례한 다음 술을 한 잔씩 올린다. 그리고 가까운 친척의 순서대로 배례하는데, 항렬이 같거나 낮은 친척들과는 맞절로 배례한다. 이것이 끝나면 사당이 있을 때에는 사당에 헌작하고 배례한다.

폐백이 끝나면 신부는 안에서, 상객은 바깥에서 각각 큰상을 받는다. 이때도 대반이 있어 술과 음식을 권하지만, 먹는 시늉만 할 뿐이고 모두 싸서 신부집으로 보낸다. 신부가 첫 상을 받을 때 마을의 새댁이 국수를 바가지에 담아 손으로 신부 입에 세 번 넣어주는데 '입이 걸게' 잘 먹으라는 의미이다(경북 구미시 무을면).

큰상은 우리나라 상차림 중 축하를 의미하는 가장 정중한 차림으로, 신랑 신부와 각 상객들에게 올리는 최대의 선물이다. 큰상의 고임상은 되도록 높이 쌓는 것이 미덕이었다. 음식의 높이는 축하와 신분을 상징하는 척도이며 높을수록 성의가 많은 것으로 여겨졌다.

큰상에는 각색편(백편, 꿀편, 찰편, 주악, 팥시루떡 등), 건과(대추, 밤, 은행, 호두, 잣 등), 생과실(사과, 배, 감, 귤 등), 다식(송화, 쌀, 녹말, 흑임자다식 등), 유과(약과, 강정, 산자, 매작과 등), 당속류, 포류(어포, 육포, 건문어포 등), 정과(도라지, 당근, 연근, 유자, 청매 등), 적류(소고기적, 닭적, 화양적), 전류(생선전, 호박전, 표고버섯전 등), 초(홍합초, 전복초), 수육, 편육류 등을 준비하여 곱게 고였다.

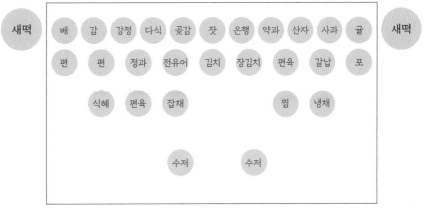

배　감　강정　다식　곶감　잣　은행　약과　산자　사과　귤

편　편　정과　전유어　김치　장김치　편육　갈납　포

식혜　편육　잡채　　　찜　냉채

수저　　수저

새떡　새떡

큰상차림

　신랑과 신부의 집에서 차린 큰상은 헐어서 각각 신부집, 신랑집으로 보내는데 이것을 상수(床需) 또는 장반(長盤)이라 하며, 송복(頌福)의 뜻이 담겨 있다. 이것을 이바지 음식으로 볼 수 있다. 즉 사돈댁의 음식 솜씨를 보여주는 것으로 '퇴상 보낸다'고 한다. 잔치가 끝나고 손님들이 집으로 돌아갈 때는 음식을 선물로 싸서 보내는 풍습도 있었는데, 이를 '봉송(봉숭)' 또는 '반기를 나눈다'고 한다. 안사돈의 솜씨를 한껏 선보인 음식을 이웃과 함께 나누어 먹으며 잔치의 흥을 돋우고 상대 가문의 가풍과 범절을 이해하는 수단으로서 큰상차림의 의미는 상품화된 현대의 혼인 음식에 비할 수 없는 정신적 유산이기도 하다. 이러한 큰상차림은 서양 혼례의 영향으로 점차 줄어드는 경향이 있으며, 현재는 이바지 음식으로 대체되고 있다.[11] 신랑 신부에게 처음으로 차려주는 큰상으로 '곁상'을 차려 실제로 먹을 수 있는 상차림을 마련하기도 한다. 각종 과일, 조과, 정과, 편, 고기(건어물, 어육, 육포, 양지머리편육, 적, 전 등), 우족, 갈비

11 조화은, "한국과 중국 조선족의 전통혼례 및 음식문화 비교 연구", 원광대학교대학원 석사학위논문, 2005, 27~28쪽.

찜, 족발, 술, 감주 등을 큰상 음식에 곁들여 이바지로 보낸다. 곁상에는 밥, 국 또는 국수장국, 떡국, 찜, 전, 잡채, 화양적, 편육, 두루치기, 냉채, 신선로, 생선회, 생선찜, 묵, 보푸라기, 김치, 나박김치, 식혜, 수정과 등이 차려진다.

큰상을 받기 전에 요기를 위한 가벼운 상을 '요기상'이라고 한다. 요기상은 찜, 편육, 떡, 다식, 전골, 포, 전, 강정, 약과, 정과, 과일, 어물회, 김치, 나박김치, 국수장국, 떡국, 식혜, 수정과 등이 올라온다.

시댁에서 하룻밤을 지내고 이튿날은 신부가 준비해 온 찹쌀 등으로 밥을 짓고 마련해 온 반찬으로 시부모를 특별히 대접한다. 그리고 시어머니를 위시하여 친척이나 이웃 아주머니들이 신방에서 신부가 준비해 온 옷을 구경한다. 이때 신부는 시부모나 시가 친척들께 준비해 온 옷감이나 선물을 드린다.

며칠 뒤 신랑 신부가 다시 처가에 동반해서 가는 것을 재행(再行), 초동친(樵童親)이라고 한다. 이때는 많은 음식을 준비하여 가지고 가며, 돌아올 때에도 많은 음식물을 마련하여 돌아온다. 신랑이 재행을 갔을 때 '동상례'라고 하여 신부 동리의 청년들이 신랑을 불러놓고 여러 가지 어려운 질문을 하여 그 지혜를 시험한다. 이때 신랑이 제대로 대답을 하지 못하면 벌로 발바닥을 몽둥이로 맞거나 술과 음식으로 대접하여야 한다.

5부

현대의
전통 혼례
상차림

01

현대의 전통 혼례 특징

　우리나라는 전통적으로 예를 중시하여 고귀한 생명체로 태어나 생을 마감할 때까지 다양한 통과의례를 거치면서 인간의 도를 지켰다. 퇴계 이황은 "예란 경솔하게 함부로 바꾸거나 시대에 비추어 자의적인 해석을 해서는 안 된다"라고 하여 전통 예법을 강조하였다.

　전통적으로 강조하고 있는 예법 중 혼례는 인간이 태어난 후 치르게 되는 통과의례 중 가장 고귀하고 성스러운 의례로, 선조들은 백년가약(百年佳約), 인륜지대사(人倫之大事)라는 말로 그 의미를 기렸으며, 협의적 의미에서 남녀 결합 이전에 가문의 결합이라는 광의적 의미로 두 가문의 문화 교류의 시작점으로서 혼례의 중요성을 강조하였다. 지역을 넘나드는 혼례의 경우는 더욱 다양한 전통문화의 교류가 이루어졌고, 나아가 새로운 문화 창출로 이어지기도 했다. 특히 혼례를 통한 음식의 교류는 두 집안의 문화가 가장 빠르게 전달되는 경로였다.

　혼례 음식에는 오랫동안 내려온 가문의 예(禮)가 스며 있기 때문에 집안 예법을 상대방에게 보여주는 첫 번째 경로가 된다. 그러므로 혼례를 치르는 과정에서 가장 조심스러운 부분이기도 하지만 정성스럽게 준비한 음식으로 혼례를 잘 치르게 되면 두 집안의 관계는 더욱 친밀해진다. 또한 맛있는 음식이 모든 사람들을 기분 좋게 하는 만큼 혼례 음식은 하객 모두에게도 즐거운 하루를 제공하는 중요한 요소이다.

우리 선조들은 혼례 의식을 치르는 각각의 요소에 의미를 부여하고 예를 다해 식을 치렀다. 과거 조선시대에도 혼인을 통해 민가 음식과 궁중 음식의 교류가 이루어졌으며, 다양한 진상과 하사의 과정에서 음식의 교류가 이루어져 우리나라 음식이 아름답게 발전할 수 있는 밑바탕이 되기도 하였다.

이러한 혼례 음식은 현대에 와서 상품화되어 혼례 시장을 형성하면서 전국적으로 규격화되어 발전하고 있는 추세이다. 상업적 혼례 음식 대부분이 폐백이나 이바지 음식에 국한되다 보니 현대인들에게 혼례 음식은 곧 폐백·이바지 음식이라는 인식이 강하다.

혼례 음식들이 가공식품처럼 상업화되면서 우리가 놓치고 있는 부분이 있는데, 바로 초례상이다. 초례상은 대례상이라고도 하며 혼례 날 신랑과 신부 사이에 두는 큰상을 말한다. 초례상에는 오곡백과가 올라가기 때문에 지역 생산품이 자연스럽게 등장한다. 우리나라는 팔도로 나뉘어 지형과 기후가 다르기에 초례상에 오르는 물품들도 다소 차이가 있다. 이들 물품들에 의미가 부여되지 않는 것은 없다. 쌀 한 톨에서 콩 한 알까지 조상들이 부여한 의미가 숨겨져 있고 삶을 이겨나가는 지혜가 고스란히 녹아 있다. 이렇듯 중요한 전통문화의 부분들이 시대 흐름에 따라 그 의미가 퇴색되어 가고 있지만 혼례 음식 연구자들조차 그 중요성에 대해 잘 인식하지 못하고 있다. 기존 연구들에서도 폐백과 이바지 음식에 초점을 맞추고 있으며 초례상에 대한 연구는 전무한 상태이다.

하지만 최근 의식 있는 젊은이들 사이에서 검소한 혼례가 유행처럼 번지고 있다. 고가의 서양 예식을 치렀던 기성세대들의 사고방식을 탈피하여 자신들만의 결혼식을 꾸리면서 더 의미 있고 금전적으로도 부담이 적은 혼례 문화가 서서히 정착되어가고 있다. 이들에게 전통 혼례 문화를 알리고 조상의 지혜를 전해준다면 머지않아 전통 혼례는 더 확산될 것이다.

현재 전통 혼례 대부분은 전국 지역 향교나 전통문화가 남아 있는 공간에서 행해지고 있다. 지자체에서 적극 지원을 하기 때문에 무료로도 혼례를 치를 수 있다는 장점도 있다. 초례상 물품들도 혼례를 치르는 기관에서 준비해주므로, 전통 혼례를 까다롭게 생각하는 젊은이들에게는 맞춤형 혼례가 될 수 있다. 하지만 홍보 부족으로 많은 사람들이 지역에서 제공하는 전통 혼례에 대해 잘 모르고 있다. 도심에서도 전통 혼례식을 제공하고 있는데 아직 홍보가 잘 안 되고 있는 실정이다. 우수한 전통문화를 영구히 보존하고 계승하여 세계에 알리기 위해서는 적극적인 관심과 홍보가 필요하다. 이런 차원에서 이 장에서는 현재 전국적으로 행해지는 전통 혼례 실태를 조사하고 혼례 속 초례상에 대해 알아보고자 한다.

초례상 조사는 전국을 서울, 경기, 충청, 전라, 경상, 제주 지역으로 구분하여 각 지역에서 행하고 있는 전통 혼례 날짜를 파악하고 혼례 당일에 방문하여 현장 조사를 실시하였다. 각 혼례 초례상에 배설되는 물품들은 사진 촬영을 하여 시각 자료화하였으며, 혼례 전 과정을 녹음하여 음성 파일로도 남겼다. 특히 전통 혼례를 집행하는 기관의 담당자와 집례자를 인터뷰하여 자료의 정확도를 높이고자 하였다.

집안 잔치에서 지역 축제로

최근의 전통 혼례는 과거의 관습과 현대의 사회 분위기가 반영되어 전통을 담은 잔치이자 현대적 의미를 담은 축제로서 그 역할을 톡톡히 하고 있다. 과거 혼례 날은 두 가문의 결합인 만큼 양가 친인척들의 모임의 장이었고 이웃 주민들의 흥겨운 잔칫날이기도 했다. 이날을 위해 모든 사람이 며칠에 걸쳐 집안 청소를 하고 음식을 장만하는 등 손님맞이를 위해 분주하게 움직인다.

　혈연공동체와 마을이라는 지연공동체가 한 쌍의 부부를 탄생시키기 위해 모두 협력하면서 혼례를 성공적으로 치러내는 것이다. 이러한 민족 고유의 풍습은 선조들의 지혜를 더욱 귀하게 보존할 수 있는 버팀목이 되었으며, 오늘날 현대 문명 속에서도 민족의 전통문화로 이어지고 있는 것이다.

　최근에는 전국적으로 다양한 축제를 통해 전통 혼례가 재현되고 있다. 급속한 산업화가 이룬 고도의 경제 성장, 그리고 세계화 속에서 우리가 잃어버린 삶의 지혜와 가치를 되돌아볼 수 있는 좋은 기회이다. 디지털 미디어 시대를 살고 있는 젊은이들에게 전통 혼례는 과거의 '잔치' 개념보다 '축제'의 개

전국 지역 축제 행사로 정착된 전통 혼례

연도	행사 내용	장소	관련 단체
2004	• 인천 시민의 날 경축 　전통 혼례 축제 한마당 프로그램	인천대공원	인천광역시 사)국악협회 인천지회
2011	• 전통 혼례 한빛 축제	대전시청 광장	대전시청
2012	• 경주 전통 혼례 축제	경주향교	경주문화재단
2012	• 서귀포 칠십리 축제 기간 내 　제주 전통 혼례를 진행	칠십리시공원	제주시
2015	• 이태원지구촌축제 　전통 혼례 재현 행사	이태원	서울시 용산구
2016	• 오산시 다(多) 하나 한마음 축제 　축제 기간에 외국인 전통 혼례를 진행	광장	오산시청
	• 외국인 한국 전통 혼례 행사	천안향교	천안향교
	• 안성바우덕이축제 　축제 기간에 전통 혼례를 진행		안성시
	• 북촌축제 　행사 기간 내 전통 혼례를 진행	서울교육박물관 앞 야외 마당	서울 종로구청
	• 2016 무등울림 　행사 기간 특별 프로그램으로 　다문화 가정 부부 합동 혼례식을 진행	전통문화관	광주문화재단 전통문화관, 광주 동구 아시아혼례문화연구소

*위 연도는 대표적인 행사를 치른 해로, 일부 행사는 지자체의 지원으로 매년 전통 혼례를 거행하기도 한다.

념이다. 그러므로 '혼례'라는 용어보다 '결혼'이라는 용어가 더 쉽게 받아들여지겠지만, 전통 혼례 과정에서의 다양한 예법과 배설 품목들의 의미를 생각해본다면 서양 예식에서 찾아볼 수 없는 선조들의 지혜와 정신을 느낄 수 있을 것이다.

전국 지자체는 지역 축제 프로그램으로 전통 혼례를 포함하여 축제 개념으로 위치시키고 있다. 과거 집안 잔치였던 혼례가 지역 축제로 재탄생하여 전국 곳곳에서 볼 수 있게 된 것이다. 낙안읍성의 경우는 혼례를 지역 관광 자원으로 발전시켜 읍성 내 체험장을 만드는 등 연중 방문하는 관광객들에게 다양한 볼거리와 전통문화 체험 기회를 부여하고 있다. 이러한 축제들은 국내 관광객뿐 아니라 해외 관광객들에게도 호기심을 유발하여 우리의 전통문화를 세계에 알리는 좋은 기회가 되고 있다.

사적 의례에서 공적 의례로

과거 사적인 집안 행사가 이제는 지역자치단체의 참여로 공적인 행사로 발전하고 있다. 여러 자치단체들의 노력에 힘입어 무료로 제공되는 혼례가 대중의 관심을 받게 된 것이다. 혼례에 사용되는 모든 물품도 지자체가 준비하고 혼례를 진행하는 집례자도 기관에서 초빙하기 때문에, 어렵고 까다롭게 인식되었던 전통 혼례를 이제는 원하면 쉽게 치를 수 있다. 혼례를 주도하는 집례자의 역할과 혼례를 축하하는 분위기도 과거와 다르게 많이 변화했다.

집례(執禮)란 유교 혼례나 제례 때 의례를 맡은 임시 벼슬이었다. 현대 전통 혼례에서 집례는 혼례 홀기에 따라 혼례를 진행하는 사람으로 일반적으로 집례자 또는 집례 선생님으로 칭하고 있다. 대개 서양 예식의 주례, 사회자, 이벤트 진행자까지 1인 3역을 하는 경우가 많다.

오늘날의 집례자는 포괄적으로 혼례 의식을 이끌어가야 하기에 단지 의례

최근의 전통 혼례는 과거의 관습과 현대의 사회 분위기가 반영되어 전통을 담은 잔치이자 현대적 의미를 담은 축제로서 그 역할을 톡톡히 하고 있다.

만 진행하는 역할로만 국한한다면 집례 자격에 부적합하다. 혼례 의식을 치르기 전 떠들썩한 풍물패의 길놀이 공연 진행, 의식 진행, 식후 뒤풀이까지 집례자 역할은 과거와 다르게 매우 중요한 위치에 있다. 하객들의 흥을 돋우고, 감동을 안기고, 교훈을 주는 모든 역할은 집례자의 몫이다. 이것이 변화된 전통 혼례의 특징적인 측면이다.

혼례가 시작되고 신랑이 초례청 앞으로 올 때부터 집례자의 짓궂은 진행은 웃음바다를 만들기도 한다. 신부를 태운 가마가 들어오면 아름다운 신부의 모습을 보고자 모두가 숨을 죽이고 목을 길게 뺀다. 가마꾼들은 이에 아랑곳하지 않고 혼례청으로 단번에 가지 않는다. 흥정을 하는 것이다. 마치 현대 결혼에서 함진아비가 신부집 앞에서 쉽게 함을 들이지 않고 흥정을 하는 모습과 흡사하다. 신부 측에서 가마꾼들에게 수고비를 슬쩍 건네면 이내 가마를 들고 이동한다. 신부를 볼 수 있게 된 하객들은 박수로 환영한다. 이 모

신부를 태운 가마의 가마꾼들은 혼례청으로 단번에 가지 않고 흥정을 한다. 이는 오늘날 결혼에서 함진아비가 신부집 앞에서 쉽게 함을 들이지 않고 흥정을 하는 모습과 흡사하다.

든 과정에서 집례자는 하객들에게 웃음과 즐거운 하루를 제공하는 이벤트 진행자의 역할까지 해야 한다.

전통 혼례를 아름답고 즐거운 축제로 이어가는 과정에서 이들의 수고로움은 귀하게 느껴진다. 예식의 재미는 지역마다 다르기는 하지만 시대를 거치며 자연스럽게 형성되어왔다. 이러한 변화는 전통 혼례를 어렵고 까다로운 의식으로 생각하는 현대인들에게 친숙하고 흥겨운 문화로 인식시킨다. 여기에 신랑 신부 우인들의 클래식 연주나 합창 등의 축하 공연까지 이어져 더욱 화려하고 뜻깊은 한마당이 된다.

현대 전통 혼례가 이처럼 흥미로운 축제 분위기로 변화되었지만 근본적인 정신이 흔들리지 않고 이어지는 것은 혼례 홀기를 중심으로 한 집례자들의 노력과 지자체 관계자들의 관심이 이어지기 때문이다.

현대의 전통 혼례 절차

삼서례 정신에 따른 절차

우리나라 전통 혼례 문화는 풍습이기 전에 민족정신이 스며 있는 전통문화다. 혼인은 서로 다른 남녀가 만나 하나 되어 자식을 낳고 대를 이어나가는 과정에서 조상에게 감사하고, 부모님께 효를 다하며, 부부간에는 평등으로 예우하는 고귀한 관계 형성의 지속이다. 우리나라의 예속(禮俗)은 하늘과 땅의 순리에 순응하고 천지인(天地人)을 모두 귀하게 생각하였다. 전통적으로 혼례에서도 천지인의 조화를 강조하였으며, 서부모례(誓父母禮), 서천지례(誓天地禮), 서배우례(誓配偶禮)를 통해 단지 두 사람의 결합이 아니라 부모님을 포함한 하늘과 땅의 감사함으로 이어진 인연임을 강조하였고, 엄숙하고 정중한 예를 통해 부부의 행복한 미래를 기원했다.

전통 혼례 예법에는 선조의 지혜가 고스란히 녹아 있고, 시대가 바뀌어도 그 깊은 의미는 변하지 않고 현대 전통 혼례에 반영되고 있다. 오늘날 우리나라는 이혼율이 높아지고 가정이 쉽게 붕괴되는 상황을 맞닥뜨리고 있다. 따

라서 전통 혼례 예법인 삼서례 정신을 기리고 이해하는 것이 중요해진다. 삼서
례 정신을 살린 현대 전통 혼례 절차를 쉽게 파악할 수 있는 방법으로, 운현
궁에서 행하고 있는 전통 혼례를 예(豫)로 살펴보고자 한다.[01]

　　운현궁에서 행하고 있는 전통 혼례는 삼서의 예법을 강조한 예식의 하나로,
의례 순서가 다른 지역보다 복잡하면서도 섬세하여 전통 혼례 홀기의 본보기
라고 생각된다. 혼례 순서는 철저히 홀기에 의거해 집례자의 진행에 따라 엄
숙하게 이끌어져 전통 혼례 정신을 그대로 담고 있다.

서부모례

　　현대 결혼식이나 전통 혼례 과정에서는 각 가정마다 서부모례를 과거 전
통 형식으로는 하지 않고 있으나, 각 가정의 사정에 따라 부모님의 교훈을 받
는 것으로 판단된다. 때에 따라서 혼례 날 집례자의 재량으로 혼례식 말미에
부모님께 예를 올리게 하고 부모님은 교훈을 전하는 시간을 갖기도 한다. 이
장에서는 전통적인 서부모례를 제시함으로써 전통 혼례의 정통성을 이해하
고자 한다.

　　전통적인 혼례 풍습에서의 서천지례는 혼례 날 아침에 신랑은 조상에 고
하고 부모의 교훈을 받으며 예를 다하는 절차로 초자례(醮子禮), 초녀례(醮女
禮)가 여기에 포함된다. 서부모례의 자리는 북쪽을 향하게 하고 상을 차린다.
상에는 잔대를 받친 술잔과 주전자를 올린다. 기러기 상에는 붉은색 보자기
에 싼 나무기러기를 올리는데 머리가 서쪽으로 가도록 한다. 서쪽은 여자를
의미하기도 한다. 서부모례가 끝나 아버지가 신랑에게 교훈을 전하면 신랑이
답을 한다. 이어 어머니가 교훈을 내린다. 초녀례는 신부가 아버지와 어머니
의 교훈을 따르는 예이다.

01 2006년 9월 22일 행해진 실제 전통 혼례를 정리하여 자료화함.

往迎爾相 承我宗 (家)事 勉師以敬 若則有常

네가 이제 너의 짝을 맞으러 가는 것은 우리의 가통을 잇기 위함이다.

아내와 사랑하고 화합하기를 공경으로 부지런히 할지니라.

네가 그렇게 하면 모든 일이 합당할 것이다.

— 초자례에서 아버지의 교훈

惟重惟愛 晝夜無違 丈夫之道

오직 무겁게 하고 오로지 사랑해서 밤낮으로 장부의 도리를 어기지 말지니라.[02]

— 초녀례에서 어머니의 교훈

전안례

전안례는 혼례 당일 신랑이 초례를 치르기 위해 신부집에 갈 때 기러기를 안고 가서 초례청 전안례상에 올려놓고 절을 한 후 신부 어머니께 기러기를 드리는 예이다. 신랑으로부터 받은 기러기를 신부 어머니가 안고 방 안으로 들어가게 되는데, 이때 기러기를 받지 않으면 혼례가 성사되지 않을 수도 있다. 그러나 이미 양 가문에서 혼인을 인정했기 때문에 대개 그런 일은 생기지 않는다.

과거에는 살아 있는 기러기를 썼으나 현대 혼례에서는 나무기러기를 사용한다. 기러기는 알을 많이 낳아 자손을 번창시키고, 무리 지어 사는 공동체 의식을 지니고 있으며, 반드시 집으로 돌아오는 회귀정신, 그리고 짝을 잃어도 다시 취하지 않는 불취정(不取精), 즉 백년해로의 성품을 갖고 있기에 조상들은 이를 귀히 여겨 상징적으로 기러기를 올렸다.

신랑에게 기러기를 안겨주는 기럭아범(雁夫) 역할은 신랑 친구가 하는 것이 현대 전통 혼례에서는 일반화되어 있으나 과거에는 신랑 측 친척 중 한 사람

---

02 한국문화재보호재단, 『알기 쉽게 풀이한 우리의 전통예절』, 한국문화재보호재단, 1996.

이 기럭아범 역할을 하기도 했다.

신랑 아버지가 내려주신 기러기를 가지고 신부집 대문 앞에 도착하면 신부 댁의 안내를 받아 기러기를 안고 들어온다. 신랑이 초례청 서쪽으로 가서 기럭아범으로부터 기러기를 받고 전안상 위에 기러기 머리가 서쪽(신부 측에 서야)으로 가게 해서 올려놓은 다음 북쪽으로 절을 두 번 한다. 혼례는 대례이기 때문에 두 번 절을 하는 것이다. 신랑이 두 번 절하는 동안 신부 어머니가 전안상을 안으로 들여놓으면 혼례가 성사되는 것을 의미한다. 전안례가 끝나면 신랑은 동쪽 초례청으로 나아간다. 신랑의 뒤를 이어 서쪽에시 신부기 초례청으로 신랑을 따라 나온다.

전안례의 의미는 전국이 일치하고 있으나 예를 거행하는 과정은 지역에 따라서 다소 차이가 있다. 예를 들어 기럭아범으로부터 신랑이 기러기를 넘겨받고 절을 한 후 신부 어머니에게 드리는 과정에서 지역마다 차이가 있다.

'창원의 집'에서는 기러기를 신부 아버지에게 드리는 전안례를 한다. 경기 지역에서는 전통적으로 기러기를 치마에 감싸 신부가 있는 방으로 들여간 다음 아랫목에 놓고 시루로 덮어놓는 관습이 있었는데, 알을 품고 숨을 쉬게 한다는 의미로 행해진 것이다. 강원도 삼척시의 전통 혼례 풍습에는 신랑이 들고 신부 방으로 가서 신부의 치마폭에 던지면 신부 어머니는 재빨리 기러기를 가지고 가서 쌀독이나 광에 숨겨놓았다가 신행길에 돌려보냈다.[03]

현대 전통 혼례에서 전안례는 초례청 신부석 근처에서 북쪽을 향해 절을 하고 기러기는 신부 어머니에게 드리고 있다. 혼례 장소에 따라 다소 차이는 있으나 전안례의 원형은 잘 지켜지고 있는 것으로 파악된다.

혼례 날 신랑은 신부집 대문 앞에 도착하고 전안례를 위해 들어오게 되는데 이때 신랑은 얼굴을 사선(紗扇)으로 가리고 들어온다. 현대 혼례에서도 이 행례는 지켜지고 있다. 사선은 신랑이 혼례 날 신부집으로 오는 과정에서 말을 타거나 걸어오는 동안 얼굴을 가리는 가리개이다. 신랑이 얼굴을 가리는 것은 혼례 날이 좋은 날인 만큼 좋은 것만 보라는 의미이다. 사선은 부채(扇)

03 정승모 외 10인, 『한국인의 일생 의례』, 국립문화재연구소, 2011.

경주향교 혼례

의 한 종류로 차면선(遮面扇)이라고 하였으며, 청색·홍색 두 가지 중 보통 청색 차면선을 사선이라고 한다. 나무 막대기 양쪽으로 청색의 얇은 비단이나 명주를 대어 얼굴을 가렸다. 조선시대에는 양반 계층에서 주로 사용하였으나 혼례 때 신랑의 물품으로 일반화되었다. 지금은 전국적으로 전통 혼례에 사선을 사용한다.

⊙ 현대 전통 혼례에서의 전안례 과정
기럭아범으로부터 기러기를 건네받는다. → 서쪽 전안청으로 가서 전안상에 기러기를 놓는다(기러기의 머리는 서쪽으로 향하게 함). → 북쪽을 향해 두 번 절을 한다. → 신부 어머니에게 기러기를 드린다. → 신랑이 동쪽 초례청으로 발걸음을 옮긴다.

전안례의 변천

과거	현재
• 살아 있는 기러기를 사용	• 나무기러기를 사용
• 신랑 아버지가 신랑에게 내림	• 지역 전통 혼례장에 준비되어 있는 것을 사용
• 신부집 서쪽 계단으로 올라가 신부 방 앞에서 전안례를 올림	• 초례청에 배설된 서쪽 전안상 앞에서 전안례를 올림
• 전안례를 올린 후 동쪽 초례청으로 옴	• 기러기를 신부 어머니에게 드림(기러기를 신랑 아버지에게 드리는 곳도 있음)

교배례와 서천지례

전안례가 끝나면 신랑과 신부는 초례청에 나와 처음으로 마주 보고 선다. 이때 서로에게 절을 하는 예를 치르는데, 이것이 교배례(交拜禮)이다.

신랑의 전안례가 끝나면 신부가 초례청(대례청)으로 나오게 된다. 과거에 경기도 지역은 신랑이 신부집의 서쪽 대청으로 올라가서 전안례를 올리고 신부를 데리고 나오기도 했다. 현대 혼례에서는 신부가 서쪽 방에서 초례청으로 나올 때 수모의 도움을 받으며 나오기도 하고, 가마를 타고 등장하여 서쪽 초례청에 도착하면 수모가 신부를 도와 초례청으로 안내하기도 한다.

신랑 신부가 초례청에서 동서로 마주하면 양 수모는 신랑 신부를 관세의

(盥洗儀, 경주향교에서는 관세례라고 함) 자리로 안내한다. 관세의는 신랑 신부가 손을 씻고 닦는 과정을 말하며, 혼례를 위해 몸을 깨끗하게 하는 의식이다. 이때 양 수모는 동서로 자리를 바꾸는데 서로 잘 모시겠다는 의미로 해석한다. 양 수모는 신랑 신부의 손을 씻기고 수건으로 닦아준다. 손을 닦은 신랑 신부는 마주하여 서고, 양 수모는 원래 자리로 돌아간다.

관세의는 혼례를 위해 몸을 깨끗이 하는 의식이다.

서천지례는 교배례를 이어가는 과정에서 신랑 신부가 일생 동안 아내와 남편으로서의 도리를 다하겠다는 서약을 하늘과 땅에 드리는 의식으로, 천지인의 평등과 조화를 강조했던 선조의 정신이 깃든 예법이다. 신랑은 양(陽)이면서 하늘을 의미하며, 신부는 음(陰)으로 땅을 의미한다. 여기서 하늘과 땅의 개념은 자연의 위엄을 숭배하는 정신과 평등의 의미로, 남자는 하늘이며 귀한 존재이고, 여자는 땅으로 천하게 여기는 남존여비를 의미하는 것이 결코 아니다.

서천지례는 두 번의 예를 통해 거행된다. 첫 번째 관세의를 마친 신랑 신부가 다시 초례상 앞으로 가서 절을 하는데, 신랑은 한 번, 신부는 두 번을 하

신랑은 한 번, 신부는 두 번 절한다.

게 된다. 이것은 음양의 조화에 맞춘 예법으로 신부는 음으로 짝수이기 때문에 두 번 절(협배)을 하고 신랑은 양으로 홀수를 의미하여 한 번 절을 하는 것이다. 두 번째 서천지례는 신랑 신부가 자리에 앉아 치르는 예법이다. 양 수모가 신랑과 신부에게 잔을 주고 술을 세 번 따른다. 세 번이 의미하고 있는 것은 천지인의 조화, 음(두 번)과 양(한 번)의 결합이다. 음과 양을 하나로 보고 새로운 자손의 생산을 뜻하기도 한다. 신랑 신부는 술잔을 높이 들어 올렸다 아래로 내려 하늘과 땅에 혼인을 고하고 세 번 나눠 붓는다. 양 수모는 잔을 받아 원래 상에 놓고 신랑 신부는 자리에서 일어난다.

⊙ 현대 전통 혼례에서의 교배례와 서천지례 과정
초례청에 신부가 서쪽으로 나옴 → 신랑 신부가 동서로 마주함 → 신랑 신부가 관세의 자리로 이동 → 양 수모가 동서로 자리를 바꿈 → 신랑 신부가 손을 씻고 닦음 → 양 수모가 원래 자리 돌아감 → 신랑이 한 번, 신부가 두 번 절함(신부가 먼저 하고 신랑이 답배) → 신랑 신부가 자리에 앉음 → 양 수모가 신랑 신부에게 술을 세 번에 나눠 따름 → 신랑 신부가 잔을 높이 올렸다 내리고 술을 세 번 나눠 부음 → 양 수모가 잔을 받음 → 신랑 신부가 자리에서 일어남

서배우례

서배우례는 배우자에게 맹세하는 예로, 서천지례 후 양 수모는 대례상 앞으로 나아가서 양손에 실을 감는데, 신랑 수모는 홍색 실을 왼손에 감고 신부의 수모는 청색 실을 오른손에 감는다. 이렇게 실을 감는 것은 합환주를 건넬 때 서로 상대방의 잔을 확인하기 위해서다.

신랑 신부는 자리에 앉고 양 수모는 잔을 올리고 술을 따른다. 신랑 신부는 잔을 높이 들고 배우자에게 맹세한 다음 술을 다 마시는데, 이때 술을 남기면 안 된다. 양 수모는 신랑 신부가 비운 잔을 받아 원래 자리에 놓은 다음 초례상의 밤과 대추를 근배례(졸杯禮)상에 내려놓는다. 밤은 조상을 의미하며 신랑의 상에 내려놓고, 신부 수모는 대례상의 대추를 신부 합근례(合졸禮)상에 내려놓는데 대추는 자손을 의미한다. 신랑은 밤 접시, 신부는 대추 접시를 높이 들어 조상 숭배에 대한 효와 자손을 많이 낳겠다는 것을 맹세한다. 근배례가 끝나면 신랑 신부는 자리에서 일어난다.

⊙ 현대 전통 혼례에서의 서배우례 과정
양 수모 초례상 앞으로 가서 청·홍실을 손에 감음 → 신랑 신부 자리에 앉음 → 양 수모가 술잔을 신랑 신부에게 드림 → 신랑 신부가 술을 모두 마심 → 양 수모가 술잔을 받아 상에 놓음 → 양 수모가 대추와 밤을 근배례상에 내려놓음 → 신랑 신부가 밤과 대추를 들고 맹세 → 신랑 신부가 자리에서 일어섬

근배례

삼서의 행례가 끝나면 근배례로 이어지는데, 신랑 신부가 표주박 술을 나눠 마시는 예로, 이때 잔은 표주박으로 한 개의 표주박을 쪼개어 나눠 가진 후 다시 합하는 예이다. 두 개로 쪼개진 표주박 잔이 한 개로 합쳐진다는 의미에서 합근례라고도 한다. 쪼개진 표주박은 반드시 한 개이며 절대 두 개가 될 수 없다. 서배우례 후 자리에 일어선 신랑 신부는 다시 자리에 앉는다. 양

수모는 술잔을 내려놓고 초례상에서 표주박을 가지고 온 다음 술을 따르고 신랑 신부에게 근배잔을 드린다. 신랑 신부는 근배잔을 높이 올려 사랑을 표하고 반만 마시고 이 잔을 양 수모가 받고 자리를 바꿔 앉는다. 바꾼 잔을 신랑 신부에게 드리면 잔을 높이 들어 평등함을 고하고 술을 마신다. 신랑 신부가 잔을 비우면 양 수모는 다시 잔을 받고 원래 자리로 가서 잔을 놓는다. 신랑 신부가 다시 일어선다. 양 수모는 초례상 앞으로 나아가 청실과 홍실을 엮어서 초례상의 대나무와 소나무에 걸어주고 근배잔은 집례자에게 건넨다. 집례자는 표주박 잔 두 개를 합쳐서 초례상 위에 올려두는데, 이때 신랑의 표주박 잔이 위로 가도록 해서 초례상에 올린다. 이는 신랑 신부의 합궁이라는 의미가 내포되어 있다.

⊚ 현대 전통 혼례에서의 근배례 과정
신랑 신부가 다시 자리에 앉음 → 양 수모가 술잔을 내림 → 표주박을 가져와서 술을 따름 → 신랑 신부에게 표주박 잔을 드림 → 신랑 신부가 반만 마심 → 양 수모는 표주박 잔을 받고 자리를 바꿔 앉음 → 바뀐 표주박 잔의 술을 신랑 신부가 마심 → 양 수모가 표주박 잔을 원래 자리에 놓음 → 신랑 신부가 자리에서 일어남 → 양 수모가 손목의 청·홍실을 엮음 → 대나무와 소나무에 걸침 → 양 수모가 표주박 잔을 집례자에게 드림 → 집례자는 표주박 잔을 포개 초례상에 올림

이상으로 전통 혼례의 예가 끝나게 된다. 신랑 신부가 초례상 앞으로 나아가 집례자 앞에 서면 집례자는 성혼 선언문을 낭독한다. 성혼 선언이 끝나면 신랑 신부는 부모님께 인사를 하고 다시 집례자 앞으로 나아간다. 그러면 집례자는 예필을 선언한다.

혼례 홀기

홀기는 혼례 의식 절차를 기록한 것으로, 오래되고 낡은 홀기는 새롭게 만들어지고 다듬어져 후손들에게 전해지며 전통 혼례의 맥을 잇고 있다. 전국적으로 행하고 있는 전통 혼례 홀기는 지역마다 다소 차이가 있으나 전안례,

교배례, 근배례로 이어지는 절차는 모두 일치한다. 현대의 전통 혼례 홀기는
지역 향교의 유림들이 관리하는데, 향교 유림회가 성균관 소속인 만큼 각 지
역 홀기에 성균관 혼례법이 적용된다고 해도 과언이 아니다. 전통적으로 경
기·호남 지역을 대표하는 기호학파 홀기와 영남학파 홀기가 있으며, 영남학파
는 퇴계 이황의 홀기를 근간으로 해서 사용하고 있다.

역사적으로는 퇴계 이황의 혼례 홀기를 기초로 각 지방 여건에 맞게 수정
하여 지역 고유의 홀기로 이어져오고 있다. 퇴계의 홀기는 그의 문집에 실려
현재까지 전해진다.

퇴계는 조선시대 저녁에 혼례를 치렀던 석시행례(夕時行禮)를 낮에 치르는
주시행례(晝時行禮)로 바꾸고 전안례, 교배례, 교수례, 합근례 네 단계로 세분
화했다. 이 네 단계 홀기는 사부성혼례홀기(四部成婚禮笏記)로 비친영식(非親迎
式) 홀기이다. 이것이 조선시대 백성들의 혼례 홀기로 자리 잡았고 현대 전통
혼례 홀기 정착의 근간이 되었다.[04]

한편 조선시대 화담이 주장했던 홀기는 전안례와 합근례였고, 남명이 주
장한 홀기는 전안례와 교배례였다. 『주자가례』에는 홀기가 없는 것이 특징

안동 태사묘 홀기

순천 낙안읍성 홀기

04 여중동, "退溪先生撰 婚禮笏記 연구 1", 『퇴계학논집』, 1990.

이다. 『주자가례』에서는 교배례를 신랑집에서 치르는 것으로 되어 있으나 『퇴계가혼례』에서는 신부집에서 치르는 것으로 되어 있다. 『주자가례』를 따르던 중원 신랑은 전안례는 신부집에서 치르고 신부를 신랑집으로 데리고 가서 교배례를 치렀기 때문에 두 사람은 매우 힘들었을 것이다. 그러나 퇴계가의 혼례를 따르는 조선의 신랑은 신부집에서 교배례를 치렀기 때문에 신랑 신부 모두 편했다고 한다.[05] 특이한 부분은 퇴계가 혼례에 따르면 신부가 아내가 되어 시집을 가고, 『주자가례』에 따르면 처녀 신분으로 시집을 가게 되는 것이다. 여기서 퇴계가 혼례는 조신시대 왕족의 혼례가 아니라 일반 배성들의 혼례를 의미한다.[06]

김시황의 전통 혼례 홀기는 다음과 같다.[07]

⊙ 行奠雁禮(전안례를 행함)

跪俛 門外 主人 迎壻 揖讓以入 侍者 執雁以從 主人 先行廳事 壻 從之 主人 陞 自 西階 北向跪 執雁者 進授 壻 受雁 奉之 左着 置雁于 地 壻 俛伏 興小退 再拜 侍者 受之 獻雁

신랑이 문밖에 도착하면 주인은 신랑을 맞이한다. 신랑은 읍하고 사양하면서 들어온다. 시자는 기러기를 가지고 따른다. 주인이 먼저 청사로 가면 신랑이 따른다. 신랑은 동쪽으로 올라가 서쪽을 향하여 선다. 신랑은 서쪽 계단으로 올라가 북쪽을 향하여 꿇어앉는다. 시자가 기러기를 주면 신랑은 받는다. 머리가 왼쪽으로 가도록 받들어 상 위에 놓는다. 신랑은 몸을 굽혀 엎드렸다가 일어나 조금 물러서서 두 번 절한다. 시자가 받아서 기러기를 드린다.

⊙ 行交拜禮(교배례를 행함)

主人 導壻 入 交拜廳 壻至 末席 姆 導婦 出 侍者 布 壻席於東席 婦席於西 壻東 婦西 侍者 進\盥 進帨 各 置 壻婦之全 前 壻 盥千 南 婦 盥千 北 壻 俱 就座 婦先 再拜 壻答 一拜 婦 又先 再拜 壻又答一拜

주인은 신랑을 인도하여 교배청으로 들어간다. 신랑은 가장자리에 선다. 무(교배례를 돕는 신부 측근, 지역마다 시자·인접·수모 등으로 불림)가 신부를 인도하여 나온다. 시자는 신랑의 자리를 동쪽에 펴고 신부의 자리를 서쪽에 편다. 시자는 세숫물과 수건을 각각 신랑과 신부 앞에 놓는다. 신랑과 신부는 함께 자리에 나아간다. 신부가 먼저 두 번 절을 하면 신랑은 답으로 한 번 절한다. 신부가 또 두 번 절하면 신랑은 또 답으로 한 번 절한다.

⊙ 行合巹禮(합근례를 행함)

壻 揖 婦 就席 侍者 進酒 進饌 各 置 壻婦之 前 斟酒以進 壻婦 各 祭酒 擧肴 侍者 又 斟酒以進 壻婦 各 擧飮 不祭 無肴 千 就巹 分置 壻婦之 前 斟酒 壻婦 擧飮 不祭 無肴 禮畢 撤床 各從其所

신랑은 신부에게 읍하고 자리에 나아간다. 시자는 술과 안주를 각각 신랑과 신부 앞에 갖다 놓고 술을 드린다. 신랑과 신부는 각각 제주를 하고 안주를 든다. 시자는 또 술을 따라 드린다. 신랑과 신부는 각각 들어서 마신다. 제주를 하지 않고 안주도 들지 않는다. 또 표주박을 취하여 신랑과 신부 앞에 나누어 갖다 놓고 술을 따른다. 신랑과 신부는 술을 마신다. 제주를 하지 않고 안주도 먹지 않는다. 예를 마치고 상을 걷어 치운다. 각각 자기 자리로 간다.

05 여증동, "退溪先生撰 婚禮笏記 연구 3: 交拜禮를 中心으로", 『퇴계학논집』, 1990.
06 여증동, "退溪先生撰 婚禮笏記 연구 4: 交酬禮·合巹禮를 中心으로", 『퇴계학논집』, 1991.
07 김시황, 『韓國禮學散稿』, 푸른사상, 2002.

03

현대의 전통 혼례 초례

초례

초례는 전통적으로 혼례 날 아버지가 아들에게 교훈을 하고 아들이 이에 답하여 예를 올리는 예법으로, 아버지가 아들에게 술을 내리는 과정을 의미하는 말이었다. 보통 오전 9~11시 사이에 거행했다. 지금은 신랑 신부가 치르는 혼례 의식을 초례라고 한다.

과거 우리나라 혼례 풍습은 초서혼[08]으로 조선시대에 『주자가례』가 유입된 이후에도 친영례는 지켜지지 않았다. 친영이라는 말은 중국 전통 혼례에서 찾아볼 수 있는데, 신랑이 신부를 신랑집으로 데려와 혼례를 치렀기 때문에 친히 신부를 맞이한다는 의미의 친영(親迎)이라는 말을 썼다.[09]

현재 우리의 친영 개념과 상반되는 부분이지만 흔히 우리나라 초례를 친영으로 표현하는 것은 중국과 우리의 혼례 풍습이 서로 섞여 적용되었기 때문이다. 시대적으로 전통 혼례는 16세기 말의 전안례, 교배례, 합근례의 유교적 의례를 수용하는 단계와 1900년대 초반 신식으로 변모하는 일제강점기라는

08 초서혼(招婿婚): 여자가 자기의 친가를 떠나지 아니하고 남자가 여가(女家)로 와서 여가의 권위에 복종하며 생활하는 혼인 형태로 취가혼(娶嫁婚)과 대비되는 말이다.
09 송재용, 『韓國 儀禮의 硏究』, 제이앤씨, 2007.

두 전환점을 계기로 변화하였다. 즉 16세기 말부터 가례의 혼례 절차가 수용되어 제주도를 제외한 전국에서 전안례, 교배례, 합근례 형식이 유교적 혼례 의식으로 정착되었다. 1900년대 이후는 일제강점기였으므로 일본의 혼인 문화가 혼입되었고 현대 예식장 결혼이 성행되기 전까지 우리나라 전통 혼례를 지배하게 되었다. 이때의 혼례는 신부집에서 치렀고『주자가례』의 친영 절차는 수용하지 않았다.[10]

조선시대는 신분을 구분하는 차별 사회였지만 혼례 당일에 신랑 신부는 초례를 치르기 위헤 3정승 6판서 부럽지 않은 화려한 옷을 입고 태어나서 가장 귀한 대접을 받았다. 일반 서민일지라도 평생에 한 번뿐인 혼례에서는 양반이나 왕실의 혼례복을 모방하여 입는 것이 허용되었다. 초례 때 입는 신랑 신부 예복은 대례복(大禮服)이라고 한다.

전국적으로 옷의 디자인이나 화려함에는 다소 차이가 있으나 신랑과 신부 예복은 청색과 홍색으로 전국이 통일되어 있다. 현재 전통 혼례를 치르는 자치단체나 기관에 따라 예복 디자인에 차이는 있으나 신랑이 입는 청색 단령이나 신부가 입는 활옷은 예나 지금이나 꼭 갖추어야 할 기본 예복이다.

신랑은 혼례 시 사모관대를 갖추게 되는데 먼저 청색 단령을 입는다. 단령은 조선시대 관직에 있는 양반의 평상복이다. 머리에는 검은색 사모관대를 쓰고 허리에는 혁대 역할을 하는 각대를 두른다. 각대는 앞쪽을 위로 올라가게 착용한다. 신발은 조선시대 벼슬아치들이 신었던 목화를 신는다. 이렇게 머리에 사모를 쓰고 청색 단령포를 입은 다음 각대를 두르고 목화를 신으면 비로소 새신랑의 모습을 갖추게 된다.

신부의 예복은 '염'이라고 하며 활옷, 대대, 족두리, 도투락댕기, 앞댕기가 해당된다. 여기에 절수건이 곁들여진다. 활옷은 궁중에서 의식이 있을 때 왕비가 입던 대례복이었으나 후에 서민들의 혼례복으로 이용되었다. 활옷을 입은 후 신부도 신랑처럼 허리에 붉은색 대대를 두른다. 머리에는 족두리를 올리는데 족두리를 쓸 때 쪽 찐 머리의 뒤쪽에 붙여 늘어뜨리는 댕기를 '뒷댕기'

10 신수현, "혼인의례의 변화에 따른 예식 시설 실내 설계에 관한 연구", 홍익대학교 건축도시대학원, 2006.

또는 '도투락댕기'라고 하며, 큰 비녀 양쪽에 감아 양옆 어깨 위로 드리우는 댕기를 '앞댕기'라 한다. 절수건은 신부의 두 손을 가리기 위해 소매 끝에 두르는 수건으로 '이성지합(二姓之合) 만복근원(萬福根源)'의 글귀가 새겨져 있다. 즉 두 사람이 결합한다는 것은 행복 중의 행복이라는 의미이다.[11] 신랑 신부는 신분을 불문하고 정갈하게 차려진 초례상을 마주하고 아름다운 혼례를 치르게 된다. 하늘 아래 모든 만물에 평등이 이루어지는 순간이다.

초례청

초례청은 혼례 날 신부집 안마당이나 대청에 마련되는 혼례 공간으로 대례청(大禮廳)이라고도 하며, 강원도 삼척 지역에서는 초례를 행하는 곳이라 하여 행례청(行禮廳)이라고 한다.[12] 또한 신랑이 기러기를 안고 예를 올리는 공간이라 하여 전안청(奠雁廳)이라고도 한다. 본 장에서는 초례청으로 정의하고자 한다.

혼례 당일에 신부집 안마당에 큰 차일을 치고 신부 가족들이 초례청을 마련한다. 바닥에는 먼저 멍석을 깔고 신랑 신부 자리에는 원앙 무늬 돗자리를 덧깔아준다. 마당 북쪽에는 목단 꽃이나 십장생 그림이 있는 병풍을 펼쳐둔다. 전통적으로 목단은 부귀를 의미하고 십장생은 장수를 의미하는 것처럼 신랑 신부가 부를 누리며 백년해로하기를 기원하는 것이다.

초례청 중앙에는 초례상을 배설하고 동서로 합근례상을 배설한다. 합근례상에는 주전자, 굽다리 잔대를 받친 술잔, 젓가락, 공기, 안줏감 등이 올라가는데 지역에 따라 올라가는 안줏감은 다르다. 초례상에 대한 상세한 설명은 초례상 부분에 자세하게 언급되어 있다.

전안례상은 신랑이 행하는 전안례를 위해 배설한 것으로 전통적으로 신부가 있는 서쪽 방 앞에 배설하였는데 현대 혼례에서는 초례청 신부석 근처에 배설하고 있다. 전안례상은 지역에 따라 사각상을 사용하기도 하고 팔각상 또

11 EBS 전통 혼례 영상 자료
12 정승모 외 10인, 『한국인의 일생 의례』, 국립문화재연구소, 2011.

충청남도 공주 한옥마을의 전통 혼례 초례청

는 원형상을 사용한다. 상 위에는 청색 상보를 덮는 지역도 있고 홍색 상보
를 덮는 곳도 있다. 혼례 예법에는 청색은 신랑의 색이고 홍색은 신부의 색이
라고 하지만 지역에 따라 의도적으로 색을 바꾸어 음양의 조화를 강조하기도
한다. 전안례에 사용되는 기러기는 모두 나무기러기로 혼례를 준비하는 기관
에서 마련하여 혼례 전에는 전안례상에 두었다가 혼례가 시작되면 신랑 쪽 기
러아범에게 넘겨주는 것이 일반적인 초례청의 모습이다. 혼례 후 나무기러기
를 신랑 신부에게 혼례 기념으로 주는 곳도 있다.

경상북도 경주 경주향교의 초례청에 배설된 합근례상

경상북도 경주 경주향교의 초례청에 배설된 전안례상

초례청 앞쪽으로 관세례용 대야가 배설되는데 동서로 한 개씩 놓인다. 신랑과 신부가 깨끗하고 순수하게 결합한다는 의미로 손을 씻는 관세례를 행하는데 대야에는 손을 씻을 수 있는 약간의 물을 담아두고 손을 닦는 흰 수건을 대야 옆에 함께 배설한다. 보통은 대야를 상에 올려놓기도 하고 긴 다리가 있는 받침대에 올려두기도 하는데 초례청 바닥에 바로 배설하는 곳도 있다. 관세례상에도 청·홍색 천을 덮는 곳도 있고 덮지 않는 곳도 있다.

관세례용 대야

이상의 기본적인 물품 외에 재미있는 물품들도 함께 마련된다. 지역에 따라 약간의 차이가 있겠으나 안동의 전통 혼례에서는 신랑 쪽 초례청 입구 멍석에 대두를 가득 뿌려둔다. 신랑이 전안례를 마치고 신랑석으로 올 때 반드시 대두를 밟고 오도록 지시하는데 이것은 신랑의 건강함과 지혜로움을 테스트하기 위한 관문으로 사용한다. 콩을 밟고도 신랑이 넘어지지 않고 잘 걸어오면 건강하고 지혜로운 신랑감으로 인정을 받는 것이고, 만약 콩을 밟다가 미끄러

멍석에 뿌린 대두로 신랑의 건강과 지혜를 테스트했다.

져 넘어지기라도 한다면 초례청은 웃음바다가 되는 것이다.

초례청은 예나 지금이나 단지 혼례 의식만 행해지는 공간이 아니다. 인간이 태어나서 새로운 삶으로 들어가는 초입에서 여러 사람들의 축하를 받고 행복한 미래를 기원했던 조상들의 얼이 그대로 반영된 곳이다. 초례청 배설 과정에 지역마다 약간의 차이는 있을 수 있으나 배설되는 물품 하나하나에 담겨 있는 민족정신은 전국적으로 같다.

초례상

초례상은 혼례 날 신랑 신부가 마주하는 상으로 대례상이라고도 한다. 지금은 초례상을 전국 어디를 가도 쉽게 구할 수 있지만 과거에는 집안이나 지역 마을에 따로 구비되어 있지 않으면 평소에 쓰던 큰 상을 사용했는데, 절구통이나 거적을 말아 높이를 올린 후 초례상으로 사용하였다.[13]

전통 혼례 초례상은 과거 동뢰연상으로부터 분리된 일부라고 할 수 있다. 우리나라는 신랑이 처가로 들어가는 서입혼의 역사를 가지고 있다. 신랑은 정식으로 혼례를 올리기 전에 신부집에서 기거하였고, 신부집에서 신방을 준

13 정승모 외 10인, 『한국인의 일생 의례』, 국립문화재연구소, 2011.

비하면 사흘째 되는 날 동뢰연에 해당하는 독좌를 받으면서 부부가 되는 과정을 거쳤다.[14]

이러한 동뢰연은 임진왜란 이후 서민층에서 반친영혼이 정착되면서 지금의 초례상으로 변화되어 현재까지 이어져오고 있다. 전통적으로 신랑 신부에게 따로 올렸던 동뢰연상이 초례상으로 바뀌고 혼례 의식도 변화되는 것에 대해 정약용은 규범을 따르지 않고 관행이 섞여 행해지는 서민의 동뢰연상 (초례상)의 개선점을 제시하였으나 서민층에서는 따르기가 쉽지 않았을 것이며, 간소화된 혼례 예법을 따르는 것이 당시 서민들에게는 편리한 혼례 의식이었을 수도 있다.

현대 전통 혼례에서는 과거 동뢰연상의 개념보다 초례상의 개념으로 배설되고 있는 만큼 이 장에서는 초례상에 의미를 부여하여 강조하고자 한다.

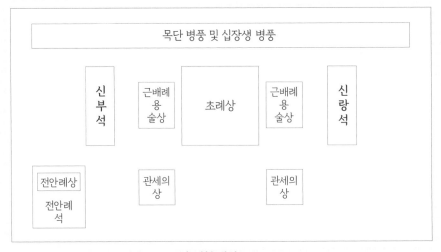

초례청 배설도

과거에는 초례를 신부집에서 치렀던 만큼 초례상에 올리는 물품도 모두 신부집에서 준비하는 것이 전통적인 관례였다. 최근에는 혼례를 치르는 장소가 신부집이 아닌 만큼 초례상에 올리는 물품들은 대부분 지역 향교처럼 혼례를

---

14 韓東龜, 『韓國の冠婚葬祭』, 國書刊行會, 1974.

준비하는 기관에서 마련한다. 전국적으로 행해지고 있는 전통 혼례 대부분은 지자체의 지원으로 무료로 행해지고 있다.

현대의 초례상은 상업적으로 규격화되어 있어서 비슷한 모양을 하고 있다. 과거에는 제례상을 초례상으로 쓰기도 하였으며, 교자상을 높게 하여 초례상으로 사용하기도 하였다. 현재 전국적으로 사용되고 있는 초례상은 대부분 높이 70~90cm, 가로 120~140cm, 세로 90cm 정도가 일반적이다.

초례상에 오르는 물품들은 지역적으로 차이가 있으나 물품에 부여되는 의미는 통일되어 있다. 대표적인 것이 대나무와 소나무이다. 『예기』에서는 "대나무와 소나무는 사계절 푸름을 유지하기 때문에 사람의 건강과 절의가 견고함을 의미하는 것으로 쓰인다"라고 하였다. 민가에서도 사계절 푸른 송죽(松竹)에 '부부간의 절개'라는 의미를 부여하였으며, 현재에도 이어져 내려오고 있다. 그뿐만 아니라 청·홍 비단실을 꼬아 송죽에 걸침으로써 신랑과 신부가 하나 됨을 기원하였다. 초례상에 드리웠던 청실홍실은 신부가 잘 보관하고 있다가 출산 후 아이 옷에 수를 놓아주었는데 무병장수를 기원하는 의미로 전해 내려오는 풍습이다.

대나무와 소나무는 건강과 절의를 상징한다.

초례상에 오르는 과일과 각종 곡식들도 저마다 깊은 의미를 지니고 있다. 먹거리가 귀했던 시절 혼례 날만큼은 신랑 신부를 위해 아낌없이 베풀고자 했던 선조들의 마음을 초례상을 통해 확인할 수 있다. 사과, 배, 밤, 대추, 콩, 쌀, 팥 등 다양한 오곡백과를 올려 '자연에 순응하고 하늘과 땅, 인간의 조화'를 강조했다. 이는 음식을 귀하게 여기지 않고 쉽게 버리는 현대인들이 배울 부분이다.

악귀를 막는 붉은색 팥

붉은색의 팥은 악귀를 막는 부적의 의미로 전라도에서는 지금도 통팥으로 시루떡을 만들어 올리고 있다. 밤과 대추는 자손 번창, 흰 쌀은 부귀영화를 의미한다. 경상도 지역에서는 쌀을 닭 앞에 놓아 먹이로서의 의미도 부여하고 있다.

한편 암수 닭 한 쌍을 올리게 되는데 지역에 따라 살아 있는 닭을 올리기도 하지만 대부분 지역에서는 모형 닭을 올린다. 닭에 청·홍 보자기를 감싸는 것은 전국이 동일하며, 닭은 새벽을 울리는 짐승으로 가장 부지런함을 상징한다. 닭은 부지런한 동물이면서도 정이 많아 수컷은 모이를 먹을 때 절대 혼자 먹지 않고 암컷과 병아리들을 데리고 함께 먹는 습성이 있음을 경주향교에서는 강조하고 있다. 전라도 지역에서는 혼례 의식 후 닭을 공중으로 높이 올리는 닭 날리기를 한다.

전라남도 여수 오동재의 초례청에 배설된 닭

초례상에 올라가는 촛대에는 청·홍초를 꽂게 되는데 청초는 신랑 쪽에 꽂고 홍초는 신부 쪽에 꽂는다. 전라도 낙안읍성에서는 촛대를 따로 마련하지 않고 쌀을 담은 그릇에 초를 꽂는다. 여기에 흰 무명 실타래를 두른다. 초는 과거에 날이 저물어 혼례를 치르는 전통에서 시작된 것으로 어두운 초례청을 밝힌다. 현대 전통 혼례에서는 이 부분에서 다소 의견 차이가 있다. 과거에는 어두워져서야 혼례를 치렀기 때문에 초에 불을 켰으나, 지금은 밝은 낮에 혼례를 치르기 때문에 불을 켜지 않는 곳도 있다. 대표적으로 안동 태사묘에서의 혼례는 초에 불을 켜지 않고 치른다. 반면에 창원의집에서 행하는 혼례는 투명 아크릴 관을 씌워 촛불이 꺼지는 것을 막고 있다.

과거 전라도의 초례상에는 꼬막도 올리고 혼례 후 꼬막을 초례청 마당에 던지면 하객들이 모두 주워 갔다고 한다. 지금은 꼬막을 올리지 않는다. 낙안읍성 민속마을 내 전통 혼례 체험장에 가면 꼬막을 올린 초례상을 볼 수 있다.

현대인들이 초례상에 배설된 물품 하나하나에 내포되어 있는 뜻을 알게 되면 선조들의 지혜로움에 감탄하게 될 뿐만 아니라 전통 혼례의 기품까지 느낄 수 있을 것이다. 특히 초례상에 올라가는 물품들은 모두 신랑 신부의 행복한 앞날을 기원하는 것으로, 서양 결혼식과 가장 대조되는 부분이자 우리나라 전통 혼례의 꽃이라고 해도 과언이 아니다.

초례상은 전통 혼례의 깊은 의미가 함축되어 있는 축소판으로 신랑 신부의 인연 맺음에 고귀한 의미를 부여하고 있으며, 인간으로서 하늘과 땅의 이치를 겸허하게 받아들이고 자연에 순응하며 살아온 선조들의 정신이 담겨 있다. 초례상 물품들은 철저하게 하늘과 땅의 순리에 근간을 두고 있다. 하늘(天)은 양(陽)으로 남자(乾)를 의미하고, 땅(地)은 음(陰)으로 여자(坤)를 의미한다. 대표적인 물품이 암수 닭 한 쌍이다. 대나무는 음이며 신부 쪽에 배설되고, 소나무는 양으로 신랑 쪽에 배설된다. 하늘과 땅에 고하고 음과 양의 조화 속에 신랑 신부의 혼례가 성립되는 것이다. 이것은 각 지방 유학자들에 의해 지역 혼례 예법으로 정립되었고, 후손들이 그대로 계승하여 시대가 변해도 유교 정신은 고스란히 지켜지고 있음을 확인할 수 있는 부분이기도 하다.

초례상 물품들은 장수, 건강, 다산, 부부 금슬, 절개 등 부부로서 모범적인 삶을 살 수 있게 축원해주는 동시에 서양 예식에서의 주례사 역할을 한다. 초례상 물품들이 무언의 주례를 하는 것이다. 더 흥미로운 것은 이들 물품에 지역마다 현대적으로 독특한 해석을 붙여 또 다른 의미를 부여함으로써 초례상의 의미를 더욱 풍성하게 한다는 점이다. 밤과 대추를 예로 들자면 공통적인 의미로는 자손 번창, 장수 등을 의미하는 한편, 대추 씨앗이 단단하고 한 개이기 때문에 건강한 남자를 의미하고, 밤은 겉껍질과 속껍질을 벗겨야 하얀 속살이 드러나기에 여자를 비유한다는 흥미로운 해석을 하기도 한다. 흔히 양파를 여자에 가리킨다는 것처럼 현대적 의미로 해석할 수 있는 재미있는 요소도 많다.

초례상 물품과 의미

물품	의미
청·홍 보자기	• 신랑 신부의 화합
청·홍 비단실	• 신랑 신부를 하나로 이어주는 끈
대나무	• 절개, 신성한 장소임을 의미
동백나무, 소나무	• 절개와 수
닭	• 닭은 새벽 울음을 통해 하루를 시작하며 가장 먼저 깨어나는 부지런함을 지닌 동물. 수탉은 먹이를 찾으면 암탉과 병아리를 불러 나누어 먹이는 행동으로 처자를 위해 노력하며 화목을 다진다.
쌀	• 닭의 먹이, 재물과 다복, 풍성함
팥	• 액막이, 양의 기운, 동쪽 배설
은행	• 부부의 화합과 금슬
밤	• 신부, 아들을 많이 낳고 가문의 뿌리를 이어감, 장수
대추	• 신랑, 장수, 다산, 임금, 양의 기운, 씨가 하나로 일부종사와 자손 번창
사과	• 다복
배	• 다복
무명실 또는 청·홍 실타래	• 무병장수, 신랑 신부의 백년해로
표주박	• 음양의 결합, 신랑 신부의 하나 됨

04

문중의 전통 혼례상차림

01 예안 이씨 문중의 초례상차림

혼례 음식은 혼례 절차에서 예(禮)와 계약(誓約)의 상징이다. 이는 상고 시대부터 이어져온 것이며, 조선시대에는 문중 간의 예의를 나타내기에 더욱 성행하였다. 혼례 절차에 따른 납폐, 초례상, 주안상, 축의연의 큰상과 곁상, 폐백 등의 혼례 음식은 제례 음식이나 회갑연 음식과는 달리 향응의 음식이라기보다는 다분히 기복주술(祈福呪術)의 성격을 지닌다. 혼례 음식 가운데 특히 초례상 음식은 생김새(용떡 등)나 빛깔(붉은팥 등), 음식의 본체(밤, 대추 등) 등에 다산, 풍요, 제액 등의 기원을 담고 있다.

우리나라 혼례 절차와 관련한 음식은 납폐할 때의 봉치떡, 초례를 행할 때의 초례상차림, 혼례를 행한 신랑 신부에게 각각 차려주는 큰상 및 곁상, 현구고례를 행할 때의 폐백 음식 등으로 구분되며, 각기 행하는 의례에 따라 양식이 제각기 다르다. 이 글에서는 혼례 음식 가운데서도 충청남도 아산시 송악면 외암리에 소재한 예안 이씨 문중의 초례상차림에 대해서 정리해보고자 한다.

예안 이씨 집성촌인 외암마을은 2001년에 중요민속자료 제236호로 지정되었으며, 마을 내 참판댁이 중요민속문화재 제195호, 건재고택이 중요민속문화재 제233호로 지정되었다. 마을 전체를 국가 단위의 보존 사업을 통해 지켜낼 만큼 문화재 가치가 뛰어난 곳이다. 2000년대 초반부터는 마을 주민들 스스로가 마을에서 행하던 전통 혼례를 새롭게 복원하여 재현 및 시행하고 있어서 조선시대 반가의 혼례 모습을 일부 확인할 수 있는 귀중한 대상이다.

이 글은 조선시대 반가의 초례상차림을 확인하려는 것이 목적이다. 그러나 외암마을 예안 이씨 문중은 물론 다른 마을 및 문중에서도 조선시대 반가의 초례상차림을 온전히 확인할 수 있는 자료는 거의 보이지 않는다. 특히 기존 학계에서도 전통 혼례와 관련해서는 예식 절차를 중심으로 조사 및 연구가 진행되었고, 혼례 음식에 국한해서는 이바지 음식과 폐백 음식을 중심으로 이루어졌기에 초례상차림에 대한 연구는 극히 미비하였다.

따라서 조선시대 반가의 초례상차림을 정리하기 위해서 예안 이씨 문중 구성원을 대상으로 한 구술 조사와, 기존 충청남도 및 아산시 일대를 대상으로 한 문헌 조사 자료 등을 토대로 하였다. 그리고 조사한 내용들을 외암마을과 문중에 대한 개관, 초례상 기물과 찬품 등으로 구분해서 정리하였다. 아울러 초례상차림의 과정과, 초례가 끝난 이후 초례상을 어떻게 처리하는지 등의 내용도 일부 포함하였다. 시대 흐름에 따라서 초례상차림도 변모하지만, 초례 자체가 『예서』에 근거해 이루어지고, 기복 주술의 성격이 강하기에 조선시대에 행했던 초례상차림의 변모는 크지 않을 것으로 보인다.

아산시 외암마을과 예안 이씨

충청남도 아산시 송악면 외암리는 우리나라에서 몇 안 되는 '민속마을'이다. 조선시대 후기 문헌에는 '온양군 남하면 외암리(嵬岩里)'로 기록되어 있으며, 현재는 행정구역이 세 개 리(里)로 구분되어 있다. 그 가운데 외암1리를 흔히 '외암마을' 또는 '외암민속마을' 등으로 부르는데 이곳이 예안 이씨 집성촌이다. 마을의 동쪽과 동남쪽은 대부분 산지이며, 북쪽과 남쪽에는 경작지가 분포한다. 마을은 서쪽으로 치우쳐 있으며, 마을 앞으로 외암천이 흐르는 전형적인 전통 마을의 모습을 유지하고 있다.[15]

외암리에 예안 이씨가 자리하게 된 것은 16세기 무렵으로 추정한다. 본래 외암리의 첫 주인은 '진한평(陳漢平)'으로 알려져 있으며, 진한평의 사위 이사종(李嗣宗, ?~1589)이 예안 이씨 중 처음으로 외암리에 입향(入鄕)하였다. 예안 이씨 입향조(入鄕祖)인 이사종은 조선 중기의 문신이며 예안 이씨 17세(世)로 현재 외암리에 거주하는 종손 이준세(李準世)씨의 15대조이다. 외암리는 그 이후부터 현재까지 예안 이씨 수원온양파의 주요 세거지(世居地)로 유지되고 있다.

이사종은 경기도 수원 화성에서 거주하다 외암리로 입향하였다고 한다. 그의 고조부는 문과 급제 후 통정대부로 군기감정을 지내고 이조판서에 증직된 이온(李縕, 1382~?)이고, 증조부는 통훈대부로 상호군에 오른 이시(李恃, ?~1490)이며, 조부는 사직을 지내고 정국원종공신에 녹훈된 이성간(李成幹)이다. 아버지는 선릉참봉을 지낸 장사랑 이연(李埏)이다. 이사종의 자는 언윤(彦胤)이다. 승훈랑으로 수성금화사별제(修城禁火司別提)를 지냈기 때문에 집안에서 '별제공'으로 칭한다. 부인은 평택 진씨(平澤陳氏)로 진한평의 딸이다. 그는 윤(崙, 1541~?), 급(芨), 단(峏, 1554~1623) 등 세 아들을 두었다. 큰아들 이윤은 주부를 지내고 통정대부로 증직되었고, 셋째 이단 역시 주부에 오르고 통훈대부 장악원정에 증직되었다.

그중에서도 단의 후손이 주류를 형성하였다. 이단의 차남 진문(振門)의 증손으로, 이사종의 5세손이며 인물성동론(人物性同論)을 주창한 조선 후기 대학자 문정공(文正公) 외암(巍巖) 이간(李柬, 1677~1727)이 문중을 크게 빛냈다.[16]

18세기 이간 대에 이르러 사족들의 관심이 외암리에 집중되게 된다. 그는

15 송악면향토지편찬위원회, 『송악면향토지』, 2012, 344~365쪽.
16 온양문화원, 『아산의 입향조』, 2009, 91~92쪽.

충청남도 아산시 외암마을

외암마을에 대한 애정으로『외암기』를 남겼다. 종족 간의 결속과 화목을 위하여 종계를 만들어 그 서문을 짓기도 했다.

이사종의 후손은 송악면 외암리를 중심으로 송악면 일대와 수원, 서울 등 각지에 살고 있다. 예안 이씨가 외암리에 정착한 이후 파평 윤씨, 의령 남씨, 순흥 안씨, 전주 이씨, 경주 김씨 등이 이 집안과 혼인을 통해 외암리와 인근 마을에 들어와 터를 잡게 되었다. 현재 마을에는 예안 이씨가 12대부터 16대 손까지 거주하고 있으며, 주민 구성원 가운데 30퍼센트를 차지한다.[17] 문중에서는 10월 8일과 9일에 시제를 지낸다.[18]

예안 이씨 문중의 초례상차림

조선시대에 친영제가 도입되었다. 친영은 혼인 전날에 신랑이 신부집으로 가서 신부를 자기 집으로 데리고 와 혼례를 치르는 것을 의미한다.『주자가례』에 의한 친영제는 의혼·납채·납폐·친영의 사례, 또는 납채·문명·납길·납징·청기·친영 등 육례의 절차로 혼례를 거행하는 것이다. 그러나 전통적으로 우리나라에서는『주자가례』와 달리 신부집에서 혼례를 치렀다.

혼례가 있는 날이면 신랑이 신부집 마을에 도착해서 관복을 갈아입는다. 관복을 입은 신랑은 안내를 받아 신부집 마당으로 향한다. 신부집에 다다른 신랑은 우선 나무로 만든 기러기를 바친다. 이 기러기를 바치는 것을 전안례라고 한다. 이때 신랑은 두 번 절을 한다. 전안이 끝나면 신랑 신부의 상견례가 있고, 합근의 술잔을 각각 마시게 함으로써 초례 예식이 끝나게 된다. 충청남도에서는 초례 예식의 순서를 적어둔 홀기를 부르지 않는 것이 특징이라고 한다. 곧 신랑과 신부는 경험이 있는 주위 사람으로부터 도움을 받아 초례를 진행하는 것이다.[19] 그러나 예안 이씨 문중에서도 홀기를 부르지 않았는지는 명확하지 않다. 현재 외암마을에서 재현되는 초례 예식에서는 홀기를 부른다.

---

17 2016년 현재 외암마을 전체는 70여 가구이며, 그 가운데 예안 이씨는 15~16가구이다. (제보자 이양선(73세·남), 충청 남도 아산시 송악면 외암1리)
18 송악면향토지편찬위원회, 『송악면향토지』, 2012, 546~547쪽.
19 온양시지편찬위원회, 『온양시지』, 1989, 1303~1309쪽.

외암마을 예안 이씨 종가

그리고 초례의 진행을 도와주는 사람을 '집사'나 '수모'라고 부른다.

　초례가 이루어지는 공간인 초례청은 신부집 안마당에 설치된다. 초례청의 설치는 먼저 베로 만든 차일(遮日)을 치면서 시작된다. 이때 차일은 햇빛을 가리는 역할도 하지만 천년 묵은 독사가 변해서 되었다는 '짐새'를 피하기 위함이다. 곧 짐새가 지나가다가 그 그림자가 상 위의 음식을 스치면 '사람이 상한다'고 하는 속설이 있다. 그러나 외암마을에서는 이러한 속설을 찾을 수 없었다. 차일은 초례청의 공간을 신성하게 여기는 역할을 한다. 차일을 치고 나서 바닥에는 멍석을 깔고, 멍석 위에는 자리를 깐다. 그리고 중앙에 남향하여 병풍을 치며, 가운데에 큰 상을 놓는데, 이 상을 '초례상', '대례상' 등으로 부른다. 초례상을 마주하고 신랑과 신부가 서는 곳에 작은 주안상을 놓는다.

외암마을에서 재현된 초례청

　외암마을 예안 이씨 문중에서 초례상에 올리는 기물에는 화병 두 개, 촛대 두 개, 유기나 목그릇 다섯 개, 청실과 홍실 등이 있다. 또한 신랑과 신부 앞에 놓는 주안상이 필요하며, 주안상에는 술병이나 주전자, 잔대에 받친 술잔, 젓가락, 모삿그릇, 표주박 등을 각각 올린다. 예전에는 유기로 된 기물을 사용하였으나, 근래에는 나무로 된 기물을 주로 사용한다. 이는 문중 제사에서도 마찬가지라고 한다. 또한 닭을 쌀 수 있는 보자기 두 장, 화병에 두를 청실과 홍실, 신랑과 신부의 손을 씻을 대야도 준비한다. 초례청에 요구되는 기물은 문중이나 마을에서 보관하고 있는 것을 사용한다.[20]

초례상에 올리는 찬품에는 초와 밤, 대추, 곶감 등의 삼색 실과, 쌀, 붉은 팥, 대나무와 소나무 등이다.[21]

현재 외암마을에서 진행하고 있는 전통 혼례에는 사과와 밤 등의 괴일도 사용하지만 이는 근래에 와서 새롭게 생긴 것으로 보인다.[22] 초례상의 경우 신부집 식구들이 직접 차린다.

좌측이 상(上)이라고. 좌측이 상이여.
제사 음식에서는 홍동백서로 놔. 다른 제사는 뻘건 거 위주로 가고.
그런데 우리 집안에서 피과(皮果)위상으로 놓는다고.
두꺼운 것부터.
그런데 혼례상은 제사상의 반대로 놓는다고.[23]

위 제보자의 말처럼 예안 이씨 문중의 초례상 진설은 문중에서 행하는 제사상 진설의 반대로 놓게 된다. 곧 제사상에서는 '피과위상(껍질이 두꺼운 과일이 왼쪽)'이라고 해서 호두, 밤, 대추, 곶감, 사과, 배 등의 순서로 진설을 하지만, 혼례상에서는 배, 사과, 곶감, 대추, 밤 등의 순서로 놓고 호두는 놓지 않는다. 진설되는 찬품의 개수는 짝수로 하는 것이 원칙이다. 소나무와 대나무를 꽂는 화병에는 청실과 홍실을 각각 두르며, 초례가 끝나면 초례상 옆에서 붙들고 있던 수탉과 암탉을 날린다. 초례상 찬품을 구체적으로 나누어 살펴보면 다음과 같다.

대나무와 소나무는 이른 아침에 준비한다. 잎이 떨어지지 않은 것으로 초

---

20 외암마을에는 조선시대부터 종계(宗契, 현재 대종회)가 구성되어 있었다. 그러나 종계에서는 제사를 주로 주관 하고, 혼례나 상례의 경우 친목계 형태로 '웃친계'가 별도로 만들어져서 대비한다.(제보자 이양선)
21 충청남도 도서 지역에서는 소나무 대신 사철나무나 동백나무를 사용하였다. (충청남도지편찬위원회, 『충청남도지』 민속, 2010, 75쪽)
22 온양민속박물관에는 아산시 지역 초례상을 재현해놓았는데, 찬품은 밤, 대추, 과일, 육포, 초, 대나무, 동백나무, 닭 등이다. 육포와 동백나무를 올린 것이 외암마을과 다르다.
23 제보자 이양선, 충청남도 아산시 송악면 외암1리

외암마을의 초례상차림

레 전에 미리 베어다가 놓는다. 대나무는 천년 동안 마르지 않는 물을 의미하고, 여성의 지조를 상징한다. 소나무는 천 년 동안 마르지 않는 꽃을 상징하므로 늙지 않고 항상 푸르게(젊게) 살라는 의미와 남자의 절개를 상징한다. 그래서 대나무는 오른편에, 소나무는 왼편에 위치시킨다.

쌀과 붉은팥은 흠이 없는 것을 골라 그릇에 담는다. 쌀은 '배곯지 않고 배

초례상에 올린 대나무

초례상에 올린 소나무

초례상에 올린 쌀

초례상에 올린 붉은팥

부르라'는 경제적 부유함을 상징하고, 붉은팥은 귀신을 쫓아 부정을 막는다는 의미를 지니고 있다.

밤, 대추, 곶감 등은 가을철에 수확한 것을 말려서 사용하는데 그 가운데서도 가장 좋은 것을 선정한다. 이들 과일은 주로 '자손 번창'을 의미한다. 밤과 대추는 각각 의지와 부귀를 상징하기도 한다.

신랑과 신부 앞에 놓인 근배례용 술상

초례에서 사용하는 술은 청주다. 청주는 그 빛깔이 노르스름하고 맑기 때문에 '맑은술'이라고도 하며, 외암마을에서는 '약주'라고도 부른다. 청주를 빚기 위해서는 쌀을 찐 다음에 건조시켜 누룩과 물을 적당히 넣어서 일정한 온도와 기간 동안 발효시킨다. 발효시킨 술을 담은 술독 가운데 용수를 박아맑은술이 괴는 대로 떠내어 사용한다. 초례에 사용하는 청주는 가장 먼저 뜬 깨끗한 것을 사용한다.[24]

초는 신랑 신부의 밝은 미래를 비추어주는 것을 의미하며, 청실과 홍실은 부부의 일심동체와 무병장수를 뜻한다. 닭은 때맞추어 울고 알을 잘 낳으므로 닭과 같이 부지런히 자손을 많이 두라는 의미에서 사용한다. 초례를 마치

---

24 외암리에는 충청남도 무형문화재 11호로 지정되어 있는 연엽주가 있다. 연엽주는 예안 이씨 가문에서 종부에게 전수되어온 양조 기술로 제주나 손님 접대용으로 연꽃잎을 넣어 빚는 술이다. 그러나 혼례에 연엽주가 사용된 것에 대해서는 확인할 수 없었다.

면 초례상 옆에 들고 있던 닭을 풀어서 날려준다. 이때 닭이 지붕 위로 올라갈 만큼 힘차게 날려주면 대길(大吉)하다고 한다. 초례상에 올린 찬품은 혼례가 끝난 후 초례에 참가한 사람들이 모두 집어 간다.

초례에 참여한 사람들에게는 음식을 준비해서 대접한다. 음식을 준비하기 위해서 '과방'을 부엌 다락에 차린다. 초례일이 다가오면 마을 아녀자들 가운데 솜씨 있는 사람을 세 명 정도 선정해서 과방을 보게 한다. 개별 음식들을 접시에 담아 과방에 차려두고 손님이 올 때마다 꺼내서 나아가게 한다. 하객들에게 내놓는 음식은 '밀국수'다. 사골을 가마솥에 넣고 우려낸 국물에 국수를 삶아서 담고, 그 위에 계란으로 만든 고명을 올린다. 사골 국물은 우려서 별도의 항아리에 담아놓는다.

혼례를 위해서는 술을 담근다. 먼저 초례청에서 사용할 술은 가장 좋은 것으로 따로 받아놓는다. 일반적으로 쌀 한 가마니에 술 열 말 정도가 나오며, 술이 잘되지 않으면 덜 나온다고 한다. 술항아리 가운데 용수를 넣고 맑은술을 떠내 다른 항아리에 담는다. 처음에 뜬 술은 도수가 높다. 그리고 다시 물을 붓고 용수로 거른 술을 또 다른 항아리에 담는다. 이렇게 세 번 거른 술을 각기 다른 항아리에 옮긴 다음 적당한 도수가 되도록 혼합해서 하객들에게 내놓는다. 혼례 때 하객들에게 내놓는 술은 도수가 낮게 느껴지지만 잘 취하기에 '앉은뱅이술'이라고도 한다. 술을 비롯해서 소머리 누른 것, 소고기, 돼지고기, 잡채, 떡, 전 등을 내놓는다. 떡은 '기주떡(증편)'과 인절미를 주로 한다. 전을 외암마을에서는 '갈랍'이라고 하고, 전 부치는 것을 '갈랍 부친다'고 한다. '갈랍'은 동그랑땡 혹은 생선전 등의 작은 전이다.

예안 이씨 문중 초례상차림의 특징과 의미

외암리는 조선시대 모습을 유지하고 있는, 우리나라에서 몇 안 되는 마을이다. "외암마을은 양반의 촌이거든. 양반답게 습성을 하다 보니까 민속마을이 유지되었어"라는 이양선 제보자의 말처럼 조선시대의 반가를 유지한다는 인식이 남아 있는 곳이기도 하다. 특히 2000년대 들어 마을에서 전통 혼례, 곧 조선시대의 혼례를 복원 및 재현하여 시행하고 있기에 조선시대 반가 초례 상차림을 확인해볼 수 있는 주요한 대상이다. 다만 문중이나 마을에는 초례 상차림과 관련한 문헌 자료가 전해지지 않기에 현재 진행하고 있는 형태가 온전한 조선시대 반가의 혼례라고 보기에는 다소 무리가 있다.

인간은 혼례를 통해서 사회적으로 안정된 가정을 이루게 된다. 혼례는 부부 관계의 시작이자 곧 사회 구성단위의 출발점이 되는 것이기에 일정한 혼례 절차를 만들어서 행해왔다. 20세기 서구식 혼례가 들어오기 이전의 혼례를 '전통 혼례'라고 하며, 전통 혼례 절차 가운데 초례는 '대례'라고도 해서 혼례 가운데서도 '가장 큰 의례 절차'라는 의미가 포함되어 있다. 조선시대 혼례의 경우 중국의 육례와 『주자가례』의 영향으로 혼례 절차가 이루어졌다. 초례의 경우도 전안례, 교배례, 합근례 등의 일반적인 절차가 전국적으로 유지되었고, 초례상차림도 마찬가지다. 따라서 조선시대 반가의 상차림은 전국적으로 크게 차이가 나지 않고 일부 지역적인 영향으로 차이를 보이고 있을 뿐이다.

초례를 진행하기 위해서 신부집 마당에 차일을 치고, 신성한 공간을 유지하기 위해 멍석과 자리를 깔고, 그 가운데 초례상을 차린다. 그리고 초례상에는 기복주술적 의미를 지니고 있는 밤, 대추, 곶감, 쌀, 붉은팥, 대나무와 소나무 등을 차려놓는다. 곧 다산, 풍요, 제액, 절개와 지조 등의 상징적인 의미를 담고 있는 찬품들이다. 기존에 충청남도 지역에서 조사된 자료에 의하면 청수(淸水)와 용떡 등을 사용하는 지역도 있으나, 외암리 예안 이씨 문중에서는 이들을 사용하지 않은 것 같다.

02 죽산 박씨 문중의 초례상차림

　조선시대에는 남녀 구별이 엄격한 유교사회로 중매결혼이 일반적이었다. 중매에는 남자와 여자의 생년월일과 시간을 적은 사주단자로 궁합을 맞추고, 혼사가 정해지면 혼서지(婚書紙)와 예물을 담은 납폐함을 보내 약혼을 증명하였다. 일반적인 혼인 절차는 신랑이 신부집에 나무기러기를 바치는 전안례, 신랑과 신부가 맞절을 하는 교배례, 합환주를 나누어 마시는 합근례 순으로 진행되었다. 중국의 가족 예절서인 『주자가례』에는 신랑이 신부를 자기 집으로 맞이하여 초례를 치르는 친영의례가 있으나, 우리나라에서는 관행적으로 신랑이 신부집에 가서 초례를 치렀다.

　초례는 신랑과 신부가 처음 만나 절하는 교배례와 서로 합환주를 마시는 합근례 의식을 가리킨다. 신랑 신부가 첫 대면을 하여 백년해로를 서약하는 것이다. 음양 원리에 따라 신랑은 동쪽에 서며, 신부는 서쪽에 서서 예식을 한다. 초례상에는 음양의 화합을 상징하는 풍요, 다산, 제액초복(除厄招福) 등의 의미를 담은 찬품을 진설한다.

　이 글의 목적은 조선시대 양반가의 다양한 혼례 음식 가운데 초례상차림에 대해서 살펴보는 것이다. 하지만 구체적인 자료가 없을 뿐만 아니라 이에 대해 고증을 해줄 고증자도 없는 실정이다. 다만 초례 의식의 경우 『예서』에 의해 진행되었으며, 기복 주술의 의미를 담은 상징적인 음식이기에 그 변화가 느리다고 판단된다.

　이 장은 경기도 용인시 백암면 옥산리에 소재한 죽산 박씨 문중을 대상으로 조선시대 양반가의 초례상차림을 조사하였다. 죽산 박씨 가운데 문헌공파(文憲公波)로 경기도 용인시 백암면 옥산리 일대에 600여 년 전 세거하기 시작하여 77세대의 대세를 이룬 문중이다. 경기도의 많은 마을 가운데서 오늘날까지도 집성촌이 유지되고 있는 곳이기도 하다. 옥산리 아송마을에서 전통 혼례를 직접 치렀던 제보자 송춘영[25] 할머니의 구술을 토대로 기술하고자 한다. 그 외 옥산리 주민들과의 구술 조사와 기존 문헌 자료들을 중심으로 죽산 박씨 문중의 초례상차림을 유추해서 정리해본다.

옥산리와 죽산 박씨 문헌공파

한반도 중앙부에 자리한 용인은 서울(한양)에 인접한 지역으로 낙향한 사대부들이 학문을 연마하면서 후일을 도모한 세거지로 유명하다. '생거진천 사거용인(生居鎭川 死居龍仁)'이라는 말도 있듯이 용인은 자연환경이 뛰어나고 풍수적으로 명당이 많기에 조선시대 사대부들이 많이 입향한 곳이기도 하다. 또한 경제적인 측면에서는 가뭄과 홍수 피해가 적어 토지에 기초한 생활공동체를 형성하기에 이상적인 환경이 구비되어 있다는 장점을 지닌 곳이다.

용인시 백암면 옥산리는 처인구 동남쪽 맨 끝에 위치하며, 안성시 죽산의 비봉산과 경계를 이룬다. 비봉산의 경사면이 북쪽으로 흘러 청미천가의 평야와 만난다. 낮은 구릉이 이어지며 사이사이에 평야가 발달하였다. 옥산리는 하산, 아송, 옥천, 상산 등의 네 개 행정리로 이루어져 있다. 그 가운데 하산과 아송마을에 죽산 박씨가 많이 거주하고 있다. 죽산 박씨의 경우 『경기도지(하)』(1957)에 의하면 용인시 백암면 옥산리에 자리하게 된 것은 600여 년으로 용인시 세거 성씨 가운데 가장 오래되었으며, 77가구로 그 세도 가장 많은 것으로 기록되어 있다.[26]

죽산 박씨는 신라의 박혁거세를 시조로 하고, 그의 29세손인 박기오(朴奇悟)에 와서 죽산을 관향으로 하게 되었다. 박기오는 신라 29대 경명왕의 여덟 왕자 가운데 넷째인 '박언립(彦立)의 아들'이라고 족보에 기록하고 있다. 그는 고려 초 삼한벽상공신이자 태보삼중대장(三韓壁上功臣)으로 삼중대광태보(三重大匡太保)에 올라 죽주백(竹州伯)에 봉해지고, 죽주(죽산)를 식읍으로 하사받았

---

25 제보자 송춘영(88세·여) 할머니는 경기도 용인시 백암면 옥산리 아송마을, 용인시 백암면 쟁견내가 고향으로 부친과 함께 9세에 옥산리로 이주해 왔으며, 18세에 죽산 박씨 문중으로 시집와서 현재까지 살고 있다. 옥산리 아송마을에서 전통 혼례를 치른 사람이다.
26 용인문화원, 『백암면지』, 2006, 356~358쪽.

용인시 백암면 옥산리 아송마을

용인시 백암면 옥산리 하산마을

다. 이를 계기로 죽산 박씨가 생기게 되었다.[27]

죽산 박씨의 세계는 철성백파(鐵城伯派), 찬성공파(贊成公派), 태복경파(太僕卿派), 문광공파(文匡公派) 등의 네 개 파로 갈라지고, 문광공파는 다시 죽산군파(竹山君派), 문충공파(文忠公派), 판서파(判書派), 제학파(提學派), 충현공파(忠顯公派) 등의 다섯 개 파로 나누어진다. 용인시 백암면 옥산리에는 죽산 박씨 가운데 문헌공파의 후손들이 세거하고 있다. 죽산 박씨 문중의 고려시대 대표적 인물로는 『수이전(殊異傳)』을 지은 문장가 박인량(朴寅亮), 문하시랑평장사를 지낸 박서(朴犀), 충숙왕 때 수첨의찬성사 정승에 이른 박전지(朴全之) 등이 있다. 조선시대에 와서는 예종 때 이시애의 난을 평정하고 영의정에 오른 박원형(朴元亨), 정유재란 때 전라도 병마절도사를 지낸 박병현(朴名賢), 정묘호란 때 분전하다 전사한 박명룡(朴命龍) 등이 있다.

용인시 백암면 옥산리에 죽산 박씨가 세거하게 된 것은 한양에 거주하며 조선시대 예종 때의 영의정을 지낸 46세 문헌공 박원형의 묘소가 자리한 이후부터라고 한다. 박원형은 조선시대 전기의 문신이며, 호는 만절당(晩節堂)이다. 계유정난이 일어나자 수양대군을 도와 좌부승지와 우승지를 지내고 정난공신(靖難功臣)에 책록되었다. 그 후 세조 1년(1455) 세조의 즉위에 적극 협력한 공으로 도승지에 오르고 좌익공신(佐翼功臣) 3등에 책록되었으며, 이듬해 이조참판(吏曹參判)으로 연성군(延城君)에 봉해졌다. 1461년 홍문관이 설치되자 대제학을 겸임하였으며, 1464년에 우찬성을 제수받고, 1466년에는 우의정에 승진되었다. 1468년에는 영의정에 올랐다. 현재 묘소와 비(碑)가 옥산리에 소재해 있다.[28]

박원형의 묘소를 옥산리에 쓰게 된 이유에 대해서 다음과 같은 유래가 전한다. 박원형이 자신의 묏자리를 찾다가 연고가 있는 죽산 지역, 즉 지금의 안성시 삼죽면 비봉산 아래에 터를 잡았다. 그러나 아우인 박원정(朴元貞)이 먼저 세상을 뜨자 그 자리를 동생에게 주고 자신은 그 옆 옥산리 하산마을 뒤편에 묻혔다고 한다. 박원형 이후 6~7대 후에 옥산리에 입향하여 세거하였던

옥산리 하산마을 소재 박원형 묘역과 신도비

것으로 추정하며, 1980년대 초반까지 하산마을의 문헌공파 후손들이 번창하여 300여 가구가 모여 살았다고 한다.[29]

죽산 박씨 문중의 초례상차림

죽산 박씨 문중의 혼례는 문중 어른들 가운데 복 많고 깨끗한 사람이 맡아 진행한다. 집례를 맡은 사람은 홀(笏)을 들고, 홀에 적힌 혼례 진행 절차에 따른다. 그러나 후대에 와서는 집례 없이 진행 절차를 아는 문중 사람들이 했다고 한다(제보자 송춘영). 예식을 거행하는 장소는 초례청으로,[30] 혼례는 주로 낮에 거행하는데 혼례 시간이 다가오면 신랑은 혼례복을 입고 초례청으로 들어간다. 이때 나무기러기를 안고 신부집까지 따라온 '기럭아범'이 나무기러기를 신랑에게 넘겨준다. 그러면 신랑은 나무기러기를 넘겨받아 신부와 백년해로하

29 용인문화원, 『백암면지』, 2006, 359~362쪽.
30 경기도박물관, 『경기민속지』 V, 2002, 260~264쪽.

겠다는 의미로 몸 아래위로 세 번 옮긴 후 초례상에 올려놓는다. 전안상 위에
올려놓기도 하였지만, 제보자 증언에 따르면 초례상 위에 올렸다고 한다. 따
라서 신랑이 나무기러기를 전안상 위에 올리면서 두 번 절한 절차는 생략되었
다. 다만 이것이 후대에 와서 생략된 것인지, 아니면 원래부터 없었던 것인지
에 대해서는 확인이 불가능하다.

　전안례를 마치고 초례청에서 예식을 거행한다. 신랑 신부는 초례상을 사
이에 두고 신랑은 동쪽에, 신부는 서쪽에 선다. 전안례 이후 예식 진행은 교
배례와 합근례로 이루어지며, 신랑과 신부 옆에는 신랑 신부를 도와줄 수 있
는 사람이 각기 한 명씩 옆에 서 있는데, 그 사람들을 '집사'라 불렀다고 한
다. 옥산리에서 구술 조사한 내용을 토대로 초례청과 초례상의 진설도를 그
리면 다음과 같다.

죽산 박씨 문중 초례청과 초례상 진설도

신랑이 예식에 참여하기 위해 신부집에 도착하기 전, 신부집에서는 초례를 행할 준비를 미리 한다. 혼례를 거행하기 위해서는 먼저 초례청을 차려야 한다. 초례청은 집례를 중심으로 해서 집사들과 가족들이 주로 차리며, 마을 주민들이 도와주기도 한다. 초례청을 차리기 위해서는 마을에서 관리하던 초례청 기물들을 미리 가져온다. "마을 자체는 없어. 다 집안만 분포해 사는 것이니까"[31]라는 제보자의 말처럼 마을 자체가 죽산 박씨들 중심으로 이루어진 집성촌이기에 마을에서 관리하는 기물이 곧 문중에서 관리하는 기물이다. 다만 근래에는 마을 공조회가 구성되어 초례청에 사용하는 기물들을 마을 단위로 관리한다. 공조회 운영은 마을 기금으로 이루어지며, 마을 주민이면 누구나 초례청에 사용할 기물들을 가져다 쓸 수 있다.

초례청을 꾸미기 위해서는 먼저 신부집 앞마당에 베를 짜서 만든 차일을 치고, 병풍을 두른다. 바닥에는 멍석과 그 위에 자리를 펼쳐 예식을 올릴 신성한 공간으로 삼는다. 그리고 그 위에 찬품을 진설할 수 있는 초례상을 올린다. 초례상은 마을에서 관리하던 것을 사용한다. 또한 초례상을 중심으로 신랑과 신부 앞에 작은 주안상을 놓는다. 초례상에는 화병 두 개, 촛대 두 개, 유기나 사기 그릇 아홉 개 등의 기물이 필요하다. 신랑과 신부 앞에 놓는 주안상에는 술병이나 주전자, 잔대에 받친 술잔, 젓가락, 모삿그릇 등이 요구된다. 앞에서도 언급한 것처럼 제보자들의 말에 의하면 전안상이 따로 있었던 것은 아닌 듯 보인다. 또한 초례청에 들어가기 전 신랑 신부가 손을 깨끗이 씻을 수 있는 물을 담은 대야를 준비하였다.

초례상에 올리는 찬품은 신부집에서 준비한다. 신부집에서 수확해서 보관하고 있던 것 가운데 가장 좋은 것을 선별하였으나, 후대에 와서는 백암장에서 좋은 것을 구입하기도 하였다. 초례상 찬품에는 청수(맑은 물)를 중심으로 용떡, 소나무, 대나무, 대추, 밤, 붉은팥, 약주 등이 있다. 이들을 세부적으로 살펴보면 다음과 같다.

초례상을 차리기 위해서 이른 아침에 소나무와 대나무 가지를 베어 온다.

31 제보자 박한혁(81세·남), 경기도 용인시 백암면 옥산리 하상마을

초례상에 올리는 소나무와 대나무는 잎이 무성하거나 색이 좋은 것으로 한다. 특히 예전에는 "추풍령 이북에는 대나무가 되지를 않아"[32]라는 제보자의 말처럼 용인시 지역에는 대나무(왕대, 참대)가 자라지 않았다. 그래서 옥산리 인근에 있는 비봉산에서 조릿대를 베어 가지고 와 화병에 꽂아 초례상에 올린다. 그러나 제보자에 따라서 소나무는 초례상에 올리지 않고 대나무만 길게 베어 와서 초례상 옆에 세웠다고도 한다.[33] 대나무가 초례상 높이보다 조금 낮았다. 현재는 옥산리에서도 대나무가 된다.

초례상에서 매우 중요한 찬품으로 용 모양과 비슷한 '용떡'이 있다. 용떡을 만들려면 물에 불린 쌀을 절구에 빻은 후 시루에 담아 찐다. 찐 떡을 절구로 다시 찧고, 손으로 굵직하고 길게 비벼서 용 모양과 비슷하게 만든다. 용떡은 두 개를 준비해 초례상의 양옆으로 한 개씩 놓는다. "남자 거 하나, 여자 거 하나"[34]라는 말처럼 용떡은 남녀를 상징하나 모양이 다르지는 않았다. 용떡의 머리 부분에는 팥 두 개를 꽂아서 눈을 만들고, 대추를 꽂아서 입을 만들었다.

신랑 신부 앞에 각기 놓는 주안상에는 약주를 담가서 주전자나 술병에 담아놓는다. 약주를 만들려면 물에 불린 쌀을 쪄서 술밥을 만들고, 술밥을 식혔다가 누룩을 함께 넣어 섞는다. 누룩과 잘 섞은 술밥을 베로 만든 자루에 담아 항아리에 넣는다. 옥산리에서는 베로 만든 자루에 담아 항아리에 넣기 때문에 용수가 따로 필요하지 않다. 그리고 항아리를 방 안 아랫목에 두고 이불 등을 덮어 5일 정도 둔다. 그러면 술이 되는데, 술이 다 되면 베로 만든 자루 안에 물을 부어서 먹을 수 있을 정도의 알맞은 도수를 맞춘다. 열흘 정도 두면 술이 더 좋다고 한다. 베보자기로 거른 술 가운데 제일 윗부분에 있는 맑은 것을 떠 초례에 사용한다.

초례청에 올리는 맑은 물은 '청수'인데, 마을 우물에서 길어 온 물을 유기나 사기로 된 사발에 담아 초례상 한가운데에 올려놓는다. 청수는 한 그릇만 올린다.

초례상에 올리는 과일은 밤과 대추, 두 가지다. 이는 용인시 백암면 지역에

---

32 제보자 박한혁(81세·남), 경기도 용인시 백암면 옥산리 하산마을
33 제보자 송춘영(88세·여), 경기도 용인시 백암면 옥산리 아송마을
34 제보자 송춘영, 상동

서 조사한 다른 자료들에 있는 내용과도 동일하다. 곶감이나 사과, 배 등의 과일들은 올리지 않았다고 한다. 밤은 유기나 사기그릇에 담고, 대추는 무명실로 엮어 말아서 유기나 사기그릇에 올려놓는다. 과일을 초례상에 올릴 때 개수는 염두에 두지 않는다. 초례가 끝난 후 그 자리에서 초례상에 올렸던 밤과 대추를 신부 치마폭 수건에 던져준다. 이와 같은 행위는 자식을 많이 낳으라는 의미라고 한다.

초례상에 붉은팥을 사발(사기그릇)에 담아 올린다. 붉은팥을 올리는 것은 나쁜 것이 생기는 것을 예방하는 차원이다.

초례청에는 청초와 홍초를 각기 올리고, 신랑과 신부가 서 있는 양쪽 앞으로 위치시킨다. 청실과 홍실을 각기 홍초와 청초에 걸어놓는다.

살아 있는 수탉은 초례에서 중요한 의미와 역할을 하는데, 초례청 옆에 한 사람이 닭을 붙들고 서 있어야 한다. 예식이 끝나면 닭을 날려서 신랑과 신부의 앞날을 축원한다.

초례를 진행하는 데 걸리는 시간은 30분 정도이며, 초례가 끝난 후 신랑 신부는 각기 방으로 들어간다. 한편 초례청에서는 초례상에 올렸던 밤, 대추 등을 초례에 참여한 사람들에게 골고루 나누어준다. 붉은팥과 용떡은 신부가 시집으로 들어갈 때 싸서 준다. 붉은팥은 따로 보관해두었다가 밥을 해서 먹고, 용떡은 떡국을 끓여 먹는다. 나머지 초례에 사용한 기물들은 마을에 돌려준다.

초례일이 잡히면 며칠 전부터 마을 주민들이 와서 음식을 한다. 음식은 밀국수다. 고기 삶은 육수에 삶아두었던 밀국수를 담고, 그 위에 석이버섯 가늘게 썬 것과 계란지단을 올린다. 이것을 고명이라고 부른다. 부침개(부치개), 포기김치(포기짠지) 등을 손님상에 올린다. 문중 가운데 형편이 좋은 집에서는 인절미를 해서 내놓기도 한다.

초례가 끝난 후 친정에서 하룻밤을 자고 시댁으로 가는데, 첫날밤 신랑과 신부가 머물 방에는 술과 간단한 안주를 차린 상을 넣어준다. 친정에서 하룻

밤을 잔 신랑과 신부는 그 이튿날 시댁으로 들어간다. 신부가 시댁 대문 앞에 도착할 무렵, 여러 개의 숟가락을 그릇에 담아 내놓는다. 신부는 가마에서 내리자마자 바로 그 그릇에 있는 숟가락을 한 움큼 움켜쥐었다가 내려놓고 대문 안으로 들어가는데, 이는 풍요와 다산을 기원하는 것이다. 시댁으로 들어가서는 대추, 밤, 과줄 등을 놓고 폐백을 받는다. 폐백을 받을 때 시부모가 밤과 대추를 신부에게 던져준다.

한편, 시댁으로 들어갈 때 싸준 용떡은 시어머니가 3일 후 아침에 썰어서 떡국을 끓여 신부에게 준다. 며칠 동안 잘 마른 용떡을 칼로 자르고, 닭을 삶아서 국물을 낸다. 그 국물에 떡을 넣어서 끓인다. 떡국이 다 되면 그릇에 담고 그 위에 석이버섯과 계란지단을 가늘게 썰어서 고명으로 올린다. 떡국을 먹은 후에는 친정집에 가서 하룻밤 자고 다시 시댁으로 돌아온다.

죽산 박씨 문중의 초례상차림 특징

『경기도지』(1957)나 『용인군지』(1992)의 동족촌 기록에 따르면 용인시 처인구 백암면 지역의 세거 성씨 중 가장 연원이 오래되고 많은 호수의 문중이 죽산 박씨다. 백암면 옥산리 및 장평리의 죽산 박씨는 문헌공파로 600년 세거하기 시작하여 77세대의 대세를 자랑하고 있고, 백암면 근삼리의 죽산 박씨는 호곡공파로 500년 전부터 세거하여 30여 세대가 거주하고 있으며, 백암면 근곡리의 죽산 박씨 역시 호곡공파이며, 400년 동안 세거하며 20세대가 있다. 옥산리 아송마을의 경우, 마을 가구가 30호 정도 되는데, 반 정도인 15가구가 죽산 박씨다. 현재 종손이 마을에 거주하는 것은 아니다.

백암 지역의 경우 1940년대까지는 전통 혼례의 모습을 유지하고 있었고, 옥산리도 마찬가지다. 그러나 현재는 70~80세가 넘은 분들의 기억에만 남아 있다. 용인시 백암면 옥산리 죽산 박씨 문중의 혼례 풍습은 경기도 내 다른 지역이나 문중과 유사하다. 결혼 연령은 일반적으로 신랑이 18세에서 22세까지이며, 신부는 18세 전후이다. 중매는 주로 친척이 한다. 예를 들면 신랑집 마을에 사는 신부의 친척이나 신부집 인근에 사는 신랑 친척이 중매를 서는 경우가 많다. 통혼 범위는 용인시 지역이 보편적이나 멀리 수원, 화성, 이천, 안성까지 포함한다. 그 외 지역으로는 크게 벗어나지 않는다.[35]

문중으로 제시하면 용인 이씨, 한양 조씨, 여산 송씨 등이다. 다만 동성일 경우에는 본이 다르다고 하더라도 혼인을 시키지 않았다.

초례일이 되어 신랑이 장가들기 위해 처음 신부집에 가는 '조행실'에 신랑은 '상객'과 '후행' 또는 '후배들'의 인도를 받는다. 때로는 신랑집을 대표하는 사람인 혼주가 그 일행에 함께하는 경우도 있으나, 이러한 사례는 드문 경우라고 한다. 신랑은 동행하는 일행으로서 근친의 남자 대표인 상객 두세 명, 이들 상객을 모시는 역할을 하며 따라가는 일행인 후배들, 곧 기럭아범, 함진아비, 교자군과 그 밖의 하인배들과 더불어 간다.[36]

초례상에 올리는 음식도 용인시 관내 다른 지역에서 조사한 것과 다르지 않다. 문중 나름의 차이점이기보다는 지역적인 차별성이 우선되는 듯 보인다. 죽산 박씨 문중의 초례상차림은 풍요와 다산은 물론 부부간의 정절을 상징하는 찬품들을 올린다. 혼례상에 올리는 찬품은 농경사회 혼례 문화의 보편적인 특징일 수 있다. 특히 팥과 같은 곡식은 농사가 풍성하기를 하늘에 기원하는 상징이라고 본다면, 닭과 과일, 용떡 등은 남녀 화합과 자손 번창을 바라는 마음의 반영이라고 할 수 있다.[37] 다만 옥산리 죽산 박씨 문중에서는 초례상에 백미를 올렸다는 언급은 들을 수가 없었다.

35 용인문화원, 『백암면지』, 2006, 784쪽.
36 경기도박물관, 『경기민속지』 V, 2002, 258~259쪽.
37 위의 책, 263쪽.

05

현대의 전통 혼례 현장

---
01 서울·경기 지역

　서울에서는 현재 한국의집, 운현궁, 남산한옥마을, 관악문화예절원 등에서 전통 혼례를 치르고 있다. 서울은 과거 백제의 수도였고 조선 왕조의 중심지였으므로 다양한 의례 문화가 고급화되어 있다. 특히 조선시대에는 사대부들이 가장 많이 살았던 지역인 만큼 품격 있는 의례 문화의 흔적이 남아 있다. 경기 지역도 서울과 인접해있어 남쪽 지방과는 문화 차이가 있을 것으로 보인다. 조사 장소는 한국의집, 수원향교이다.

한국의집 전통 혼례

　한국의집은 남산의 정기를 받은 4대 명당터이고, 조선시대 세종대왕 때 집현전 학자이자 사육신이었던 박팽년(朴彭年, 1417–1456)의 사저로, 백년의 가약을 맺기에는 더없이 좋은 전통 혼례의 명소이다. 특히 우리나라 궁중 문화에 적합한 아름다운 한국미의 원형을 간직하고 있는 곳으로 전통 혼례를 치르기에 안성맞춤이다.

초례청은 궁중의 의례 문화를 느낄 수 있을 만큼 정갈하고 세련된 분위기를 자아내고 있으며 물품마다 사대부의 위풍이 느껴진다. 초례청에는 멍석을 깔고 멍석 위로 원앙 돗자리를 동서로 길게 덧깔았다. 초례상은 남북으로 길게 배설되었으며 청·홍색 상보를 남북으로 덮었다. 상 중앙 북쪽 끝에 소나무 화분을 놓고 남쪽 끝에는 대나무 화분을 놓았다. 각각 꼬임을 한 청·홍실을 감아 올렸다. 촛대는 남북으로 놓았는데, 청색 초는 동쪽 초례상 위 북쪽에 놓고 홍색 초는 서쪽 초례상 위 남쪽에 둔다.

초례청에는 멍석을 깔고 멍석 위로 원앙 돗자리를 동서로 길게 덧깔았다. 초례상은 남북으로 길게 배설되었으며 청·홍색 상보를 남북으로 덮었다.

동쪽 첫 줄에는 유과, 팥, 곶감, 밤, 대추를 놓았다. 유과는 다섯 층으로 쌓아 올렸으며 곶감은 여섯 층으로 고였다. 대추는 붉은 실에 꿰어 감아올렸고 밤도 정갈하게 쌓아 올려놓았다. 팥은 유기에 소복하게 담아 올렸다. 동쪽 첫 줄에 올리는 물품들은 서쪽에도 동일하게 올린다. 과거 조선시대에 의례에서 음식을 고인 높이로 신분을 알 수 있었던 것처럼 혼례 날 신랑 신부를 최고로 대접해주고자 하는 배려이다. 혼례뿐만 아니라 우리나라 전통 의례에서는 현재도 고임상을 원칙으로 하고 있다.

암수 닭은 초례청 아래 남북으로 배설되는데, 암탉은 청색 천으로 감싸 올리고, 대나무가 배설된 초례상 아래에는 수탉을 홍색 천으로 감싸 올렸으며, 꼬리 쪽에서 매듭을 하였다. 대개 수탉은 신랑을 의미하므로 홍색 천으로 감싸고, 암탉은 신부를 의미하여 청색 천으로 감싼다. 그러나 음양의 결합을 의미하는 것으로 해석하여 색을 바꿔 사용하기도 한다. 전안례에서 기러기를

근배례상은 원형의 상으로 유기 주전자, 유기 술잔, 유기 술잔 받침, 도자기 접시와 그 위에 놓인 유기 젓가락이 올라간다.

감쌀 때도 지역적으로 차이가 있고, 초례상을 덮는 상보도 지역에 따라서 음양의 방향을 바꾸기도 한다.

근배례용 술상은 원형의 상으로 유기 주전자, 유기 술잔, 유기 술잔 받침, 도자기 접시와 그 위에 놓인 유기 젓가락이 올라간다. 표주박은 소나무 옆 촛대 받침에 올린다. 관세례 대야는 유기로 만든 대야로 큰 원목 토막을 깎아 만든 받침대로 받쳤으며, 명주 수건은 나무로 만든 걸대에 건다. 관세의 물품은 초례청 멍석 밖 남북으로 배설한다. 관세례상, 교배례상, 암수 닭을 올린 상은 원형으로 모두 동일한 상을 사용한다.

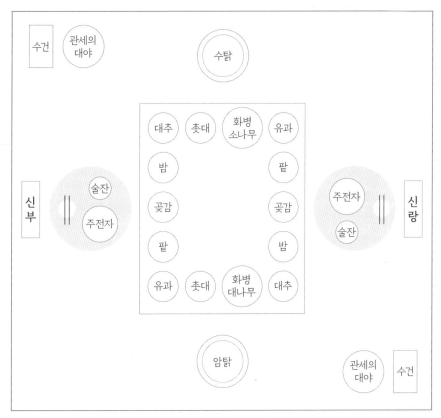

초례상 및 초례청 배설도

동쪽 첫 줄에 곶감을 놓았는데 여섯 층으로 쌓아 올렸다.

팥은 유기에 소복하게 담아 올렸다.

유과는 다섯 층으로 쌓아 올렸다.

밤을 정갈하게 쌓아 올렸다.

대추는 붉은 실에 꿰어 감아올렸다.

초례상 및 초례청 물품

초례상	초례상 덮개	· 청·홍색 천을 남북으로 덮음
	유과 각각 1접시	· 굽다리 나무 접시에 담음 · 동서 첫 줄에 배설함
	팥 각각 1공기	· 굽다리가 없는 유기 그릇에 담음 · 동서 첫 줄에 배설함
	곶감 각각 1접시	· 굽다리 나무 접시에 담음 · 동서 첫 줄에 배설함
	밤 각각 1접시	· 굽다리 나무 접시에 담음 · 동서 첫 줄에 배설함
	대추 각각 1접시	· 굽다리 나무 섭시에 남음 · 동서 첫 줄에 배설함
	대나무	· 검은색 화분에 심음 · 청·홍실을 드리움
	소나무	· 낮은 화분에 심음 · 청·홍실을 드리움
	촛대 2개	· 금속 촛대로 나비 장식이 붙어 있음 · 청·홍초를 꽂음
	표주박 2개	· 동북쪽 촛대 받침대에 올림
	암탉	· 초례상 아래 남쪽 중앙에 올림 · 원형 상에 올려 배설 · 청색 천으로 감쌈
	수탉	· 초례상 아래 북쪽 중앙에 올림 · 원형 상에 올려 배설 · 홍색 천으로 감쌈
근배례용 술상 (동서로 배설)	주전자 각각 1개	· 유기로 만든 주전자
	술잔 각각 1개	· 유기로 만든 술잔 · 굽이 낮은 유기 받침대를 받침
	젓가락 각각 1벌	· 유기로 만든 젓가락 · 흰색 도자기 접시를 받침

초례상의 남쪽 끝에는 대나무 화분을 놓고 꼬임을 한 청·홍실을 감아올렸다.

대나무가 배설된 초례상 아래에는 수탉을 홍색 천으로 감싸 올렸으며, 꼬리 쪽에서 매듭을 하였다.

유기로 만든 관세의 대야는 원목을 깎아 만든 받침대로 받치고, 명주 수건은 나무 걸대에 건다.

한국의집 전통 혼례 초례는 다양한 전통 공연과 함께 시작하여 하객들의 흥을 돋운다. 신명 나는 소리와 몸짓이 민족의 전통적인 정서를 만끽하기에 충분하다. 하지만 혼례 의식 진행 중에도 이어지는 악기들의 연주 소리는 집례자의 홀기 내용을 묻히게 하여 하객들에게 전달이 되지 않기도 하는데, 전통 혼례 대중화에 걸림돌이라 판단된다. 전통 혼례 분위기를 고조시키기 위해서 연주를 하는 것은 좋으나, 집례자가 혼례를 집행하는 동안에는 연주를 멈추는 것이 경건한 혼례 의식을 위해 필요할 것이다.

한국의집에서 행해지는 전통 혼례는 전안례, 교배례, 서천지례, 서배우례, 합근례로 이어지며, 의식 과정에서 신랑과 신부 곁에서 도움을 주는 사람을 '수모'라고 칭하는 것은 '인접', '시자', '집사'라고 칭하는 타 지역과 비교되는 부분이다. 운현궁 의식에서는 '양수모'라고 칭한다.

합근례(근배례)가 끝나면 신랑 신부가 양가 부모와 하객들에게 감사의 인사를 하는 서부예빈(婿婦禮賓) 의식이 이어지고, 이 의식이 끝나면 집례자가 신랑 신부를 위해 교훈을 주는 수훈례(垂訓禮)가 잠시 진행된다. 집례자의 수훈례가 끝나면 예필이 선언된다.

⊙ 한국의집 전통 혼례 순서
전안례 → 교배례 → 서천지례 → 서배우례 → 합근례(근배례) → 서부예빈 → 수훈례 → 예필 선언

수원향교 전통 혼례

수원향교는 700여 년의 역사와 전통을 지닌 유서 깊은 공립 중·고등교육기관으로, 나라에 필요한 인재를 다수 배출했던 곳이기도 하다. 공자를 비롯한 5성위와 송조(중국) 2현, 그리고 우리나라의 18현 등 모두 25위의 위패가 모셔져 있으며, 매달 음력 초하루(1일)와 보름날(15일)에는 분향례를 올리고 봄과 가을에는 석전(제례)을 봉행하고 있다. 현재 명륜대학 운영을 통해 유교 경전을 가르치며 전통 윤리를 보급하고 있다. 향교 대성전 앞뜰에서 행해지는 전통 혼례는 진정한 혼인의 의미를 되살려 건전한 가족 문화를 확립하고 민족의 정체성을 고취하는 행사로 거듭나고 있다.

경기도의 전통 혼례 풍습은 남부 지방보다는 『예서』에 입각한 혼례 의식을 유지하고 있다고 할 수 있다. 과거부터 경기도는 『주자가례』식 풍습을 따르는 입장이었고, 서울과 가까운 지역이기 때문에 유교적 교육이나 정책적 교화가 잘 정착되었으리라 본다.[38]

혼례 날 초례청 배설 물품들은 타 지역과 흡사하다. 병풍 한 개는 대성전 북쪽에 펼쳐지며 동서로 초례상이 배설되는데, 초례상 밑에는 멍석이나 돗자리를 깔지 않는다. 초례상 좌우로 근배례용 술상이 배설되며 굽다리 나무 잔대를 받친 나무 술잔, 굽다리 빈 접시, 7층으로 쌓은 밤 고임, 대추가 올라간다. 주전자는 근배례용 술상 아래에 배설한다. 이번 조사에서 7층으로 올린 밤 고임은 수원향교에서만 볼 수 있는 차림새로, 혼례 날이 일생 중 가장 중요

38 이창일, 『정말 궁금한 우리 예절 53가지』, 예담, 2008.

한 날이라고 해도 과언이 아닌 만큼 신랑 신부를 위해 정성스럽게 준비한 선조들의 마음이 느껴지는 부분이다.

초례상에는 검정콩, 쌀, 팥이 동서 양쪽 첫 줄에 놓인다. 소나무와 대나무는 북쪽 끝에 동서로 놓이며 청·홍실을 드리운다. 대나무와 소나무 화병 양옆으로 촛대가 조금 앞쪽으로 배설된다. 촛대 앞에는 서쪽부터 사과, 목화씨, 배가 놓인다. 목화씨는 전라도 지방 초례상과 일치하는 물품으로 목화솜으로부터 실을 뽑아내는 것을 과거에는 귀하게 여겨 장수의 의미로 올렸다.

초례상 남쪽 중앙에는 동서로 용떡이 올라간다. 팔각 목판에 용떡을 담았으며 용떡의 끝에 통팥을 용의 눈처럼 박았다. 강원도 동해시 혼례에서도 용떡을 올리는데, 가래떡을 뱀처럼 말아 올려 만든 모습이 용과 흡사하여 용떡이라고 부른다. 용떡은 암수로 짝을 맞춰 두 개를 올린다. 신랑 쪽 용떡은 오른쪽으로 말아 올리고 신부 쪽 용떡은 왼쪽으로 말아 올린 다음 청·홍실을 걸어두기도 한다. 초례상에 올린 용떡은 신부집에 보관해두었다가 신부가 재행을 오면 떡국을 끓여주는데, 이것은 아들을 기원하는 풍습이다.[39]

강원도 동해시에서는 용떡을 신랑과 신부 상에 두 개씩 쌍으로 올리는 반면, 수원향교에서는 용떡을 각각 한 개씩 올리고 있으며, 방향은 신랑 신부 모두 오른쪽으로 감는 것이 차이점이다. 용떡 중앙에는 합근례용 표주박이 배설된다. 수원향교 혼례 집례자는 초례를 대례로 표현하고 있다. 대례와 초례는 같은 의미이나 이 장에서는 초례로 용어를 통일하고 있다. 수원향교 홀기에는 초례를 대례라고 하는 것에 대해 "남녀가 만나 부부가 되는 의식이 인간에게 있어 가장 큰 의례이기 때문이다"라고 씌어 있다.

혼례 의식은 전안례, 교배례, 서천지례, 서배우례, 근배례로 행해지며, 집례자의 예필 선언으로 모든 혼례 의식이 끝난다. 초례의 순서는 현대 전통 혼례의 홀기와 동일하므로 각 단계에 대한 설명은 본문 내용을 참고하면 된다.

39 정승모 외 10인, 『한국인의 일생 의례』, 국립문화재연구소, 2011.

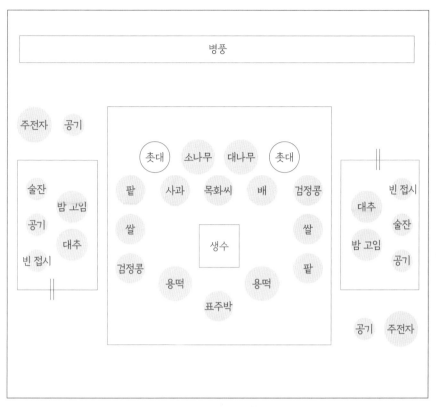

병풍

주전자　공기

촛대　소나무　대나무　촛대

술잔　　　　　팥　사과　목화씨　배　검정콩　　　　　빈 접시
밤 고임　　　　　　　　　　　　　　　　대추　　술잔
공기　　　　쌀　　　　　　쌀　　밤 고임
대추　　　　　　생수　　　　　　공기
빈 접시　　　검정콩　　　　　　팥

용떡　　　　용떡

표주박

공기　주전자

초례상 및 초례청 배설도

초례상에는 검정콩, 쌀, 팥이 동서 양쪽 첫 줄에 놓인다. 소나무와 대나무는 북쪽 끝에 동서로 놓이며, 청·홍실은 꼬임 없이 드리운다.

초례상에 올린 용떡은 신부집에 보관해두었다가
신부가 재행을 오면 떡국을 끓여주는데, 이것은
아들을 기원하는 풍습이다.

사각 목기에 현주라고 하여 깨끗한 물을 담아 올렸다.

굽이 있는 둥근 목기에 배 네 개를 쌓아 올렸다.

목화씨를 올린 것은 목화솜으로부터 실을 뽑아내는 것을
귀하게 여겨, 이는 장수를 의미하게 되었다.

초례상에는 검정콩, 쌀, 팥이 동서 양쪽 첫 줄에 놓인다.

초례상 및 초례청 물품

초례상	초례상 덮개	· 청·홍색 천을 남북으로 덮음
	팥 2그릇	· 굽다리가 없는 목기에 담음
	쌀 2그릇	· 굽다리가 없는 목기에 담음
	검정콩 2그릇	· 굽다리가 없는 목기에 담음
	물 1그릇	· 굽다리가 없는 사각 목기에 담음
	배 4개	· 굽다리 나무 접시에 담음
	사과 4개	· 굽다리 나부 섭시에 탐음
	대나무	· 백색 화병에 꽂음 · 청·홍실을 드리움
	소나무	· 백색 화병에 꽂음 · 청·홍실을 드리움
	촛대 2개	· 금속 촛대로 다양한 문양이 있음 · 청·홍초를 꽂음
	표주박 2개	· 용떡 사이에 배설
	용떡 2개	· 팔각 목판에 담음
근배례용 술상 (동서로 배설)	주전자 각각 1개	· 초례청 신랑 신부 근배례용 술상 아래 배설
	술잔 각각 1개	· 나무로 만든 술잔 · 굽다리 나무 받침대를 받침
	공기 각각 1개	· 황색 도자기
	밤 고임 각각 1접시	· 굽다리 나무 접시에 담음 · 7층으로 고임
	대추 각각 1접시	· 굽다리 나무 접시에 담음
	빈 접시 각각 1개	· 나무로 만든 굽다리 접시
	젓가락 각각 1벌	· 유기로 만든 젓가락

⊙ **수원향교 전통 혼례 순서**

전안례 → 교배례 → 서천지례 → 서배우례 → 근배례 → 예필 선언

02 강원 지역

영월군 상유전마을 전통 혼례

　강원도 영월군 중동면 녹전리 유전마을은 일대에 버드나무가 많아 한자식 표현으로 '유전(柳田)'이라 부르게 되었고, 상유전(上柳田)과 하유전(下柳田)의 두 개 마을로 이루어져 있다.[40]

　고려시대부터 사람이 거주했을 것으로 추정되나 마을이 형성된 것은 영월 신씨와 김녕 김씨 일가가 정착한 조선시대 초기일 것으로 보인다.[41]

　유전마을은 마을 중앙에 서낭당이 있으며, 매년 설날에는 마을 출향인과 마을 분들이 경로당에 모여 합동 세배를 하기도 한다. 또한 마을에서는 산촌 사람들의 생활을 도시 사람들이 체험할 수 있게 2001년부터 매년 9월 말에 '송이 따기 체험 및 삼굿 축제'를 개최하고 있다.

　유전마을은 삼굿마을로도 불린다. 마을에는 민속자료관을 운영하고 있으며, 2001년 강원도 '새농어촌건설운동 우수마을'로 선정되었다. 그 후부터 주기적으로 마을 주민들을 대상으로 정보화 및 영농기술 교육, 의식 개혁을 위한 정신 교육 등을 진행하고 있다. 2006년에는 마을회관에 디지털 공부방을 설치하여 정보화 교육을 이수하였으며, 2007년에는 정보화마을 사업에 선정되었다.

　유전마을 전통 혼례는 '송이 따기 체험 및 삼굿 축제'의 개별 항목으로 개발되기도 했다. 특히 마을에 있는 민속자료관에는 마을에서 예전부터 사용하던 가마, 혼례복 등의 혼례 물품들을 고스란히 보관하고 있다. 전통 혼례를 재현할 초기에는 이들을 이용해서 거행하였다. 그러던 중 2009년에 혼례 물품을 새롭게 구입하였다. 이후부터는 축제 항목으로 전통 혼례를 치르지만, 신청을 받아 마을 내부에서나 출장을 가서 실제 전통 혼례를 진행하기도 한다.

40 엄흥용, 『영월 땅 이름의 뿌리를 찾아서』, 대흥기획, 1995, 232쪽.
41 '영월삼굿마을' 홈페이지 참조.

유전마을에서 진행하는 전통 혼례는 친영, 초례, 폐백 등으로 구성되어 있다. 친영은 풍물놀이패를 앞세우고 시작한다. 풍물패 뒤를 신랑을 태운 가마가 따르고, 상객, 기럭아범, 함진아비의 순으로 혼례청(초례청)에 들어서며, 신부 가족 대표가 신랑 행렬을 맞이한다.

신랑이 출발하는 과정부터 혼례청에 도착하는 과정도 일정한 절차에 맞추어서 진행하는데 다음과 같다.

- **부(父)의 당부 말**: 혼인은 대자연의 섭리를 구현하는 것이다. 장부답게 떳떳하고 부끄러움이 없게 하라.
- **모(母)의 당부 말**: 부부는 서로 사랑하여야 한다. 특히 아낙은 남자가 인도함에 따라 소홀함이 없어야 한다.
- **신랑의 서약**: 아버지 어머니의 가르침을 감당할 수 있을지 두렵습니다. 정성을 다해 받들겠습니다.
- 신랑이 남향해 두 번 절하고, 아버지는 상 위의 나무기러기를 안부(雁夫)에게 주고, 안부는 기러기 머리가 왼쪽이 되게 받든다. 청사초롱 두 개가 앞서고 좌우 집사의 인도를 받아 신부의 집을 향해 떠난다. 안부는 뒤따른다.

- **서출승마이이촉전도**(壻出乘馬以二燭前導): 신랑이 나와서 말에 타면, 풍물놀이팀이 앞장서고 그 뒤를 두 사람이 청사초롱을 들고 앞에서 인도한다.
- **집안자역거기차**(執雁者亦居其次): 기럭아비(執雁者)는 그 다음에 선다.
- **지녀가서하마우대문외입사우차**(至女家 壻下馬于大門外 入俟于次): 신부의 집에 도착하면 신랑은 대문 밖에서 말에서 내린 후 자리에 들어가 기다린다.
- 함진아비는 신부 댁에 함을 전달한다.

신랑이 신부집 마당에 도착하면 신부집 친척 대표가 나가서 신랑을 맞이해 혼례청으로 인도한다. 그리고 집례와 사회자의 진행으로 전안례, 신부가

두 번 신랑이 한 번 절하는 교배례, 표주박 술잔이 오가는 합근례 순으로 초
례를 진행한다. 이어서 신랑과 신부, 가족들의 사진 촬영이 이어진다. 특히 유
전마을 전통 혼례의 경우, 집례자와 함께 사회자가 강원도 사투리를 구사하면
서 전통 혼례에 참여한 사람들을 웃기는 익살이 재미를 더해준다. 유전마을
에서 사용하는 초례의 홀기는 마을에서 사용하던 것을 현대적으로 바꾼 것이
라고 한다. 그 내용은 다음과 같다.

지금부터 혼례청에서 혼례를 시작하겠습니다.

집사자의 지시에 따라서 시자(侍子)가 움직이며 신랑과 신부는

시자의 부축을 받아가면서 지시대로 따르면 됩니다.

01 소례(小禮, 전안례)

행전안례(行奠雁禮) | 전안례를 진행하겠습니다.

서지부가사우차(壻至婦家俟于次) | 신랑은 신부집에 이르러 절차를 기다리십시오.

주인영서우문회(主人迎壻于門外) | 주인은 문밖에 나와 읍하고 신랑을 맞아들이십시오.

서읍양이입(壻揖讓以入) | 신랑은 읍하고 들어오십시오.

시자집안이종(侍者執雁以從) | 시자는 기러기를 안고 신랑을 자리로 안내하십시오.

서취석(壻就席) | 신랑은 자기 자리로 들어서십시오.

포안우좌기수(抱雁于左其手) | 시자는 기러기를 신랑에게 건네주고, 신랑은 기러기의 머리를 왼쪽
으로 가도록 안으십시오.

북향궤(北向跪) | 신랑은 북쪽, 정청(正廳) 쪽을 향하여 꿇어앉으십시오.

치안우지(置雁于地) | 신랑은 기러기를 소반 위에 올려놓으십시오.

면복흥(免伏興) | 신랑은 허리를 구부린 채 일어나십시오.

소퇴재배(小退再拜) | 신랑은 약간 뒤로 물러서서 두 번 절하십시오.

헌안(獻雁) | 신부 측 시자는 기러기를 치마폭에 싸 가지고 방에 들어가 아랫목에 시루로 덮어놓으
십시오(치마폭에 감싸는 것은 기러기가 알을 잘 낳으라는 뜻이며, 시루로 덮는 것은 숨 쉬기 좋게

하는 것이라고 한다).

02 대례(大禮, 교배례)

행교배례(行交拜禮) | 교배례를 진행하겠습니다.

서지석말(壻至席末) | 신랑은 초례청 끝자리(가능하면 동편)에 들어서십시오.

모도부출(姆導婦出) | 신부의 시자는 신부를 부축하여 나오십시오.

서동부서(壻東婦西) | 신랑은 동편에, 신부는 서편에서 초례상을 중앙에 두고 마주 서십시오.

시자진관진세(侍者進灌進洗) | 신랑 신부 양측 시자는 세숫대야와 수건을 드리십시오.

서부관세(壻婦灌洗) | 신랑 신부는 손을 씻으십시오.

서부종자옥지(壻婦從者沃之) | 시자는 신랑 신부의 씻은 손을 수건으로 닦아주십시오.

부선재배(婦先再拜) | 신부는 먼저 두 번 절하십시오.

서답일배(壻答一拜) | 답례로 신랑이 한 번 절하십시오.

부우선재배(婦又先再拜) | 신부는 또다시 두 번 절하십시오.

서우답일배(壻又答一拜) | 신랑은 답례로 또다시 한 번 절하십시오.

03 대례(大禮, 합근례)

행합근례(行合졸禮) | 합근례를 진행하겠습니다.

시자진주진찬(侍者進酒進饌) | 신랑 신부의 시자는 술과 안주를 가지고 나오십시오.

각치서부지전(各置壻婦之前) | 신랑과 신부 앞에 놓으십시오.

서부구취좌(壻婦俱就座) | 신랑과 신부는 모두 자리에 앉으십시오.

시자침주이진(侍者斟酒以進) | 시자는 술잔에 각각 술을 따라 신랑 신부에게 드리십시오.

서부각제주거효(壻婦各祭酒擧肴) | 신랑과 신부는 술을 조금씩 땅에 붓고 젓가락으로 안주를 집어 상 위에 놓으십시오.

시자우침주이진(侍者又斟酒以進) | 시자는 다시 술잔에 각각 술을 따라 신랑 신부에게 드리십시오.

서부각거음(壻婦各擧飮) | 신랑과 신부는 술을 조금씩 마시십시오.

시자우취근서부지전(侍者又取졸壻婦之前) | 시자는 초례상에 준비된 표주박을 신랑 신부에게 건

네주십시오.

시자우침주(侍者又斟酒) | 시자는 또 표주박에 술을 따라주십시오.

거배상호 서상 부하 환배이진(擧盃相互 壻上 婦下 換盃以進) | 신랑 신부의 오른쪽에 있는 시자는 신랑 신부의 표주박을 받으십시오. 신랑의 시자는 표주박을 상 위로, 신부의 시자는 표주박을 상 아래로 하여 신랑 신부의 왼쪽에 있는 시자에게 주십시오. 표주박을 받은 시자는 신랑 신부에게 표주박을 건네주십시오.

서읍부각진음(壻揖婦各盡飮) | 신랑은 신부에게 읍하십시오. 신랑 신부는 각각 술을 다 마시십시오.

거효(擧肴) | 신랑과 신부는 안주를 드십시오.

예필철상(禮畢撤床) | 이상으로 모든 예를 끝내고 상을 치우겠습니다.

　신랑 행렬이 출발하기에 앞서 집례자와 사회자 주도로 초례청을 꾸려놓는다. 초례청에는 초례상 한 개, 초례상용 청·홍보 한 개, 병풍 한 개, 돗자리 두 개, 근배례용 술상 두 개, 표주박 한 쌍, 젓가락 두 벌, 세숫대야 두 개, 수건 두 개, 주전자 두 개 등이다. 초례청을 만들기 위해 바닥에 멍석을 깔고, 그 위에 청·홍보로 덮은 초례상을 올린다. 신랑과 신부가 서는 쪽에 돗자리를 각기 깐다. 그 옆으로는 햇빛을 차단하기 위해 양산을 두 개 세워놓는다. 초례청 앞에는 나무로 만든 작은 탁자를 홍보와 청보로 덮고, 그 위에 세숫대야를 올린다. 신랑 신부가 서는 곳 앞에는 청보와 홍보로 덮은 작은 근배례용 술상을 각기 놓는다.

　초례상에는 솔가지, 산죽(조릿대), 대추, 밤, 배, 곶감, 사과, 절편, 양초 두 개(청·홍 각 한 개), 검은콩, 붉은팥, 백미 등을 올린다. 초례상 위에 신랑과 신부를 상징하는 청·홍보를 깐다. 그리고 그 위에 초례상 안쪽에서부터 청보 위에는 산죽과 사과, 곶감, 배, 밤의 순으로 진설하며, 그 앞에 붉은팥, 백미, 검은콩 순으로 진설하고 대추 앞에 청초를 놓는다. 홍보 위에도 마찬가지로 진설하되, 산죽 대신 솔가지를 올려놓으며, 검은콩, 백미, 붉은팥 등의 순서로 청보 위에 놓는 찬품과 순서를 바꾸어놓는다. 청초와 홍초 사이에는 절편을

초례청에는 바닥에 멍석을 깔고 초례상, 병풍, 근배례상, 관세례용 대야 등을 놓고 그 옆으로
햇빛을 차단하기 위해 양산을 세워놓는다.

올려놓는다. 신랑과 신부 앞에 놓는 근배례용 술상에는 술을 담은 주전자, 잔대에 받친 잔, 모삿그릇, 젓가락, 안주 등을 올려놓는다. 초례상에 올리는 기물들은 모두 유기다.

 유전마을 전통 혼례 초례상이 이 같은 모습을 갖춘 것은 2009년부터다. 그 이전에는 마을에서 사용하던 기물들을 그대로 사용했기에 초례상에 올리는 찬품 또한 간단했다. 2005년에 있었던 전통 혼례 진설도는 아래와 같다. 2005년까지만 하더라도 초례상에 산죽, 솔가지, 밤, 대추, 백미, 붉은팥과 암탉과 수탉 등을 올렸으며, 나무기러기(목안)도 초례상 위에 직접 올렸다.

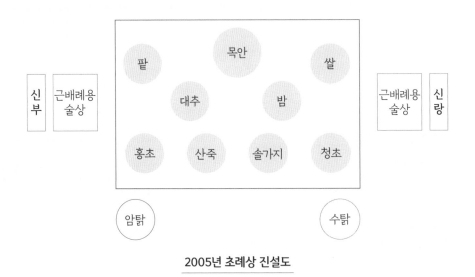

2005년 초례상 진설도

 2007년에는 배와 사과, 절편 등이 추가되고, 2008년에는 검은콩이 추가된다. 다만 신랑과 신부의 구분 없이 한 그릇씩만 올렸다. 그러다가 2011년부터 현재 모습을 갖추게 되었다. 2011년 이후 초례상에 올리는 찬품에는 변화가 없지만, 떡의 경우 절편이나 송편 등이 형편에 맞추어 바뀌었다.

 한편 유전마을에서는 '능쟁이메밀전병'을 손님상에 올리는 것이 독특하다. 일반적으로 강원도에서 메밀전병을 만들 때 소로 김치를 넣지만, 유전마을에

솔가지, 산죽(조릿대), 대추, 밤, 배, 곶감, 사과, 절편, 양초 두 개(청·홍색 각 한 개), 검은콩, 붉은팥, 백미 등을 올린다.

암탉과 수탉을 붉은 보와 푸른 보에 싸서 매듭을 지어 상 아래 놓았다.

서는 김치를 넣지 않고 능쟁이를 소로 넣는다. 능쟁이는 '명아주'의 사투리다. 능쟁이의 어린잎을 따서 삶아 말려두었다가 들기름, 고춧가루, 마늘 등 각종 양념을 넣고 버무려 메밀전병 소를 만든다. 불에 달군 번철(지짐을 할 때 사용하는 무쇠로 만든 그릇)이나 솥뚜껑에 들기름을 바르고 메밀반죽을 얇게 펴서 부친다. 최대한 얇게 펴야 전병이 맛있다. 양념한 능쟁이를 두툼하게 넣고 말아서 부치면 능쟁이메밀전병이 된다.

유전마을은 전형적인 산촌 마을이다. 영월읍 소재지에서도 자동차로 30분 가까이 태백산 방향으로 더 들어가야 한다. 심지어 큰길가에서도 보이지 않는다. 이러한 산촌 마을에서 2001년 들어 마을 가꾸기의 일환으로 시작한 '송이따기 체험 및 삼굿 축제'를 현재까지 개최하고 있다. 그 주요 행사 항목에 전통 혼례가 포함되어 있다. 초창기에는 마을 자체에서 전해져 내려오는 혼례용

근배례상에는 술을 담은 주전자, 잔대에 받친 잔, 모삿그릇, 젓가락, 안주 등을 올려놓는다.

붉은팥, 백미, 검은콩 순으로 올려놓는다.

품을 가지고 전통 혼례를 재현하였다. 초례상도 소박하게 차렸다.

그러나 2009년 이후부터는 단순한 축제 항목이 아닌 출장까지 다니는 전문적인 전통 혼례를 거행하고 있고, 지역 주민들의 반응도 매우 좋다. 초례상 차림도 화려해졌다. 이 사례는 전통적으로 마을 자체에서 행하던 초례상차림이 어떻게 변모해가는지 확인할 수 있는 중요한 대상이다. 특히 초례상의 새로운 창출이 아닌 유전마을 자체에서 행하던 전통 혼례를 현대적으로 변용했다는 점에서 주목할 만하다.

떡은 절편이나 송편 등 형편에 맞춰 바꿔 올린다.

홍보 위에는 안쪽부터 산죽, 사과, 곶감, 배, 밤 순으로 올려놓는다.

인제향교 전통 혼례

　인제향교는 현유(賢儒)의 위패를 봉안·배향하고 지역민의 교육과 교화를 위하여 1610년에 건립된 교육 기관이다. 현존하는 건물로는 대성전, 명륜당, 동재, 서재, 삼문루 등이 있으며, 대성전에는 5성(五聖), 10철(十哲), 송조 2현(末朝二賢), 우리나라 18현(十八賢)의 위패가 봉안되어 있다. 2001년 유림회관을 신축하고 2012년부터 2013년까지 묘정비 및 홍살문을 설치하여 현재에 이르고 있다.

　조선시대에 인제향교는 국가로부터 토지와 전적, 노비 등을 지급받아 교관이 교생을 가르쳤으나, 갑오개혁 이후 신학제 실시에 따라 교육적 기능이 약화되고 봄, 가을에 석전(釋奠)을 봉행하며 초하루, 보름에 분향한다. 인제향교는 현재 강원도 문화재자료 제103호로 지정되어 있으며, 향교의 운영은 전교(典校) 한 명과 장의(掌議) 수 명이 담당한다.[42]

　인제향교가 지니던 교육적 기능을 유지하기 위해 방학 기간 동안 학생들에게 한문 강습을 실시하고 있다. 2015년부터는 전통 혼례를 재현하여 합강문화제, 마의태자축제 등의 지역 축제에 참여하고 있다. 이 장에서는 2016년 마의태자축제 행사의 일환으로 거행된 전통 혼례[43]의 초례상차림을 중심으로 정리하고자 한다.

　인제향교의 전통 혼례는 전교(주례자)의 지시로 홀기와 해설을 겸해가며 진행한다. 절차는 신랑 입장 후 이루어지는 전안례, 신부 입장 후 이루어지는 화촉 점화와 교배례, 근배례(합근례) 순으로 이어진다. 근배례가 끝난 후에는 인제향교 전교의 주례사, 하객들에 대한 신랑 신부 인사와 행진, 사진 촬영 등의 순서가 이어진다.

　인제군 지역의 초례상차림에 대해 온전한 모습을 확인할 수 있는 자료는 찾을 수 없다. 대부분이 전통 혼례 절차에 대해서만 조사 정리, 기술하고 있기 때문이다. 다만 인제군 서화면 천도리에서 조사한 자료 가운데 초례상을 대례

---

42 「한국민족문화대백과사전」, 한국정신문화연구원, 1991.
43 2016년 인제군 상남면 상남리에서 이루어진 마의태자축제에서는 인제향교에서 주관하는 전통 혼례가 축제 항목의 일환으로 거행되었으며, 마을에 거주하고 있는 다문화 가족의 실제 혼례식이 있었다(2016년 9월 25일).

초례청은 초례상을 중심에 두고 그 뒤쪽에 병풍을 두르며, 초례상 양옆으로 신랑과 신부가
들어설 자리에 각각 자리를 깔았다.

초례상에는 소나무와 대나무를 비롯해서 용떡, 팥, 백미와 대추, 밤, 사과, 배, 곶감, 암탉과
수탉, 청초와 홍초를 올린다.

근배례상에는 주전자, 잔대에 받친 잔, 젓가락을 올려놓고 그 아래 자리에는 빈 목기와 부침
개(부차기)를 네모 모양으로 썰어서 올린 유기를 놓았다.

상이라고 부르며, 대례상에는 콩, 팥, 소나무, 대나무, 초, 암탉과 수탉 등을 올렸다는 내용이 기록되어 있고[44] 인제군 북면 월학리 냇강마을의 경우 나무 오리 두 마리, 닭, 용떡, 콩을 올렸다고 한다. 닭은 살아 있는 것을 붙잡고 있다가 초례가 끝나면 날려 보냈으며, 소나무 가지는 따로 상 위에 올리지 않았다고 한다.[45] 다만 초례청의 모습과 초례상차림에 대해서는 구체적이지 않다.

2016년 마의태자축제에서 거행한 인제향교의 전통 혼례의 초례상차림도 인제군의 지역적 특성을 반영하고 있다고 보기는 어렵다. 이는 인제향교 전교의 말처럼 성균관에서 거행하는 전통 혼례 양식을 옮겨 와 거행하고 있기 때문이다. 다만 이 글은 현대의 전통 혼례가 이루어지는 현장을 보는 것이 목적이므로 2016년과 앞으로도 지속적으로 거행할 의지를 가지고 있다는 점에 주목하여 언급한다.

전통 혼례를 거행하기 위해서 먼저 초례청을 꾸민다. 2016년 마의태자축제 전통 혼례 초례청은 인제군 상남면 상남리에 있는 마의태자권역 다목적센터 앞마당에 차렸다. 인제향교 전교의 지시로 장의 두 사람과 향교 직원들이 초례청을 꾸몄다. 초례청은 초례상을 중심에 두고 그 뒤쪽에 병풍을 두르며, 초례상 양옆으로 신랑과 신부가 들어설 곳에 각각 자리를 깔았다. 각각의 자리 위에는 근배례용 술상이 놓이며, 자리 밖에는 초례청에 들어설 때 정화(淨化)의 의미로 손을 씻을 세숫대야를 올려놓은 작은 상이 각각 놓인다. 특히 신부가 설 자리 앞으로는 자리를 깔고 전안례를 행할 때 기러기를 올려놓을 작은 상이 놓인다. 세숫대야를 올려놓은 상에는 신랑 쪽에는 홍보를, 신부 쪽에는 청보를 깔고, 초례상 위에도 신랑과 신부를 상징하는 청·홍보를 깐다.

초례상에는 음식을 담기 위해 크고 작은 목기 다섯 개와 유기 세 개를 사용한다. 목기에는 과일과 용떡을 올리고, 유기는 대추, 팥, 백미를 담는 용도로 사용한다. 초례상에는 소나무와 대나무를 비롯해서 용떡, 팥, 백미와 대추, 밤, 사과, 배, 곶감, 암탉과 수탉, 청초와 홍초를 올린다. 초례상의 진설은 초례상 앞쪽에는 왼쪽부터 청초, 배, 사과, 곶감이, 그다음 줄에는 청보에 싸

44 김의숙, 이학주, 『강원인의 일생 의례』, 민속원, 2005, 175쪽.
45 강원도, 『강원의 마을 민속』 3-3, 강원도문화원연합회, 2015, 275쪽.

용떡은 가래떡으로 똬리를 틀어놓았으며 검은콩으로
눈과 입을 만들었다.

초례상 앞쪽에는 왼쪽부터 청초, 배, 사과, 곶감을 올
렸다.

인 암탉, 대추, 밤, 팥, 백미, 홍보에 싸인 수탉, 마지막 줄에는 소나무, 용떡
두 개, 대나무, 홍초 등의 순으로 놓는다. 대나무 뒤에는 합근례에 사용할 표
주박 두 개를 나란히 올려놓는다. 다만 실제 닭을 올려놓을 수 없기에 모형으
로 된 닭을 올려놓았다. 소나무와 대나무도 각각 화분 형태로 된 것을 사용하
였으며, 소나무에는 청실을, 대나무 위에는 홍실을 걸쳐놓았다. 용떡은 가래
떡으로 똬리를 틀어놓았으며 검은콩으로 눈과 입을 만들었다.

한편 초례상 아래 신랑과 신부 앞에 놓이는 근배례용 술상에는 약주를 담
은 주전자 한 개, 잔대에 받친 잔, 젓가락 한 벌을 올려놓고 그 아래 자리 위
에는 빈 목기 한 개와, 부침개를 네모 모양으로 썰어서 올려놓은 유기를 놓았
다. 빈 목기는 교배례와 근배례 때 신랑과 신부에게 안주를 줄 때 사용하였다.

인제향교에서 주관하는 전통 혼례는 2015년에 시작하였으며, 전통과 현대
의 융합을 목적으로 오늘날에 맞게 변화시켰다고 한다. 앞으로도 전통 혼례
신청을 받아 축제뿐만 아니라 평상시에도 거행할 계획으로 준비하고 있다. 이
를 위해 다양한 전통 혼례 용품과 신부가 탈 가마 등을 구입하였다. 다만 초
례상차림으로 보았을 때 앞에서도 언급하였지만, 현재 인제군 지역의 전통을
유지하고 있다고 보기는 어렵다. 특히 지역에서 전통 혼례를 행했던 마을 주
민들이 아직 생존해있기에 심층 조사와 조사를 통한 초례상차림의 복원에도
노력을 기울여야 할 것으로 보인다.

태백민속전례원 전통 혼례

　강원도 태백시는 북쪽과 동쪽으로 삼척시와 경계해있고, 서쪽으로는 정선 군과 영월군, 남쪽으로는 경상북도 봉화군이 위치한다. 문화적인 측면에서 보 면 오랜 세월 강릉시와 삼척시 관할이었기에 강원도 영동 지역 문화의 특징 을 보인다.

　전통 혼례 초례상차림의 경우도 영동 지역과 유사할 것으로 보이나 태백시 의 초례상차림에 대해서 온전한 모습을 확인할 수 있는 자료는 찾아볼 수 없 다. 이는 태백시에 한정된 문제가 아니라 강원도 지역 전반이 그렇다. 기존에 이루어진 혼례 조사 및 연구가 절차를 중심으로 이루어졌기 때문이다. 또한 혼례의 경우『사례편람』 등의 예식서에 준해서 이루어지기에 지역적인 차별성 보다는 보편적이라는 인식이 강하다. 그렇기에 일생 의례 가운데 지역적인 차 별성을 담보한 상장례가 조사 및 연구의 주 대상이 되었기 때문이기도 하다.

　태백시 관내에서 초례상차림에 대해 조사한 자료는 삼수동에서 초례상에 닭 두 마리, 대추, 댓잎, 솔잎 등을 올렸다는 내용이 근래 와서 있을 뿐이다.[46] 이 또한 초례청의 구체적인 모습과 초례상차림 및 진설 과정 등에 대해서는 구체적이지 않다. 아울러 2016년 태백민속전례원에서 주최한 전통 혼례의 경 우도 태백시가 지니는 지역성을 담보한 형태의 전통 혼례 재현이 아니라는 점 이 한계다. 태백시 관내에 대한 자체 조사를 통해서 복원한 전통 혼례가 아니 었고 성균관에서 교육을 받은 '예절지도사'가 진행을 맡았다.

　이 글은 현대에 계승된 전통 혼례의 모습을 확인하려는 차원에서 이루어 진 것이다. 태백민속전례원의 전통 혼례가 지역 특성을 반영한 것이 아니더라 도 2016년 태백시에서 거행했다는 점에 주목해서 정리하려 한다. 2016년 황 지(黃池)에서 있었던 전통 혼례 재현 행사[47]를 중심으로 초례상차림을 살펴본 다. 태백민속전례원에서 주최하는 전통 혼례의 경우 태백아라레이보존회 회 원들의 풍물을 시작으로 신랑과 신부가 함께 입장하면서 시작된다. 『사례편

46 김의숙, 이학주, 『강원인의 일생의례』, 민속원, 2005, 175쪽.
47 태백민속전례원 주최로 2016년 8월 1일부터 3일까지 세 차례에 걸쳐 황지 특설무대에서 전통 혼례 재현 행사 가 있었다.

초례청에는 초례상을 중심에 두고 양옆으로 신랑과 신부가 들어설 곳에 각각 자리를 깔았다.
각 자리 위에는 주안상과 방석이 놓인다.

람』을 기초로 현대적으로 재구성하였다. 특히 신랑이 초례청으로 들어설 때 신부집에서 딸을 보내는 슬픔, 신랑집에서는 계대(繼代)가 한 대(代) 내려간다는 사실 때문에 음악을 사용하지 않았지만, 전통 혼례 분위기를 느끼게 하기 위해 풍물을 사용하였다.

태백민속전례원 주최 전통 혼례는 신랑 입장 후 이루어지는 전안례부터 시작한다. 신랑이 입장할 때 청사초롱을 앞세우며 신랑과 나무기러기를 든 기러기아범이, 그리고 태백아라레이보존회 회원들이 풍물을 치면서 그 뒤를 따른다. 태백민속전례원 회장이 홀기와 해설을 겸해가면서 진행한다. 이어서 교배례, 서천지례, 서배우례, 근배례 순으로 이어진다. 홀기에는 닭을 날리는 계면례(鷄勉禮)가 있었지만, 거행하지는 않았다. 태백민속전례원에서 행한 혼례 홀기와 해설 내용을 옮기면 다음과 같다.

신랑과 신부의 상을 따로 놓는 것이 특징이다.

01 행 전안례(行奠雁禮)

부집사전안상치어실전청포안(婦執事奠雁床置於室前靑布雁) ｜ 신부의 집사는 청색 보자기로 싼 기러기를 올려놓은 전안상을 방 앞에 놓으시오.

부지부실전계동하서향립(婦之父室前階東下西向立) ｜ 신부의 아버지는 방 앞 계단 동쪽 아래서 서향해 서시오.

서지우부가계서하동향립(壻至于婦家階西下東向立) ｜ 신랑은 신부의 집에 이르러 계단 아래 서쪽에 동향해 서시오.

부지부읍서굴신체(婦之父揖壻屈身禮) ｜ 신부의 아버지는 읍례를 하고 신랑은 몸을 굽혀 예를 올리시오.

부지부선승전안상지동서향립(婦之父先昇奠雁床之東西向立) ｜ 신부의 아버지는 먼저 올라 전안상의 동쪽에서 서향해 서시오.

서종승지전안상지남북향립(壻從昇之奠雁床之南北向立) ｜ 신랑은 따라 올라 전안상의 남쪽에서 북향해 서시오.

서궤좌봉전안우상수서향(壻跪坐奉奠雁于床首西向) ｜ 신랑은 꿇어앉아 기러기를 전안상 위에 머리가 서쪽을 향하게 받들어 올리시오.

서흥재배(壻興再拜) ｜ 신랑은 일어나 두 번 절하시오.

부지모출실거전안상입실(婦之母出室執擧奠雁床入室) ｜ 신부의 어머니는 방에서 나와 전안상을 들고 방으로 들어가시오.

부출실남향입집사종지(婦出室南向立執事從之) ｜ 신부는 방에서 나와 집사의 부축을 받아 남향해 서시오.

서읍부부굴신답례(壻揖婦婦屈身答禮) ｜ 신랑은 신부에게 읍하고 신부는 허리를 굽혀 답례하시오.

서선강부종지(壻先降婦從之) ｜ 신랑이 먼저 내려오고 신부는 따르시오.

02 행 교배례(行交拜禮)

서부급제집사각취정립(壻婦及諸執事各就定位) ｜ 신랑 신부 및 모든 집사는 나아가 정해진 자리에 서시오.

서서향읍부부동향출신답례(壻西向揖婦婦東向屈身答禮) | 신랑은 서향해 읍하고 신부는 동향해 허리를 굽혀 답례하시오.

서취동석부취동석상향립(壻就東席婦就西席相向立) | 신랑은 동쪽 자리로 올라가고 신부는 서쪽 자리로 올라가서 마주 보고 서시오.

각좌우집사서부좌우립(各左右執事壻婦左右立) | 각 좌우 집사는 신랑 신부의 좌우에 서시오.

부선재배(婦先再拜) | 신부는 먼저 두 번 절하시오.

서일답배(壻一答拜) | 신랑은 한 번 절하시오.

부우재배(婦又再拜) | 신부는 다시 두 번 절하시오.

서우일배(壻又一拜) | 신랑은 다시 한 번 절하시오.

03 행 서천지례(行誓天地禮)

서읍부부굴신답례구취좌서동부서(壻揖婦婦屈身答禮俱就坐壻東婦西) | 신랑은 신부에게 읍하고 동쪽 자리에 서향해 앉고, 신부는 허리를 굽혀 답례하고 서쪽의 자리에 동향해 앉으시오.

서부좌집사수잔반우서부우집사짐주(壻婦左執事授盞盤于壻婦右執事斟酒) | 각 좌 집사는 잔반을 신랑 신부에게 주고 각 우 집사는 술을 따르시오.

서부봉잔반서천하잔반제주서지(壻婦奉盞盤誓天下盞盤祭酒誓地) | 신랑과 신부는 잔반을 눈높이로 받들어 하늘에 서약하고 잔반을 내려 바닥에 모두 세 번 나누어 부어 땅에 서약하시오.

서부좌집사수잔반치우고처서부거효치우공기(壻婦左執事受盞盤置于古處壻婦擧餚置于空器) | 각 좌 집사는 잔반을 받아 원 자리에 놓고 신랑과 신부는 안주를 집어 빈 접시에 담으시오.

서부흥평신(壻婦興平身) | 신랑 신부는 일어나 서시오.

04 행 서배우례(行誓配偶禮)

서우집사홍사수우좌수부우집사청사수우우수(壻右執事紅絲垂于左手婦右執事靑絲垂于右手) | 신랑의 우 집사는 홍실을 왼손에 걸치고 신부의 우 집사는 청실을 오른손에 걸치시오.

서부좌집사수잔반우서부우집사짐주(壻婦左執事授盞盤于壻婦右執事斟酒) | 각 집사는 잔반을 신랑 신부에게 주고 각 우 집사는 술을 따르시오.

서부봉잔반서배우춰음수잔반우집사(壻婦奉盞盤誓配偶膝飲授盞盤右執事) │ 신랑과 신부는 술잔을 가슴 높이로 받들어 배우자에게 서약하고 술을 반쯤 마신 다음 우 집사에게 잔반을 주시오.

서부우집사수잔반교행취배우석수잔반배우좌집사(壻婦右執事受盞盤交行就配偶席授盞盤配偶左執事) │ 각 우 집사는 잔반을 받아 오른쪽으로 가서 상대방 좌 집사에게 주시오.

서부좌집사수잔반우서부(壻婦左執事受盞盤授盞盤于壻婦) │ 각 좌 집사는 잔반을 받아 신랑 신부에게 주시오.

서부봉잔반 낙서음필수잔반우좌집사(壻婦奉盞盤 諾誓飲畢授盞盤于左執事) │ 신랑과 신부는 잔반을 가슴 높이로 받들어 배우자의 서약을 받아들이고 남은 술을 다 마신 다음 잔반을 좌 집사에게 주시오.

각좌집사수잔반수잔반우배우우집사(各左執事受盞盤授盞盤于配偶右執事) │ 각 좌 집사는 잔반을 받아 상대편의 우 집사에게 주시오.

각우집사수잔반고처치소탁(各右執事受盞盤古處置小卓) │ 각 우 집사는 잔반을 받아 원 자리 소탁에 놓으시오.

서부흥평신(壻婦興平身) │ 신랑 신부는 일어나 서시오.

05 행근배례(行졸杯禮)

서부좌집사반상지잔하치탁상(壻婦左執事盤上之盞下置卓上) │ 각 좌 집사는 잔대 위의 잔을 내려 소탁 위에 놓으시오.

서부우집사취근배분치우서부지전반항(壻婦右執事取졸杯分置于壻婦之前盤上) │ 각 우 집사는 근배상 위에 표주박 잔을 나누어 소탁 위 잔대 위에 놓으시오.

서부좌집사수잔반우서부우집사짐주우근배(壻婦左執事授盞盤于壻婦右執事斟酒于졸杯) │ 각 좌 집사는 표주박을 들어 신랑 신부에게 주고 각 우 집사는 표주박 잔에 술을 따르시오.

서부거근배음취수잔반좌집사(壻婦擧졸杯飮膠授盞盤左執事) │ 신랑과 신부는 표주박 잔을 들어 술을 모두 마시고 표주박을 좌 집사에게 주시오.

서부좌집사수잔반치우고처취근배합치근배탁상(壻婦左執事受盞盤置于古處取졸杯合置졸杯卓上) │ 각 좌 집사는 표주박을 받아 잔대 위에 놓고 각 우 집사는 표주박을 집어 집례에게 드리고 집례는 표주박을 들어 합하여 근배상 위에 합쳐 놓으시오.

서부집사수사합사죽치반상(壻婦執事垂絲合絲竹置于盤上) ┃ 각 집사는 손목의 실을 풀어 합사하여 대나무에 걸치시오.

서부입상향(壻婦立相向) ┃ 신랑 신부는 일어나 마주 보고 서시오.

서읍부부굴신답례(壻揖婦婦屈身答禮) ┃ 신랑은 신부에게 읍하고 신부는 신랑에게 허리를 굽혀 답례하시오.

서부남향하객답례서일배부재배(壻婦南向賀客答禮壻一拜婦再拜) ┃ 신랑 신부는 남향하여 하객들에게 감사의 답례로 신랑은 한 번 절하고 신부는 두 번 절하시오.

서부행각처소(壻婦行各處所) ┃ 신랑과 신부는 각 처소로 돌아가시오.

예필집사행철상(禮畢執事行撤床) ┃ 이상으로 예를 모두 마치오니 각 집사는 상을 치우시오.

전통 혼례를 거행하기 위해서 먼저 초례청을 꾸민다. 2016년 8월 1일에 행했던 태백민속전례원의 전통 혼례 초례청은 황지 특설 무대에 차려졌다. 태백민속전례원 원장(예절지도사)의 지시로 초례청을 꾸몄다. 초례청에는 초례상을 중심에 두고 양옆으로 신랑과 신부가 들어설 자리에 각각 자리를 깔았다. 각 자리 위에는 근배례용 술상과 방석이 놓인다. 신랑 쪽 근배례용 술상에는 홍보, 신부 쪽 근배례용 술상에는 청보를 깐다. 자리 앞으로는 초례청에 들어설 때 정화의 의미로 손을 씻을 세숫대야를 올려놓은 작은 상이 각각 놓인다. 세숫대야를 올려놓은 상에도 신랑 쪽에는 홍보를, 신부 쪽에는 청보를 깐다. 특히 초례상으로 신랑, 신부, 집례자의 상이 각각 마련되었다. 신랑의 상에는 홍보, 신부의 상에는 청보, 집례자의 상에는 청·홍보를 깔았다. 한편 초례청 앞으로는 병풍을 두르고 홍보를 덮은 상을 놓아 전안례를 올릴 준비를 한다.

초례상에는 음식을 담기 위해 크고 작은 스테인리스 그릇 여덟 개와 촛대 두 개를 놓는다. 소나무와 대나무 가지를 꽂은 화분을 비롯해서[48] 집례자 상에는 청실과 홍실, 청초와 홍초, 표주박 두 개를 올린다. 이때 청보 위에는 대나무 화분과 청초를, 홍보 위에는 소나무 화분과 홍초를, 표주박은 청보와 홍

[48] 화병이 미처 준비가 되지 않아서 화분을 사용하였다.

보가 나뉘는 곳에 각각 한 개씩 놓는다. 청실과 홍실은 서배우례를 행할 때 사용된다. 신랑의 우 집사가 홍실을, 신부의 우 집사가 청실을 오른손에 걸쳤다가 근배례가 끝날 무렵에 청실은 대나무에, 홍실은 소나무에 각각 두른다. 표주박 두 개는 근배례에 사용한다.

신랑과 신부 상에는 각각 앞줄에 밤과 대추, 뒷줄에 붉은팥과 백미를 올린다. 그 외에 초례상에 올리는 것은 없다. 한편 초례상 아래 신랑과 신부 앞에 놓이는 근배례용 술상에는 약주를 담은 주전자 한 개, 잔대에 받친 잔, 안주 접시 두 개와 그 아래에는 퇴주 그릇을 놓는다. 서천지례를 행할 때 신랑과 신부는 안주를 집어서 안주 접시에 담는다.

태백민속전례원의 전통 혼례는 2015년 시작하였으며, 전통과 현대의 융합을 목적으로 오늘날에 맞게 변화시켰다. 앞으로는 전통 혼례 신청을 받아서 축제뿐 아니라 평상시에도 거행할 계획이라고 한다. 태백민속전례원의 전통 혼례 초례상차림으로 보았을 때 태백시 관내의 전통적인 혼례를 잇는다고는 할 수 없을 것이다. 다만 현대인들에게 전통 혼례의 모습을 보여주고 전통을 이어간다는 자부심만은 대단하다. 초례상차림의 경우 지역에서 전통 혼례를 행했던 마을 주민들이 아직 있기에 이 부분에 대한 조사가 요구되며, 조사를 통한 초례상차림의 복원에도 관심을 가질 필요가 있다.

약주 담은 주전자 한 개, 잔대에 받친 잔, 안주 접시 두 개와 그 아래에는 퇴주 그릇을 놓는다.

신랑의 우 집사가 홍실을, 신부의 우 집사가 청실을 오른손에 걸쳤다가 근배례가 끝날 무렵에 청실은 대나무에, 홍실은 수나무에 각각 두른다.

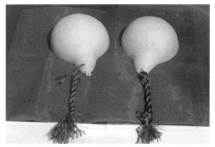

표주박은 손잡이 끝에 청·홍실을 꼬아 매듭을 지었고 각각 엎어놓았다.

03 충청 지역

청주향교 전통 혼례

청주향교는 조선시대의 지방 국립중등학교로 지방 자제의 교육을 담당하고 유교 선현들의 제사를 지내던 곳이다. 고려 성종 6년(987) 최승로의 건의로 지방 행정 조직인 전국의 12목에 학교를 세울 때 건립된 것으로 추정한다. 1444년 세종이 초정 행차 시『통감감목』,『통감절요집성』,『근사록』,『소학』등 서책을 하사한 곳이기도 하다. 세조 10년(1464) 세조가 속리산 가는 길에 문묘에 대뢰로서 친히 제사를 올림으로써 '삼남에 으뜸'이라는 이름을 얻었을 정도로 명성이 자자하던 곳이다.

향교의 대성전에는 공자, 안자, 증자, 자사, 맹자의 5성위와 주희, 주돈이, 정호, 정이, 소옹, 장재의 송조 6현과 설총, 최치원, 정몽주 등 동국 18현 등 29위의 스승 위패를 모시고 봄, 가을에 석전을 지낸다. 청주향교가 이처럼 역사적으로 의미가 깊은 곳인 만큼 부부의 연을 이곳에서 맺는다는 것은 선조의 정신을 고스란히 받는 의식으로서의 가치를 부여할 수 있다.

　충청도의 전통 혼례는 지방에 따라 차이가 있겠으나 여느 지방과 마찬가지로 크게 의혼, 초례, 후례의 의식으로 행해진다. 의혼은 양가가 중매인을 통해 양가 의사를 조율할 때부터 초례를 거행하기 이전까지를 일컫는 말이다. 초례는 보통 전안례, 교배례, 합근례가 일반화되어 있다. 혼례가 끝나고 신부가 신랑집으로 오는 의식과 신랑집에 와서 행하는 의례를 후례라고 하며 현고구례(폐백)가 대표적 의식이다.

　청주향교 전통 혼례는 의혼과 후혼이 제외된 초례를 전통 혼례 의식으로 하고 있으며, 향교 명륜당에 초례청을 마련하고 동서로 초례상을 배설하여 전통 혼례를 치른다. 초례청에는 초례상, 전안례상 한 개, 근배례용 술상 두 개, 관세례용 대야와 수건 두 개, 돗자리 두 개, 신랑과 신부석 방석 두 개가 배설되고 병풍은 배설되지 않는다.

　전안례용 상은 동쪽 초례청 입구에 배설되며 이때 사용되는 기러기는 나무기러기로 붉은 천으로 감싸 올려두는데 타 지역 나무기러기보다 크기가 눈에 띄게 큰 것이 특징이다.

　초례상에 기본이 되는 대나무와 소나무는 상의 북쪽 중앙으로 동쪽에는 소나무, 서쪽에는 대나무를 올려 신랑과 신부의 절개를 강조하였으며, 두 나무를 가로질러 청·홍실을 드리우고 서로 꼬임을 하지 않았다. 초례상 동서 첫 줄에는 배, 단감, 밤, 대추가 놓이는데 제례에서 조(棗), 율(栗), 이(梨), 시(柿) 순서와 동일하다. 촛대와 성냥은 초례상 남쪽 끝에 동서로 마주 배설된다.

　청주향교에서만 볼 수 있는 배설 방법으로 초례상 중앙에 네 개의 목기가 정갈하게 올라가는데, 동쪽에는 물(북향)과 쌀(남향)이, 서쪽에는 팥(북향)과 물(남향)이 각각 배설된다.

　경상도 지역에서는 쌀을 닭과 함께 배설하여 암수 닭의 앞에 각각 쌀그릇 두 개를 놓는다. 이 쌀들은 닭의 먹이이자 오곡의 풍성함을 기원하는 의미인데, 이곳의 경우는 닭의 뒤쪽에 배설하고 있으므로 닭의 먹이라는 의미는 부여되지 않는 것으로 판단된다.

살아 있는 닭을 청·홍 보자기로 잘 감싸 수탉은 동쪽에 배설하고 암탉은 서쪽에 배설한다. 북쪽 끝 소나무, 대나무를 중심으로 남쪽 끝에 수탉과 암탉이 마주 배설된다. 이 닭들은 혼례 말미에 닭 날리기 행사에서 크게 한 몫을 하는데, 하객들로부터 박수를 크게 받으며 공중으로 날개를 펴고 날아오르게 된다. 혼례 날 주인공인 신랑 신부 못지않게 조연으로서의 역할을 톡톡히 해낼 수 있는지는 두 마리 닭의 상태에 달렸다.

근배례에 소용되는 술상에는 주전자, 술잔, 퇴주기, 술안주 접시, 젓가락이 배설된다. 모두 백색의 도자기로 배설하는 섬은 보통 유기니 목기를 사용하는 지역과 차별성이 있는 것으로 가장 현대적인 근배례용 술상으로 보인다. 상에 배설되는 안줏감으로 신부 상에는 대추 세 개가 올라가고 신랑 상에는 대추 세 개, 껍질을 깎은 알밤 세 개가 올라간다.

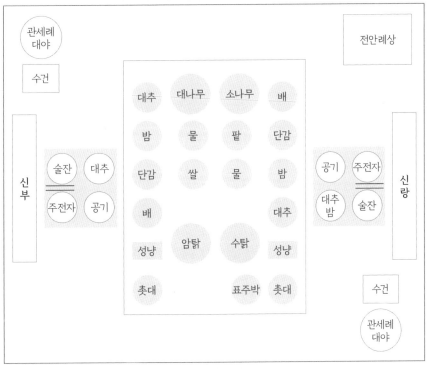

초례상 및 초례청 배설도

초례상 및 초례청 물품

초례상	초례상 덮개	· 청·홍색 천을 동서로 덮음
	팥 1그릇	· 굽다리가 없는 목기에 담음
	쌀 1그릇	· 굽다리가 없는 목기에 담음
	물 2그릇	· 굽다리가 없는 목기에 담음
	배 5개씩 각각 1접시	· 굽다리 나무 접시에 담음 · 동서로 배설
	단감 5개씩 각각 1접시	· 굽다리 나무 접시에 담음 · 동서로 배설
	대추 각각 1접시	· 굽다리 나무 접시에 담음 · 고임 처리하지 않고 수북이 담음 · 동서로 배설
	밤 각각 1접시	· 굽다리 나무 접시에 담음 · 고임 처리하지 않고 수북이 담음 · 동서로 배설
	대나무	· 백색 화병에 꽂음 · 청·홍실을 드리움
	소나무	· 백색 화병에 꽂음 · 청·홍실을 드리움
	촛대 각각 1개	· 금속 촛대로 다양한 문양이 있음 · 흰 초에 현대적으로 다양한 색을 섞어 만든 초를 꽂음 (청·홍초 사용하지 않음)
	암탉	· 살아 있는 닭 · 홍색 보자기로 감쌈
	수탉	· 살아 있는 닭 · 청색 보자기로 감쌈
	표주박 2개	· 두 개를 포개어 서쪽 촛대와 성냥 중앙에 마주 보게 배설
근배례용 술상	주전자 각각 1개	· 백색 도자기 주전자 · 동서로 배설
	술잔 각각 1개	· 백색 도자기 술잔 · 동서로 배설
	공기 각각 1개	· 백색 도자기 밥공기 모양 · 동서로 배설
	신랑 쪽: 밤 3개, 대추 3개	· 밤은 껍데기를 깎아 담음
	신부 쪽: 대추 3개	· 밤은 담지 않음
전안례상	팔각상 1개	· 서쪽 초례청 입구에 배설 · 나무로 만들었음 · 상보를 덮지 않음
	나무기러기 1개	· 홍색 천으로 감쌈 · 청색 고리 끈으로 묶음

관세례용	대야 각각 1개	· 대야 받침대 없음 · 초례청 잔디 위에 배설 · 동서로 배설됨
	수건 각각 1개	· 동서로 배설 · 신부석 돗자리 끝에 배설

합근례에 쓰이는 표주박은 표주박 모양으로 깎아 가공한 것을 사용하고 있으며, 손잡이 끝에 실로 만든 매듭을 더하였다. 표주박 술잔 두 개는 나란히 놓지 않고 포개어 올려두는데, 서울의 운현궁 혼례에서 합근례가 끝난 후두 표주박을 포개어두는 것과 다소 차이가 있다. 이때 신랑이 사용한 표주박은 위쪽에, 신부가 사용한 표주박은 아래쪽에 둔다. 이는 두 사람의 결합과 음양의 조화를 의미한다.

청주향교 전통 혼례에서 빠질 수 없는 의식 중 닭 날리기가 있는데, 전라도 지역과 일맥상통하는 의식이다. 신랑 신부의 합근례가 끝나면 이어서 닭을 공중으로 높이 날리는 의식으로, 엄숙하고 경건한 혼례식과 대조적인 분위기를 만든다. 초례청 주변을 둘러싸고 있는 하객들은 박수로 환호를 보내며 닭이 더욱 높이 날아오르는 과정을 지켜본다. 신랑 신부가 서로에게 서약을 하고 하늘과 땅에 맹세를 통해 결합된 인연인 만큼 닭이 높이 창공을 날아오르는 것처럼 두 사람의 앞날이 시원하게 펼쳐지기를 모두가 소망한다.

청주향교의 혼례는 가정의례 준칙에 따라 일반적인 혼인 의례 홀기를 따르고 있다. 청주 지역에서 전통적으로 내려오고 있는 의례로 선조들로부터 물려받은 예법에 따라 기쁘고 경사스럽게 올리고자 하는 정신이 담겨져 있다.

전통적으로 신부집에 신랑이 가서 올리는 것으로 전수되고 있으나 향교에서 올리는 혼례인 만큼 초례 전에 올리는 선조고유(先朝告由), 초자례(醮子禮), 초녀례(醮女禮) 등은 생략하고 현대 실정에 맞게 수정하여 올린다. 초례의 전 과정은 홀기에 기록된 원문대로 진행하며 해석을 덧붙여 이해를 돕는다. 홀기에 따른 혼례 절차를 살펴보면 다음과 같다.

01 전안례(奠雁禮)

부집사 전안상 치어실전(婦執事 奠雁床 置於室前) | 신부의 집사는 전안상을 방 앞에 놓으시오.

주인 영서 우문외 서향립(主人 迎婿 于門外 西向立) | 주인은 대문 밖에서 서쪽을 향해 서서 사위를 맞이하시오.

서 지문외 동향립(婿 至門外 東向立) | 신랑은 문밖에서 서쪽을 향해 서시오.

집안자 종서우립(執雁者 從婿右立) | 기럭아범은 신랑을 따라 오른쪽에 서시오.

주인 읍례 서 굴신배례(主人 揖禮 婿 屈身拜禮) | 주인은 읍례하고 신랑은 몸을 굽혀 예를 올리시오.

주인 선행 지우 초례청 전안상지동 서향립 主人 先行 至于(醮禮廳 奠雁床之東 西向立) | 주인은 먼저 초례청으로 나아가 전안상 동쪽에서 서쪽을 향해 서시오.

서 종지 지우 전안상지남 북향립 집안자 서 종지(婿 從之 至于 奠雁床之南 北向立 執雁者 婿 從之) | 신랑은 주인을 따라 전안상 남쪽으로 나아가 북쪽을 향해 서고 기럭아범은 신랑을 따르시오.

집안자 수안우서(執雁者 受雁于婿) | 집안자는 기러기를 신랑에게 드리시오.

서 수안 봉지좌수(婿 受雁 奉之左首) | 신랑은 기러기 머리가 왼쪽으로 가도록 받들어 받으시오.

서궤좌 봉안 전안상 수서향 면복흥 소퇴재배(婿跪坐 奉雁 奠雁床 受西向 俛伏興 小退再拜) | 신랑은 꿇어앉아 기러기를 전안상 위에 머리가 서쪽으로 가도록 받들어 올리고 일어나 조금씩 물러서서 두 번 절하시오.

신부댁주부 출외 취 전안상입실 신부지전(新婦宅主婦 出外 取 奠雁床入室 新婦之前) | 신부 댁 주부는 밖으로 나와 전안상을 안으로 들여가 신부 앞에 놓으시오.

02 교배례(交拜禮)

서 소퇴 북향립(婿 小退 北向立) | 신랑은 조금 물러서서 북쪽을 향해 서시오.

모도부출 취 초례청(姆導婦出 就 醮禮廳) | 신부의 시자는 신부를 인도하여 초례청으로 나오시오.

취 서동부서 상향립(就 婿東婦西 相向立) | 신랑은 동쪽으로, 신부는 서쪽으로 나아가 서로 마주 보고 서시오.

서부집사 각 좌우 수립(婿婦執事 各 左右 隨立) | 신랑 신부 집사는 각각 좌우에 따라 서시오.

량가주부 취 초례청지전 상향립 굴신상례(兩家主婦 就 醮禮廳之前 相向立 屈身相禮) | 신랑 신부 댁

초례청에는 초례상 한 개, 전안례상 한 개, 근배례상 두 개, 관세례용 대야 두 개와 수건 두 개,
돗자리 두 개, 신랑과 신부석 방석 두 개가 배설되고 병풍은 배설되지 않는다.

주부는 초례청으로 나아가 서로 마주 보고 서서 허리를 굽혀 예를 올리시오.

신랑댁주부 동방점홍촉 신부댁주부 서방점청촉(新郎宅主婦 東方點紅燭 新婦宅主婦 西方點靑燭) | 신랑 댁 주부는 동쪽 홍초에 불을 밝히시고 신부 댁 주부는 서쪽의 청초에 불을 밝히시오.

량가주부 우굴신상례 퇴복위(兩家主婦 又屈身相禮 退復位) | 두 분은 또 허리를 굽혀 예를 올리고 자리로 돌아가 앉으시오.

서부 수집사지조 관수욕세(婿婦 受執事之助 盥手浴洗) | 신랑 신부는 집사의 도움을 받아 손을 씻고 수건으로 닦으시오.

서부 흥 상향립(婿婦 興 相向立) | 신랑 신부는 일어나 서로 마주 보고 서시오.

서 서향립 읍부 서 동향굴신답례(婿 西向立 揖婦 婿 東向屈身答禮) | 신랑은 서쪽을 향해 신부에게 읍하고 신부는 동쪽을 향해 허리를 굽혀 답례하시오.

부집사 부수 좌우부측(婦執事 婦隨 左右扶側) | 신부 집사는 신부를 따라 좌우에서 부측하시오.

신부선 재배(新婦先 再拜) | 신부는 먼저 두 번 절하시오.

서 답일배(婿 答一拜) | 신랑은 한 번 절(답배)하시오.

신부 우 재배(新婦 又 再拜) | 신부는 또 두 번 절하시오.

서 우 답일배(婿 又 答一拜) | 신랑은 또 한 번 절(답배)하시오.

03 서천지례(誓天地禮)

서천지례는 신랑 신부가 행복한 부부가 되기를 하늘과 땅에 맹세하는 의식이다.

서 읍부 부 굴신답례 각 취좌(婿 揖婦 婦 屈身答禮 各 就坐) | 신랑은 신부에게 읍하고 신부는 신랑에게 답례하고 각각 자리에 앉으시오.

각집사 서부지전 진찬(各執事 婿婦之前 進饌) | 각 집사는 신랑 신부에게 찬상을 올리시오.

각 좌집사 수잔반 우서부 각우집사 짐주(各 左執事 授盞盤 又婿婦 各右執事 斟酒) | 각 좌 집사는 신랑 신부에게 잔반을 드리고 각 우 집사는 합환주를 따르시오.

서부 봉잔반 서천 하잔반제주 서지(婿婦 奉盞盤 誓天 下盞盤祭酒 誓地) | 신랑 신부는 잔반을 높이 받들어 하늘에 맹세하고 잔을 아래에 제주해 땅에 맹세하시오.

서부수잔반 우 각 좌집사 각 좌집사 수잔반 치우고탁(壻婦授盞盤 于 各 左執事 各 左執事 受盞盤 置于故卓) | 신랑 신부는 잔반을 각 좌 집사에게 주고 각 좌 집사는 잔반을 받아 상 위 제자리에 놓으시오.

서부거효 치우공기(壻婦擧肴 置于空器) | 신랑 신부는 안주를 집었다가 빈 그릇에 놓으시오.

04 서배우례(誓配偶禮)

서배우례는 신랑 신부가 서로 훌륭한 남편과 아내가 될 것을 서약하고 서약을 받아들이는 예이다.

각 좌우집사 수잔반우서부 각 우집사 짐주(各 左右執事 授盞盤于壻婦 各 右執事 斟酒) | 각 좌 집사는 잔반을 신랑 신부에게 주고 각 우 집사는 합환주를 따르시오.

서부 봉잔반 서배우 각반음 수잔반우 각 우집사(壻婦 奉盞盤 誓配偶 各半飮 授盞盤于 各 右執事) | 신랑 신부는 잔반을 가슴 높이 받들어 배우자에게 서약하고 합환주를 반쯤 마시고 잔반을 각 우 집사에게 주시오.

각 우집사 수잔반 좌우교행 취 상대 배우석 수잔반우 좌집사(各 右執事 受盞盤 左右交行 就 相對 配偶席 授盞盤于 左執事) | 각 우 집사는 잔반을 받아 서로 좌우로 돌아 상대편 배우자 석으로 가서 좌 집사에게 잔반을 주시오.

각 좌집사 수잔반 수우서부(各 左執事 受盞盤 授于壻婦) | 각 좌 집사는 잔반을 받아 신랑 신부에게 주시오.

서부 수잔반 봉지낙서 음필 수허잔반우 좌집사(壻婦 受盞盤 奉之諾誓 飮畢 授虛盞盤于 左執事) | 신랑 신부는 잔반을 받아 가슴 높이 받들어 배우자의 서약을 받아들이고 남은 합환주를 모두 다 마시고 빈 잔반을 좌집사에게 주시오.

각 좌집사 수허잔반 수우상대서부 우집사 각 우집사 수허잔반 교행 치탁상 고처(各 左執事 受虛盞盤 授于相對壻婦 右執事 各 右執事 授虛盞盤 交行 置卓上 故處) | 각 좌 집사는 빈 잔반을 받아 상대편 신랑 신부 우 집사에게 주고 각 우 집사는 빈 잔반을 받아 서로 교행하여 탁상 원 자리에 놓으시오.

초례상에 기본이 되는 대나무와 소나무는 상의 북쪽 중앙으로 동쪽에는 소나무, 서쪽에는
대나무를 올려 신랑과 신부의 절개를 강조하였다

05 근배례(巹杯禮)

근배례는 한 통의 표주박이 나뉘어 두 개가 된 것을 다시 합하여 하나가 된다는 부부의 서약이다.

근배례에 소용되는 술상에는 주전자, 술잔, 퇴주기, 술안주 접시, 젓가락이 배설된다. 모두
백색의 도자기를 사용한다.

각 우집사 취 근배 분치우 서부지전 탁상(各 右執事 就 巹杯 分置于 婿婦之前 卓上) | 각 우 집사는 표주박을 가져다가 신랑 신부 앞에 놓으시오.

각 좌집사 수근배우서부 각 우집사 짐주(各 左執事 授巹杯于婿婦 各 右執事 斟酒) | 각 좌 집사는 표주박을 신랑 신부에게 주고 각 우 집사는 합환주를 따르시오.

서부 봉근배 수우각좌집사 각좌우집사 수근배 서배상 부배하우 초례상 상호교환 수상대 서부(婿婦 奉巹杯 授于各左執事 各左右執事 受巹杯 婿杯上 婦杯下于 醮禮床 相互交換 授相對 壻婦) | 신랑 신부는 표주박 잔을 받아 받들어 각 좌 집사에게 주고 각 좌우 집사는 표주박 잔을 받아 신랑 잔은 초례상 위로, 신부 잔은 초례상 아래로 서로 바꾸어 상대편 신랑 신부에게 주시오.

서부 수근배 음필 수허근배우 각 좌집사 각 좌집사 수근배 치우탁상고처(婿婦 受巹杯 飮畢 授虛巹杯于 各 左執事 各 左執事 受巹杯 置于卓上故處) | 신랑 신부는 표주박 잔을 받아 합환주를 다 마시고 빈 표주박을 좌 집사에게 주고 좌 집사는 빈 표주박을 받아 상 위 제자리에 놓으시오.

각 우집사 취근배 합치우 초례상(各 右執事 取卺杯 合置于 醮禮床) | 각 우 집사는 표주박을 받아 초
례상 위에 합하여 포개어놓으시오.
서부 흥 상향립서 읍부 부 굴신답례(婿婦 興 相向立婿 揖婦 婦 屈身答禮) | 신랑은 신부에게 읍하고
신부는 신랑에게 답례하시오.

06 수훈례(垂訓禮)

현대 서양식 결혼에서 주례사와 같은 의미로 신랑 신부의 행복하고 복된 날을 기원하는 집례 선생
님의 훈례 의식이다.

07 서부예빈(婿婦禮賓)

양가 부모님께 예를 올리는 의식으로, 신부 부모님께 먼저 감사의 예를 올리고 후에 신랑 부모님께
예를 올린다. 끝으로 내빈께 인사를 올린다.

08 닭 날리기

신랑 신부의 혼인을 더욱 경사스러운 날로 기리기 위해 닭 날리기 의식을 행하는데 청주 지방의 전
통 혼례 풍습이다. 닭은 가장 먼저 새벽을 알리는 동물로 부지런한 생활 습관을 의미하기도 한다.
신랑 신부가 부지런히 노력하여 행복하게 잘 살기를 기원하는 것이다.

09 서부각종기소(婿婦 各 從基所)

신랑 신부가 각기 처소로 가기 위한 행진으로 하객들의 박수를 받으며 퇴장한다.

10 예필 선언

집례 선생님의 선언과 함께 전통 혼례 의식이 끝난다.

이 닭들은 혼례 말미에 닭 날리기 행사에서 크게 한몫을 하는데, 하객들로부터 박수를 크게
받으며 공중으로 날개를 펴고 날아오르게 된다.

초례상 중앙에 네 개의 목기가 정갈하게 올라가는데,
동쪽에는 물(북향)과 쌀(남향)이, 서쪽에는 팥(북향)과
물(남향)이 각각 배설된다.

곶감을 사용하는 다른 지역과 달리 단감을 사용하
였다.

공주한옥마을 전통 혼례

공주한옥마을은 2010년 공주시에서 관광객들에게 숙박과 볼거리를 제공하기 위해 웅진동 일대에 조성한 마을이다. 숙박을 위한 단체동 6동과 개별동 16동이 있으며 부대시설로는 오토캠핑장 4대, 야외 바비큐장 9대, 다목적실 1실이 있고, 한옥마을 내 식당도 있다. 숙박 시설은 모두 나무와 황토로 지은 온돌이라서 온돌 문화를 충분히 즐길 수 있다. 흥미로운 전통문화를 체험할 수 있는 명소로서 도자기, 매듭, 한지 공예 등을 직접 해볼 수 있는 공방들이 있다.

초가집과 기와집으로 마을을 조성하고 전통적인 마을길의 정취를 제대로 느낄 수 있도록 꾸몄다. 마을 왼쪽에는 충청감영이 복원되었는데, 이곳은 조선 후기까지 건물 49동, 총 481칸의 대규모 건물이었으나 일제강점기에 대부분 철거되고 지금은 포정사 문루를 포함해 선화당과 동헌동 등 세 개 건물만 남아 있다.

공주한옥마을에서 진행하는 전통 혼례 절차는 사계 김장생의 『가례집람』의 혼례 홀기에 준해 문학박사 구영본 선생이 정리한 것을 토대로 30분간 이어진다. 집례자가 홀기를 진행하면 곧바로 사회자가 알아듣기 쉽게 설명을 곁들여 혼례에 참여한 남녀노소가 쉽게 이해할 수 있도록 구성하였다. 혼례장은 다목적실인 백제방 앞마당을 사용하고 있으며 우천 시에는 백제방 내부에서 혼례를 진행한다. 초례는 전안례, 교배례, 합근례(근배례) 순서로 진행된다.

공주가 백제의 수도였던 만큼 시중을 드는 수모 등의 옷차림은 백제시대의 복식을 한다.

초례청에는 초례상, 근배례용 술상 두 개, 관세례용 대야와 수건 두 개, 돗자리 두 개, 신랑과 신부석 방석 두 개가 배설되고, 목단이 그려진 병풍을 치고, 목단 병풍의 양옆 뒤쪽으로 새와 나무가 그려진 병풍을 각각 쳤다.

초례상 남쪽에는 백자분에 식재된 대나무와 소나무가 올라가 있는데, 대나

무 아래에는 청실이, 소나무 아래에는 홍실이 둥글게 둘려져 있다. 청·홍실
은 초례상 첫 줄에도 놓는다. 이 청·홍실은 합근례 때 수모가 각각 들고 시
중을 한다. 둘째 줄에는 신부 쪽엔 쌀이, 신랑 쪽엔 붉은팥이 놓여 있다. 셋
째 줄에는 동쪽부터 대추, 사과, 배, 밤의 순서로 놓이고, 넷째 줄 양쪽으로
는 촛대가 있으며, 그 가운데 표주박이 뒤쪽으로 포개져 있다. 근배례용 술상
에는 술 주전자와 술잔, 술잔 받침이 있고 상 아래 옆으로 굽다리 그릇에 쌀
을 넣고 향을 꽂은 향로가 있는 것이 특이하다.

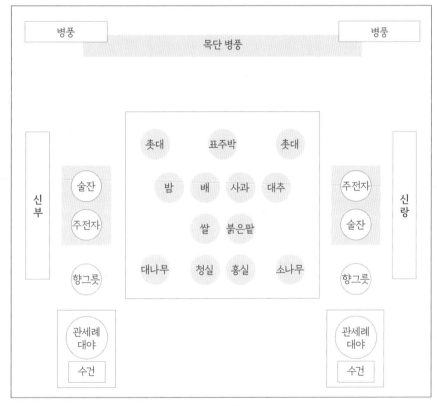

초례상 및 초례청 배설도

초례청에는 초례상 한 개, 전안례상 한 개, 근배례상 두 개, 관세례용 대야 두 개와 수건 두 개,
돗자리 두 개, 신랑과 신부석 방석 두 개가 배설되고 병풍은 배설되지 않는다.

초례상에는 팥, 쌀, 청·홍실, 배, 사과, 대추, 밤, 대나무, 소나무, 촛대, 표주박이 배설되었다.

근배례에 소용되는 술상은 각이 진 상을 사용하였는데, 상 위에는 술 주전자와 술잔, 술잔 받침이 배설되었다. 술잔 받침은 굽이 있는 받침을 사용하였고 모두 유기로 만들어진 것이다. 여기서는 신랑 신부의 입가심용 안주가 없는 것이 특징이다.

합근례에 쓰이는 표주박은 미리 두 개로 포개어 올려두고 있다.

초례상 및 초례청 물품

초례상	초례상 덮개	· 청·홍색 천을 동서로 덮음
	팥 1그릇	· 굽다리가 없는 유기에 담음
	쌀 1그릇	· 굽다리가 없는 유기에 담음
	청·홍실 각각 1접시	· 굽다리가 없는 목기에 담음
	배 4개 1접시	· 굽다리 유기에 담음
	사과 5개 1접시	· 굽다리 유기에 담음
	대추 1접시	· 굽다리 유기에 담음 · 4층으로 고임
	밤 1접시	· 굽다리 유기에 담음 · 4층으로 고임
	대나무	· 백색 화병에 식재함 · 청실을 아랫부분에 감음
	소나무	· 백색 화병에 식재함 · 홍실을 아랫부분에 감음
	촛대 각각 1개	· 금속 촛대로 다양한 문양이 있음 · 청·홍초를 사용함
	표주박 2개	· 두 개를 포개어 촛대 사이 중앙에 놓음
근배례용 술상	주전자 각각 1개	· 유기로 만들었음 · 동서로 배설
	술잔 각각 1개	· 유기로 만들었음 · 동서로 배설
	술잔 받침 각각 1개	· 유기로 만들었음 · 동서로 배설
관세례상	대야 각각 1개	· 대야 받침대 있음 · 동서로 배설
	수건 각각 1개	· 동서로 배설 · 대야 옆에 배설

근배례에 소용되는 술상은 각이 진 상을 사용하였는데, 상 위에는 술 주전자와 술잔, 술잔 받침이 배설되었다.

관세례 대야는 청·홍보로 싸인 각진 상 위에 수건과 함께 올려져 있다.

청·홍실은 합근례 때 수모가 각각 들고 시중을 한다.

04 경상 지역

경주향교 전통 혼례

경상북도 유형문화재 192호로 지정된 경주향교는 과거 신라 신문왕 2년 (682)에 세워진 국학이 있던 자리로 조선시대 경주의 교육의 중심이었다. 조선 성종 23년 서울의 성균관을 본떠 지었으나 임진왜란 때 불타 없어졌다가 선조 33년(1600)에 대성전과 전사청을 건축하였다. 선조 37년(1604)에는 서무, 동무를 짓고 광해군 6년(1614)에 현재의 명륜당과 동재, 서재를 지어 경주향교의 모습을 갖추게 되었다.

경주향교의 전통 혼례는 천년고도 신라의 위업과 조선 유교 교육의 정신이 남아 있는 의례로 오랜 세월 동안 경건함을 갖춘 의례로 자리 잡았다. 만물의 조화, 즉 인간과 자연의 화합의 의미를 담고 있는 소중한 전통문화로 이어가고 있는 것이다.

경주향교 전통 혼례는 전통문화를 계승, 보존하고 세계에 알리기 위해 경주시문화재단의 지원으로 연중 매주 토요일에 행해지고 있으며, 희망자는 무료로 혼례를 치를 수 있다. 혼례의 예를 행하는 과정에서 모든 물품 준비는 경주향교 여성유도회 회장 및 회원들이 준비를 하며 혼례 집례자 역시 경주향교 유도회 소속으로 전통 혼례를 직접 진행한다.

경주는 우리나라에서 손꼽히는 관광지인 만큼 매번 혼례를 거행하는 과정에 많은 관광객들이 함께한다. 하객들뿐만 아니라 전국에서 온 관광객과 해외 관광객들이 함께 즐기는 잔치이자 젊은이들의 축제의 자리가 된다. 여느 지역과 마찬가지로 사물놀이패의 한바탕 공연이 향교 전체를 흥겨운 분위기로 만들고 한편에서는 하객들과 관광객들에게 나누어줄 인절미를 만드는 흥미로운 광경도 펼쳐진다. 젊은 청년들이 떡메를 짊어지고 뜨거운 김을 뿜어내

초례청은 명륜당 대청에 마련된다. 동쪽과 북쪽에는 목단 병풍이 각각 한 개씩 배설되고
초례상, 전안례상, 근배례상이 정 위치에 놓인다.

는 찹쌀고두밥을 내리치는 장면은 해외 관광객들의 시선을 잡는다. 잘 쳐진
찹쌀떡은 노란 콩고물에 묻혀 혼례가 끝나면 하객과 관광객들의 입맛을 돋운
다. 전통 혼례에서 찹쌀떡은 부부 금슬이 찹쌀떡같이 좋아지라는 선조들의
지혜가 담긴 물품이기도 하다.

경주향교의 전통 혼례는 철저히 천지인(天地人)의 조화와 평등을 강조한다.
교배례, 합근례에서 신랑 신부는 각자 역할에 예를 다해 의식을 치른다. 즉,
둘이 하나가 되어 평등한 인격체로 새롭게 태어나는 고귀한 예를 거치게 되는
것이다. 신랑의 잔이 초례상 위로 넘어가고 신부의 잔이 초례상 아래로 넘어
감으로써 비로소 두 사람이 하늘과 땅에 하나 됨을 고하게 된다. 여기서 천
(天)은 하늘로 남자(신랑)를 의미하며 지(地)는 땅으로 여자(신부)를 의미한다.
남자는 양(陽)으로 가족을 위한 노력을 통해 건강한 기운을 뿜어내야 하며,

여자는 음(陰)으로 모든 것을 받아들이며 지혜롭게 가정을 꾸려나가는 능력을 발휘해야 한다. 하늘과 땅, 양과 음의 조화 속에서 고귀한 가정이 이루어지고 이에 따라 자연은 순리에 맞게 우리 곁을 지키고 있는 것이다. 과거 남녀 관계를 남존여비 관계로만 몰아갔던 어리석은 사람들의 주장은 터무니없는 것이다. 하늘과 땅, 음과 양, 남자와 여자는 철저한 평등 관계에서 서로 존중하고 예를 다하는 관계이다.

하늘과 땅과 사람이 평등과 조화를 고하는 의식이 끝나면 전통 혼례를 끝내는 예필을 선언한다. 그러나 경주향교 혼례 축제는 제2막이 기다리고 있다. 바로 공반상(共飯床)을 나눠 먹는 뒤풀이 행사이다. 전통 혼례에 참석한 하객들과 관광객들 모두 인절미와 초례상에 올린 과일들을 나눠 먹는데 공반상을 준비하는 경주여성유도회 회원들의 손놀림이 예사롭지 않다. 서로 분업이 되어 순식간에 공반상들이 혼례청 전체에 차려지고 삼삼오오 공반상에 둘러앉아 혼례 이야기를 하며 한바탕 떠들썩한 뒤풀이를 한다. 전국 어느 곳에서도

초례상은 북쪽을 중심으로 동서로 배설되며 청·홍 상보는 동서로 덮지 않고 남북 방향으로 덮었다.

서쪽 첫 줄에는 조과, 참외, 사과, 배, 밤, 대추, 조과가 배설되며 각각 유기로 만든 굽다리 접시에 올린다.

볼 수 없는 광경이다. 푸짐한 한상차림은 아니지만 조금씩 나눠 먹고자 하는 마음가짐이 존경스럽다. 400년간 부를 이어온 경주 최부자 집의 이웃 사랑 정신이 느껴지는 순간이다. 흉년기에 굶주림으로 사람들이 죽어나갈 때 곳간을 헐어 곡식을 나눠주었던 경주 최부자의 진정한 노블리제 오블리주 정신이 경주향교 전통 혼례 정신에도 고스란히 녹아들어 현재의 아름다운 전통 혼례로 이어져 오고 있는 것이다. 천지인의 조화와 진정한 이웃 사랑 정신은 천년 고도 경주를 대표하는 전통 혼례를 통해 계속해서 이어질 것이다.

초례청은 명륜당 대청에 마련된다. 동쪽과 북쪽에는 목단 병풍이 각각 한 개씩 배설되고 초례상, 전안례상, 근배례용 술상이 정 위치에 놓인다.

초례상은 북쪽을 중심으로 동서로 배설되며 청·홍 상보는 동서로 덮지 않고 남북 방향으로 덮었는데 북쪽으로 청색, 남쪽으로 홍색이 향하도록 하여 상을 덮는다. 배설되는 물품들은 환경의 영향을 받는다. 우리나라는 계절마다 생산물이 다르기 때문에 초례상에 배설되는 과일들도 계절에 따라 달라질 수 있다. 환경 변화에 맞게 적절하게 배설하는 것도 융통성이자 지혜로 보인다. 혼례 날이 여름 더위가 가시지 않은 때라 참외가 초례상에 올라가는데 날씨가 추워지면 볼 수 없는 과일이다.

대나무와 소나무는 각각 화분에 심어진 채로 올라가는데 대나무는 북쪽 중앙에 놓고, 소나무는 남쪽 중앙에 올린다. 두 개의 나무에는 청·홍 실타래를 드리우지 않는다. 북쪽 촛대에는 청초, 남쪽 촛대에는 홍초를 꽂아 대나무와 소나무 사이에 놓는다.

서쪽 첫 줄에는 조과, 참외, 사과, 배, 밤, 대추, 조과가 일렬로 배설되며 각각 유기로 만든 굽다리 접시에 올린다. 동쪽 첫 줄에는 남북으로 닭을 올리는데 북쪽에는 수탉을 청색 천으로 감싸서 배설하고 남쪽에는 암탉을 홍색 천으로 감싸 서로 마주 보게 배설한다. 이때 닭은 모형 닭으로 살아 있는 듯하지만 실제 살아 있는 닭을 사용했을 때의 재미는 볼 수가 없다. 산 닭을 올리게 되면 긴장한 닭들이 좌우로 움직이다가 초례상 밑으로 떨어지기도 하고 쌀을 쪼아대어 초례상 위에 쌀들을 흩어놓기도 한다. 이러한 닭의 움직임이 하객들에게 웃음을 선사하기도 하고 신랑 신부의 긴장을 풀어주기도 한다. 모형 닭은 혼례를 치르는 내내 부동 자세를 유지하니 전통 혼례에서의 예상치 못한 즐거움은 느낄 수가 없다. 두 마리의 모형 닭은 나무 판자 위에 고정되어 배설되고 앞에는 쌀이 담겨 있는 두 개의 그릇이 놓인다. 경주향교에서는 쌀이 닭의 먹이라는 의미를 부여한다.

교배례상은 둥근 상으로 청주가 담겨 있는 주전자, 굽다리 잔대와 술잔, 공기, 안주를 올리는 유기 굽다리 접시, 유기 젓가락이 배설된다. 술안주로는 말끔하게 깎아낸 흰 밤이 소복하게 담겨 있는데 흰 밤은 술안주 역할 외에 중요한 의미가 있다. 신랑은 술을 마시고 안주를 젓가락으로 집어서 곧바로 입으로 가져가지 않는다. 어린아이 머리처럼 매끈하게 깎아놓은 밤톨을 한 개씩 세 번을 집어 매번 뒤집어놓아야 한다. 손가락의 움직임을 통해 신체의 이

신랑은 술을 마시고 깎아놓은 밤톨을 젓가락으로 집어서 한 개씩 세 번을 집어 매번 뒤집어놓아야 한다. 손가락의 움직임을 통해 신체의 이상 유무와 지혜로움을 확인하고자 한 것이다.

상 유무를 확인하고자 한 것이며, 나아가 손재주, 글 쓰는 능력, 농사 기술 등 손으로 할 수 있는 모든 기능들을 예측하는 과정이다. 젓가락으로 밤톨을 집다가 떨어뜨리기라도 하면 신랑은 안절부절못하고 하객들은 웅성거리게 된다. 그러나 대부분의 신랑들은 황당한 상황을 겪지 않기 위해 신중하게 세 개의 밤톨을 무사히 뒤집어놓고 하객들로부터 박수를 받는다. 요즘 결혼식보다 까다롭고 어려운 과정으로 생각할 수 있으나 건강한 사위를 보고자 했던 신부 측 집안의 바람이 담겨 있다고 할 수 있다.

전안례상은 직사각형의 목상(木床)으로 청색 보자기를 덮는다. 배설 위치는 동쪽 신랑 자리 남쪽에 북쪽 방향으로 배설되며 홍색 천으로 감싼 나무기러기가 놓인다. 관세례용 상은 사각형 상으로 동서로 두 개가 배설된다. 각 상에는 손을 씻는 대야와 흰 수건이 함께 놓인다.

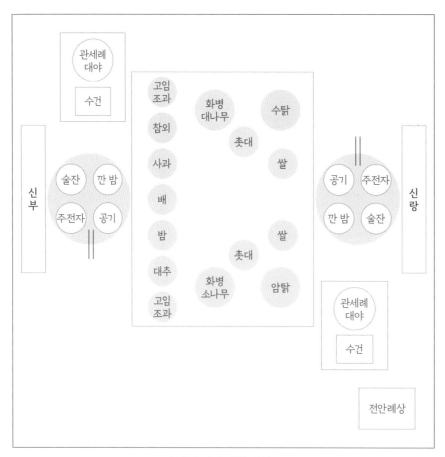

관세례 대야	고임 조과	화병 대나무	수탉
수건	참외	촛대	
신부	사과		쌀
	배		
술잔 깐 밤	밤		쌀
주전자 공기	대추	촛대	공기 주전자
	고임 조과	화병 소나무	암탉

초례상 및 초례청 배설도

유기로 만든 굽다리 접시에 조과를 올렸다.

초례상 및 초례청 물품

초례상	초례상 덮개	· 청 · 홍색 상보를 남북으로 덮음
	참외 5개	· 굽다리 유기 접시에 담음 · 서쪽 초례상 위 첫 줄에 배설
	사과 5개	· 굽다리 유기 접시에 담음 · 서쪽 초례상 위 첫 줄에 배설
	배 3개	· 굽다리 유기 접시에 담음 · 서쪽 초례상 위 첫줄에 배설
	밤 1접시	· 굽다리 유기 접시에 담음 · 서쪽 초례상 위 첫 줄에 배설
	대추 1접시	· 굽다리 유기 접시에 담음 · 서쪽 초례상 위 첫 줄에 배설
	대나무	· 화분에 심어서 올림 · 중앙 북쪽 끝에 배설
	소나무	· 화분에 심어서 올림 · 중앙 남쪽 끝에 배설
	촛대 2개	· 유기로 만든 촛대 · 각각 청 · 홍초를 꽂음
	암탉	· 모형을 올림 · 홍색 천으로 감싸 배설
	수탉	· 모형을 올림 · 청색 천으로 감싸 배설
	쌀 2그릇	· 스테인리스 그릇에 담음 · 암수 닭 앞에 각각 배설
근배례용 술상 (동서로 배설)	원형 상 각각 1개	· 나무로 만들었음
	주전자 각각 1개	· 유기로 만들었음
	굽다리 잔대 각각 1개	· 유기로 만들었음
	술잔 각각 1개	· 유기로 만들었음
	공기 각각 1개	· 유기로 만들었음
	젓가락 각각 1벌	· 유기로 만들었음
	껍질 깐 밤 각각 1접시	· 굽다리 유기 접시에 담음
전안례상	나무로 만든 사각 상	· 청색 상보를 덮음
	나무기러기 1개	· 홍색 천으로 감쌈
관세례상	사각 상 각각 1개	· 나무로 만들었음
	대야 각각 1개	· 유기로 만들었음
	수건 각각 1개	· 흰색 면수건

경주향교의 전통 혼례는 향교 유림에서 이어져오고 있는 홀기를 근거로 행하고 있으며 집례자의 혼례 진행에 이어 여성유림회 회장의 홀기 해설을 덧붙여, 어렵게 생각되는 전통 혼례 의식을 쉽게 이해할 수 있도록 배려하고 있다.

전통 혼례 절차는 아래의 홀기 순서대로 진행된다.

01 행 영서례(行 迎婿禮) 신랑을 맞이하는 예를 올리겠습니다.

서지 문외(婿至 門外) ㅣ 신랑이 대문 앞에 이르렀습니다.

주인 출영(主人 出迎) ㅣ 신부 측 혼주님 신랑을 맞이하십시오.

서읍양 이입(婿揖讓 以入) ㅣ 신랑은 신부 측 혼주님께 읍하고 들어오시오.

02 행 전안례(行 奠鴈禮) 기러기를 드리는 예를 올리겠습니다.

서자 집안이종(婿者 執鴈以從) ㅣ 신랑은 기러기를 시자에게 안겨 들어오시오.

지우 청사(至于 廳事) ㅣ 예청에 들어서시오.

주인 시자수지(主人 侍者受之) ㅣ 신부 댁 시자는 읍하고 기러기를 받으시오.

치안우지(置鴈于地) ㅣ 기러기를 신랑 맞은편 상 위에 놓으시오.

서북향 궤(婿北向 跪) ㅣ 신랑은 북쪽을 향해 꿇어앉으시오.

서면복 흥(婿俛伏 興) ㅣ 신랑은 조금 구부렸다 일어나시오.

소퇴 재배(小退 再拜) ㅣ 신랑은 조금 물러서서 두 번 절하시오.

신부 댁 시자는 기러기를 신부 방에 가지고 가서 신부에게 안겨주시오.

03 행 친영례(行 親迎禮) 신랑이 신부를 맞이하는 예를 행하겠습니다.

모도 부출(姆導 婦出) ㅣ 신부 댁 시자가 신부를 인도하여 예석에 들어오십시오.

모동 부서(婿東 婦西) ㅣ 신랑은 동쪽, 신부는 서쪽에 서시오.

서읍부 취석(婿揖婦 就席) ㅣ 신랑은 신부를 향해 읍하고 자리로 들어서시오.

신부도 자리로 들어서시오.

04 행 관세례(行 盥洗禮) 신랑 신부가 손을 씻는 예를 행하겠습니다.

시자진 관세어(侍者進 盥洗於) | 양측 시자는 손 씻는 대야 상을 받치시오.

서부 지전(婿婦 之前) | 신랑 신부 앞에 대야 상을 놓으시오.

서 관우남(婿 盥于南) | 신랑은 남쪽 대야를 향하시오.

부 관우북(婦 盥于北) | 신부는 북쪽 대야를 향하시오.

관수 세수(盥水 帨手) | 신랑 신부는 손을 씻으시오. 자리로 가시오.

서읍부 취석(婿揖婦 就席) | 신랑 신부는 읍하고 자리에 서시오.

05 행 교배례(行 交拜禮) 신랑 신부가 절을 교환하는 예를 행하겠습니다.

부선 재배(婦先 再拜) | 신부가 먼저 절을 두 번 하시오.

서답 일배(婿答 一拜) | 신랑은 답으로 절을 한 번 하시오.

부 우선재배(婦 又先再拜) | 신부는 다시 먼저 절을 두 번 하시오.

서 우답일배(婿 又答一拜) | 신랑은 답으로 다시 절을 한 번 더 하시오.

06 행 근배례(行 졸拜禮) 신랑 신부가 예주를 마시는 예를 행하겠습니다.

서읍부 취좌(婿揖婦 就坐) | 신랑과 신부는 읍하고 자리에 앉으시오.

시자 진선(侍者 進饌) | 시자는 신랑 신부 앞으로 상을 옮기시오.

짐주(斟酒) | 술잔에 술을 부으시오.

서읍부 제주(婿揖婦 祭酒) | 신랑은 신부에게 읍하고 술을 세 번 나누어 부으시오.

시자 우 짐주(侍者 又 斟酒) | 신랑 측 시자는 다시 술을 부으시오.

서읍부 거음 거효(婿揖婦 擧飮 擧肴) | 신랑은 신부를 향해 읍하고 술을 마시고 안주를 드시오.

시자 각 심작(侍者 各 斟酒) | 시자는 각각 술을 부으시오.

환작(換酌) | 신랑 측 술잔은 상 위로, 신부 측 술잔은 상 밑으로 교환하여 술잔을 상 위에 놓으시오.

각 거음(各 擧飮) | 신랑 신부는 술을 마시시오.

부제 무효(不祭 無肴) | 술은 마셔도 안주는 없습니다.

예필 철선(禮畢 撤饌) | 예를 마치고 철상을 하십시오.

공반상(共飯床)을 나눠 먹는 뒤풀이 행사에서는 전통 혼례에 참석한 하객들과 관광객들
모두 인절미와 초례상에 올린 과일들을 나눠 먹는다.

전안례상은 직사각형의 목상(木床)으로 청색 보자기를 덮는다. 동쪽 신랑 자리 남쪽에 북쪽
방향으로 배설되며, 홍색 천으로 감싼 나무기러기가 놓인다.

안동 태사묘 전통 혼례

안동은 유교 문화의 도시로 2006년 10월 2일 국내에서 유일하게 유네스코 세계문화유산도시로 가입하였으며, 안동하회마을은 2010년 7월 31일에 유네스코 세계문화유산에 등재되어 세계적인 전통문화의 고장으로 인정받고 있다. 조선시대 정조는 퇴계 이황의 제사에 제물과 제문을 내려(정조 16년, 1792) 안동을 '추로지향(鄒魯之鄉)'으로 칭할 정도로 유교적 정신문화의 가치를 높이 평가했다. 추로지향은 공자의 나라 노(魯)나라와 맹자의 나라 추(鄒)나라와 같이 우수한 인재를 양성한 곳이란 의미로, 전통적으로 안동이 뛰어난 인물이 배출되는 지역임을 인정한 것이다.

안동 태사묘는 경북기념물 제15호로 고려 개국 공신들의 위패를 모신 곳이며, 6·25전쟁 때 불에 타 1960년대에 다시 세워졌다. 태사묘에서 거행하는 전통 혼례는 안동예절학교 부설 기관인 사단법인 한국예절교육원 전통 혼례단에서 실혼과 시연을 함께 병행하며 주관하고 있다. 혼례 의식은 퇴계 이황 선생의 홀기를 근간으로 치러지는데, 전통 혼례를 준비하는 교육원 회원들의 단정한 모습에서 유교 문화의 도시다운 기운을 느낄 수 있다. 초례상의 고급스러움과 위엄도 이들의 모습과 흡사하다. 초례상에 배설되는 굽다리 유기들에서는 타 지역에서는 볼 수 없는 광채가 발산된다. 혼례 때마다 정성스럽게 그릇을 닦고 물품을 준비하는 수고로움을 엿볼 수 있다.

초례청에는 북쪽으로 목단 병풍 한 개, 명석, 전안례상, 초례상, 근배례용 술상, 관세례용 물품들이 배설된다. 초례청 서쪽에는 신부가 탈 가마도 준비되어 있는데 신부가 초례청으로 들어올 때 사용된다.

초례청 동쪽 입구 원앙 명석에는 신랑의 건강과 지혜로움을 평가하기 위해 노란 대두를 뿌려둔다. 초례청에 들어설 때 반드시 대두를 밟고 들어서야 한다. 신랑의 하체가 부실하고 지혜가 부족하면 대두를 밟는 순간 미끄러져 넘어질 것이고 혼례청은 한바탕 웃음바다가 될 것이다. 경주의 전통 혼례에서

초례청에는 북쪽으로 목단 병풍 한 개, 멍석, 전안례상, 초례상, 근배례상, 관세례용 물품들
이 배설된다.

매끈하게 깎은 밤과 등겨 가마니, 짚불 등으로 신랑을 평가하는 것과 일맥상통하는 부분이다. 이 모든 과정에서 집례자의 역할은 매우 중요하며 해학적인 진행을 통해 모두에게 즐거움을 선사해야 한다.

초례상은 너비가 120cm, 폭이 75cm, 높이가 86.5cm 정도인 황색 상으로, 청·홍 상보를 덮지 않는 것이 다른 지역과 비교되는 부분이다. 보통은 청·홍 상보를 남북이나 동서로 해서 덮는다. 황색의 초례상, 유기의 광채, 가을의 맑은 햇빛이 어우러져 황금색 기운이 가득한 초례청을 연출한다. 한 발자국 뒤로 물러서서 보면 우아한 고급스러움으로 눈길을 잡는다.

초례상에 배설되는 음식들은 모두 굽다리 접시에 올린다. 과일이 올라가는 굽다리 유기 접시는 직경이 약 17cm이며, 밤과 대추가 올라가는 유기는 직경이 약 13cm, 유기 굽다리 접시의 높이는 모두 약 7cm이다.

초례상 중심에는 남북으로 대나무와 소나무가 백자 화병에 꽂혀 있고, 청·홍 비단실이 소나무와 대나무를 이어주며 초례상을 가로지른다. 소나무와 대나무는 절개를 의미하며 청·홍 비단실은 신랑 신부의 하나 됨을 의미한다. 소나무와 대나무가 양 끝으로 놓이면 중앙에 배, 단감, 사과가 배설된다. 단감이 없는 계절에는 곶감을 올린다. 과일들은 모두 다섯 개씩 올리는데, 홀수가 양수이기에 관혼상제에 올리는 물품들은 모두 홀수 개를 올린다. 『주역(周易)』에 따르면 5라는 숫자는 사람이 어머니 자궁으로부터 세상에 태어나는 숫자로, 신랑 신부도 혼례 의식을 통해 새롭게 태어나 하나가 되는 만큼 공자가 말하는 숫자 5의 의미와 연결된다. 이들 물품을 중심으로 동서로 동일한 물품들이 배설되는데 밤, 대추, 팥, 찹쌀 등이다.

동서 촛대에 꽂는 청·홍초에는 불을 켜지 않는데, 과거에는 저녁에 혼인을 하여 촛불을 켰으나 오늘날에는 낮에 혼례를 하기 때문에 켜지 않는다고 한다. 혼인의 혼(婚) 자에 저물 혼(昏) 자가 있는 만큼 원형을 살리기 위해서는 저녁에 혼례를 치러야 하지만 현대인들의 라이프 스타일에 맞춰 낮에 치르는 만큼 예법도 변형하여 적용하고 있다. 전통 혼례가 저녁에 치르게 되는 이유에

안동에서는 살아 있는 닭을 초례상에 올리는데 혼례를 치르는 내내 초례상의 배를 쪼아 먹기도 하고, 쌀을 계속 쪼아 먹게 되면서 초례상 전체가 하얀 쌀알들로 가득하다.

대해서는 여러 가지 설이 있다. 상기에서 언급한 이유 외에 다른 이유가 있다고 주장하는 사람들도 있다. 과거에는 신랑이 신부집으로 가는 거리가 멀기 때문에 일찍 출발해도 해 질 녘이 되어서 신부집에 도착하니 혼례도 당연히 저녁에 치렀다는 설이다. 그러나 이것이 정설은 아니다.

안동의 전통 혼례에서 가장 흥미로운 광경은 살아 있는 닭을 초례상에 올리는 것이다. 암탉을 상자에 잘 담은 후 홍색 보자기로 단단하게 감싸 초례상의 서남쪽에 올리고, 수탉은 초례상의 동북쪽에 올린다. 살아 있는 닭을 올리다 보니 혼례를 치르는 내내 닭이 초례상의 배를 쪼아 먹어 배의 한쪽이 움푹 들어가기도 하고, 쌀을 계속 쪼아 먹게 되면서 초례상 전체가 하얀 쌀알들로 가득하다. 심지어 닭이 바닥으로 떨어져 하객들을 깜짝 놀라게 하고 웃음을 주기도 한다.

근배례를 위한 표주박 두 개는 대나무 화병 옆에 두었다가 의식 차례가 오면 근배례용 술상에 올려둔다.

근배례용 술상은 사각 목상(木床)이며 동서로 각각 배설된다. 각 상에는 유기 주전자, 술안주를 담은 굽다리 접시, 유기로 만든 잔대와 공기, 젓가락이

신부 상에는 근배례용 술상의 안줏감으로 신부가 폐백용으로 준비해 온 음식 중 일부를 올린다.

올라간다. 신부 상에는 안줏감으로 신부가 폐백용으로 준비해 온 음식 중 일부를 올린다. 본 조사가 이루어진 날에는 한과가 올라갔는데 정과와 다식류들이었다. 정과는 도라지 건정과로 대추 꽃 한 개와 호박씨 두 개로 장식을 했으며 다식은 콩가루 다식, 오미자 다식, 말차 다식을 만들어 올렸다. 신랑의 교배례상 안줏감으로는 도토리묵이 올라가는데, 상업용 도토리묵을 구입해 올리고 있다. 묵은 단지 신랑의 안줏감으로 등장하는 단순한 물품이 아니다. 신랑의 지혜로움과 신체 기관의 건강함을 시험하는 평가 도구로서의 임무가 있다. 신랑이 젓가락으로 묵을 집어 뒤집는 과정을 지켜보는 하객들은 신랑만큼 긴장을 하게 된다. 만약 묵을 집다가 부스러트리기라도 한다면 신랑에 대한 기대감은 감소하게 된다. 하지만 묵 형체를 고스란히 유지하면서 재빨리 뒤집는 지혜를 발휘하면 하객들은 환호와 함께 큰 박수를 보낸다. 까다로운 테스트를 통과한 것에 대한 축하의 박수이다. 과거에는 신부 측에서 의도적으로 묵을 아주 묽게 쑤어 혼례 날 신랑을 골탕 먹이기도 했다고 한다. 몇 번을 집어도 부서지는 묵 때문에 당황해하는 신랑을 보는 혼례의 재미는 해학을 즐기는 안동 지역의 정겨운 정서를 보여준다.

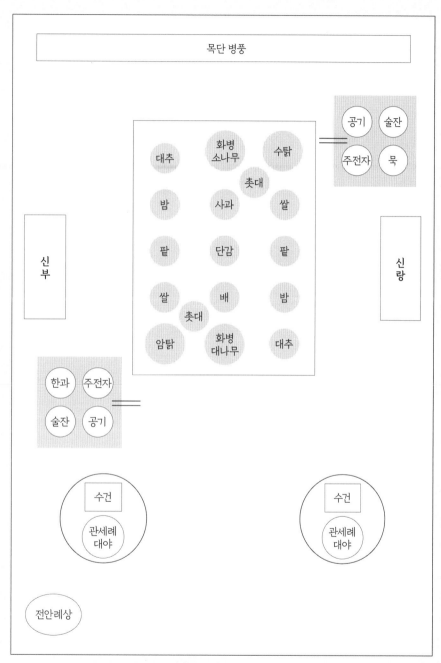

목단 병풍

	공기	술잔	
	주전자	묵	

대추　　화병 소나무　　수탉

촛대

밤　　사과　　쌀

팥　　단감　　팥

쌀　　배　　밤

촛대

암탉　　화병 대나무　　대추

한과	주전자	
술잔	공기	

신부

신랑

수건
관세례 대야

수건
관세례 대야

전안례상

초례상 및 초례청 배설도

전안례상은 원형의 나무 상으로 붉은색 상보를 덮는다. 경주향교에서 전안례상에 청색 상보를 덮는 것과 상반되는 부분이다. 전안례상 앞에는 청색의 방석을 배설한다.

관세례 대야는 높이가 있는 나무 받침대 위에 올리는데 긴 다리가 달린 원형 받침대이다. 서쪽 관세례 받침대에는 청색 천을 덮고 동쪽에는 홍색 천을 덮는다. 여기에 유기 대야와 흰 수건을 함께 놓는다.

초례상 및 초례청 물품

초례상	초례상	· 상보로 덮지 않음
	배 5개	· 굽다리 유기 접시에 담음 · 한 접시에 배설됨
	사과 5개	· 굽다리 유기 접시에 담음
	단감 5개	· 굽다리 유기 접시에 담음
	대추 1접시	· 굽다리 유기 접시에 담음
	밤 1접시	· 굽다리 유기 접시에 담음
	팥 1접시	· 굽다리 유기 접시에 담음
	쌀 1접시	· 굽다리 유기 접시에 담음
	대나무	· 백자 화병에 꽂음 · 초례상 중앙 남쪽 끝에 배설
	소나무	· 백자 화병에 꽂음 · 초례상 중앙 북쪽 끝에 배설
	촛대 2개	· 유기 촛대 · 신랑은 청색, 신부는 홍색
	암탉	· 홍색 천으로 감쌈
	수탉	· 청색 천으로 감쌈
근배례용 술상 (동서로 배설)	사각 상 각각 1개	· 나무로 만들었음
	주전자 각각 1개	· 유기로 만들었음
	굽다리 잔대 각각 1개	· 유기로 만들었음
	술잔 각각 1개	· 유기로 만들었음
	공기 각각 1개	· 유기로 만들었음
	젓가락 각각 1벌	· 유기로 만들었음

	묵 1접시	· 굽다리 유기 접시에 담음 · 신랑 안줏감 · 상업용 묵을 올림
	한과 1접시	· 굽다리 유기 접시에 담음 · 신부 안줏감 · 건정과와 다식을 올림 · 폐백용 안줏감에서 일부 가져옴
전안례상	원형 상	· 나무로 만들었음 · 홍색 천을 덮음
	나무기러기	· 홍색 천으로 감쌈
	방석	· 청색
관세례상	원형 상 각각 1개	· 나무로 만들었음 · 청 · 홍 보자기를 덮음
	대야 각각 1개	· 유기로 만들었음
	수건 각각 1개	· 흰색 면 · 동서로 올라감

소나무와 대나무가 양 끝으로 놓이면 중앙에 배, 단감, 사과가 배설된다. 과일들은 모두 다섯 개씩 올리는데, 홀수가 양의 수이기 때문이다.

울산향교 전통 혼례

울산향교의 창건 연도는 임진왜란으로 향교가 불타면서 기록물이 소실되어 정확히 알 수 없으나 한 고을에 한 개의 향교 체제가 형성된 15세기경으로 추정하고 있다. 효종 3년(1652)에 지금의 장소로 옮겨진 이후 수십 번에 걸쳐 고쳐졌으나 기본 틀은 변함이 없다.

도심과 함께 공존하고 있는 향교의 고택은 현대인들의 발길을 기다리고 있음에도 불구하고 경사스러운 날이 아니면 가까이 가지 않는 공간으로 우리 곁에 존재하고 있다. 이에 울산향교에서는 전통 혼례 활성화를 통해 검소하고 아름다운 조상들의 미덕을 배우고 유교 문화를 보존·계승하기 위해 전통 혼례를 적극 지원하고 있다. 울산향교에서 행해지는 혼례는 순수 전통 혼례 방식으로 혼례복을 비롯한 모든 비품은 무료로 대여하고 있으며 신부에게는 가마가 제공된다. 가마를 사용하고자 하면 신랑 신부 측에서 가마꾼을 데려와야 한다. 경우에 따라서는 혼례 대행 업체가 참여하기도 한다. 이때에는 혼인을 할 당사자들이 일정 금액을 지불하게 된다.

혼례 날 신랑 신부를 맞이하는 초례청은 향교 명륜당 앞마당에 마련되는데, 비가 내릴 경우에는 대청에 동서로 초례청이 마련된다. 초례청에 명륜당 앞 북쪽으로 병풍이 쳐지며 초례상 동서로 근배례용 술상과 관세례상이 배설된다. 초례상 앞쪽 중앙에는 전안례상이 배설된다. 초례상 밑에는 멍석이나 돗자리를 깔지 않는 대신 넓은 나무판으로 만든 받침대가 깔린다. 명륜당 앞마당이 약간 경사가 져서 평평하지 않기 때문에 판자를 받치는 것으로 판단된다.

근배례용 술상, 전안례상, 관세례상에는 모두 돗자리를 깔아 모든 혼례 과정에 예를 다하겠다는 정성을 느낄 수 있다. 또한 근배례용 술상과 관세례상은 동서로 북쪽에 나란히 배설했다가 혼례 의식 중 해당되는 순서에 양 시자가 초례상 앞으로 들고 나오게 되는데, 이것은 타 지역에서 혼례 전에 미리 정 위치에 배설하는 방법과 약간의 차이가 있음을 알 수 있다. 편리함을 추구하지 않고 홀기에 나와 있는 순서도 거스르지 않으며 과거 예법을 지키고자 하는 것이다.

초례상은 가로 142cm, 세로 90cm, 높이 75cm 크기로 문양이 있는 다홍색 천으로 덮었다. 옛날에는 제사상을 사용했는데, 다리가 짧으므로 절구통을 받쳐 높이를 올린 후 초례상으로 사용했다고 한다. 강원도에서는 사정이 여의치 않으면 짚더미를 쌓거나 거적을 말아서 상을 받치기도 하였다.[50] 초례상에서 가장 기본이 되는 소나무, 대나무는 중앙에서 동서로 북쪽 끝에 배설된다. 이때 소용되는 나무는 모두 모형이다. 플라스틱 모형의 대나무와 소나무를 화분에 심고 인조 이끼를 깔았다. 각각의 나무에는 청·홍실을 드리우는데 꼬임 처리는 없다.

초례청에 명륜당 앞 북쪽으로 병풍이 쳐지며 초례상 동서로 근배례상과 관세례상이 배설된다. 초례상 앞쪽 중앙에는 전안례상이 배설된다.

50 정승모 외 10인, 『한국인의 일생 의례』, 국립문화재연구소, 2011.

소나무와 대나무 앞줄에는 암수 닭을 서로 마주 보게 올리고 각각의 앞쪽에는 쌀을 담은 그릇을 올린다. 수탉은 청색 천으로 감싸고 암탉은 홍색 천으로 단단히 감싸기에 살아있는 닭으로 오해받기도 한다.

촛대는 초례상의 남쪽 끝자락에 동서로 배설된다. 유기로 만든 촛대에 흰 초를 꽂은 것은 다른 지역과 차이를 보인다. 보통 신랑 쪽에는 청초를 꽂고 신부 쪽에는 홍초를 꽂아 음양의 조화를 강조하는 것이 일반적이다. 과거 서민들의 혼례에서 평범한 흰 초를 사용했던 것이 그대로 반영된 듯하다. 촛대 옆에는 각각 성냥갑을 놓아 신랑 신부의 어머니가 화촉을 밝히는 데 사용한다. 안동 태사묘에서는 낮에 하는 혼례에 의미를 두고 초에 불을 켜지 않는다.

전안례상은 초례상 앞 중앙에 배설하고 상 위에는 붉은 천으로 감싼 기러기 한 쌍을 올리는데 혼례가 시작되면 신랑 친구인 기럭아범이 이 기러기를 안고 신랑에게 건네주게 된다. 과거 전통 혼례에서 신랑 쪽 아버지가 혼례 날 아침에 신랑에게 주었지만 현대 혼례에서는 모든 소용 비품들이 외부 기관에서 준비된다. 전안례에 기러기를 한 쌍으로 준비하는 것도 순수하게 전통 혼례를 이어온 형식으로 타 지역과 차이가 있다.

근배례용 술상에는 주전자, 잔대를 받친 술잔, 큰 양푼, 표주박, 밤 접시, 대추 접시, 젓가락이 동서로 동일하게 배설되는데, 이 상에 소용되는 밤, 대추, 쌀 각 한 되와 질 좋은 청주 한 병은 신부 측에서 준비해 온다. 표주박은 실제 표주박을 말려 두 개로 쪼갠 것으로 초례상에 올려두었다가 근배례 때 집례의 지시에 따라 시자가 근배례용 술상에 내려놓기도 한다.

관세례상에는 유기 대야와 흰 수건을 올리는데 관세례 때 집례의 지시에 따라 시자가 정 위치에 가져다 둔다. 전안례상, 근배례용 술상, 관세례상은 모두 동일한 형태의 상을 사용한다.

초례상 위에는 대나무, 소나무, 닭 한 쌍, 촛대, 성냥이 전부다. 다른 지역에 비해 매우 검소하다. 특이한 점은 신랑이 전안례를 올리고 나면 전안례상을 초례상 정중앙에 올려두는 것인데, 전국의 혼례에서 보기 드문 광경이다.

259

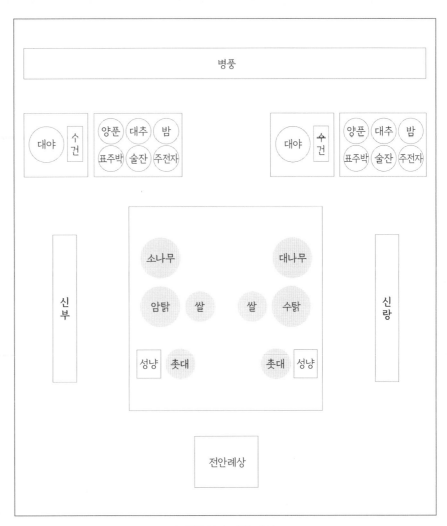

초례상 및 초례청 배설도

현대의
전통 혼례
상차림

초례상 및 초례청 물품

초례상	초례상 덮개	· 문양이 프린트되어 있는 붉은색 계열의 천을 덮음
	대나무	· 화분에 심은 채로 올려 놓음 · 대나무 모형
	소나무	· 화분에 심은 채로 올려 놓음 · 소나무 모형
	촛대 2개	· 각각 흰 초를 꽂음
	암탉	· 모형 · 홍색 천으로 감쌈
	수탉	· 모형 · 청색 천으로 감쌈
	쌀 2그릇	· 스테인리스 밥그릇에 담음
	성냥 2통	· 암수 닭 앞에 각각 배설 · 신랑 신부 촛대 바깥 옆
근배례용 술상	사각 상 각각 1개	· 나무로 만들었음 · 동서로 배설됨
	주전자 각각 1개	· 스테인리스
	굽다리 잔대 각각 1개	· 스테인리스
	술잔 각각 1개	· 스테인리스
	양푼 각각 1개	· 스테인리스
	밤 각각 1접시	· 굽다리 유기 접시에 담음
	대추 각각 1접시	· 굽다리 유기 접시에 담음
	표주박 각각 1짝	· 끝에 구멍을 내고 장식 노리개를 달았음 (신랑 표주박은 청색, 신부 표주박은 홍색)
	젓가락 각각 1벌	· 스테인리스
전안례상	사각 상	· 나무로 만들었음 · 덮개 덮지 않음
	나무기러기	· 기러기 한 쌍 · 홍색 천으로 한 쌍을 같이 감쌈
관세례상	사각 상 각각 1개	· 나무로 만들었음
	대야 각각 1개	· 유기로 만들었음
	수건 각각 1개	· 흰색 면

초례상에는 소나무, 대나무가 중앙에서 동서로 북쪽 끝에 배설되고, 그 앞줄에는 암수 닭을
서로 마주 보게 올리고 각각의 앞쪽에는 쌀을 담은 그릇을 올린다.

초례상에서 소나무, 대나무는 중앙에서 동서로 북쪽
끝에 배설되고 각각의 나무에는 청·홍실을 드리우는
데 꼬임 처리는 없다.

근배례상과 관세례상은 동서로 북쪽에 나란히 배설했
다가 혼례 의식 중 해당되는 순서에 양 시지가 초례상
앞으로 들고 나온다.

창원의집 전통 혼례

창원의집은 안두철(安斗喆, 1809~1877)의 5대손 안택영의 소유로 순흥 안씨가 대대로 세거하던 순흥 안씨 사택이었다. 창원공업단지와 신도시 개발로 사라져가는 우리 고유의 한옥을 보존하고 조상들의 전통문화를 되새겨 청소년들을 위한 산 교육장으로 활용하기 위해 창원시 차원에서 매입한 다음 1984년 9월부터 1985년 6월까지 보수를 거쳐 창원의집으로 새롭게 개장하였다. 창원에서 몇 남지 않은 한옥 건물이라는 점에서 가치가 높다.

전통 혼례는 창원시에서 무료 개방하여 지원하고 있으며, 혼례 의식에 소용되는 물품들은 외부 업체에서 대행하기 때문에 신랑 신부 측에서는 별도 상을 준비하는 번거로움은 없다. 신랑 입장도 외부 대행 업체에 따라 달라지는데, 사모관대를 하고 초례청으로 들어올 때 신랑 친구가 차양을 높이 들고 신랑을 따라 들어오게 하여 혼례 날의 주인공을 정중히 모시는 예식이 연출된다. 검소하게 하고자 하는 경우에는 외부 업체를 거치지 않기 때문에 신랑 혼자 씩씩하게 초례청으로 들어가는 경우도 있다. 전통 혼례라고 해도 현재에는 외부 예식 대행 업체들이 많이 참여하기 때문에 현대적 감각의 다양한 이벤트를 흔히 볼 수 있다.

초례청에는 초례상, 근배례용 술상, 전안례상, 관세례상이 배설되며 초례상과 관세례상 밑에는 멍석이 깔리고 전안례상과 신랑 신부 자리에는 돗자리가 깔린다.

초례상에는 대나무와 소나무를 중심으로 다양한 물품들이 배설된다. 대나무와 소나무에는 청·홍실을 꼬아 길게 드리우는데, 실이 미끄러져 떨어지지 않도록 나무 위 걸쳐지는 부분에는 꼬임을 풀어 걸쳐두는 지혜를 볼 수 있다. 다른 지역에서도 흔히 볼 수 있는 광경이다. 대나무와 소나무 사이에 사과와 배가 배설되고 신부 앞에는 팥, 신랑 앞에는 대추와 밤을 섞어 담은 접시를 놓는다. 신랑석 앞쪽 상에는 초에 불을 붙이는 데 소용되는 청색 가스라이터

초례상의 대나무와 소나무 사이에 사과와 배가 배설되고 신부 앞에는 팥, 신랑 앞에는 대추와
밤을 섞어 담은 접시를 놓는다.

가 올라가고 왼쪽 끝에 촛대가 놓인다. 촛대는 연꽃 모양을 하고 있다. 높이
는 7.5cm, 직경은 9.5cm 정도로 굽다리 접시의 높이와 거의 동일한 크기이
다. 특이한 점은 아크릴로 만든 투명 원통을 촛대에 씌워, 바람이 불어도 불
이 꺼지지 않도록 지혜롭게 만들어놓은 것이다. 신부석에도 동일한 방법으로
배설되며 이때 가스라이터의 색깔은 홍색이고 초의 색도 홍색이다. 닭은 암수
로 구분하여 각각 홍색과 청색 천으로 감싸 올렸다. 다른 지역과 마찬가지로
모형 닭을 사용한다. 각 닭의 앞에는 쌀을 담은 그릇이 놓인다. 경상도 지역
에서는 닭 앞에 쌀그릇을 배설하는 것이 예법인 것으로 보인다. 표주박은 소
나무와 신랑 쪽 촛대 사이에 올려두었다가 근배례 시 상에 올린다. 근배례용
술상은 가로 45cm, 세로 33cm, 높이 20cm 의 크기로 상보를 덮지 않는다.
근배례용 술상에 배설되는 물품은 주전자, 술잔, 호두, 젓가락이다.

　전안례상도 상보를 덮지 않고 관세례상은 전안례상과 같은 크기로 상보 대
신 손 닦는 수건을 넓게 상에 펴서 위에 대야를 올린다. 근배례, 전안례, 관세
례에 소용되는 상은 모두 동일한 크기로 울산향교의 상과 흡사하다.

초례상 및 초례청 배설도

근배례상에 배설되는 물품은 주전자, 술잔, 호두, 젓가락이다.

닭은 암수로 구분하여 각각 홍색과 청색 천으로 감싸 올렸다.

초례상 및 초례청 물품

초례상	초례상 덮개	· 청색 계열 천을 덮음
	배 5개	· 굽다리 유기 접시에 담음
	사과 5개	· 굽다리 유기 접시에 담음
	밤, 대추 1접시	· 굽다리 유기 접시에 담음 · 밤과 대추는 한 곳에 담아 배설
	팥 1접시	· 굽다리 유기 접시에 담음
	대나무	· 화분에 심은 채로 올려 놓음 · 꼬임을 한 청·홍실을 드리움
	소나무	· 화분에 심은 채도 골러 놓음 · 꼬임을 한 청·홍실을 드리움
	촛대 2개	· 청·홍초 꽂음 · 투명 아크릴 원형 관을 씌워 촛불을 보호함
	암탉	· 모형 · 홍색 천으로 감쌈
	수탉	· 모형 · 청색 천으로 감쌈
	쌀 2공기	· 암수 닭 앞에 배설 · 유기로 만든 밥공기에 담음
	촛불 켜는 가스라이터 2개	· 청·홍색 각각 한 개 · 작은 나무기러기를 받침대로 사용함
	표주박 2개	· 대나무 옆 바깥쪽에 엎어 올려둠
근배례용 술상	사각 상 각각 1개	· 나무로 만들었음
	주전자 각각 1개	· 유기로 만들었음
	굽다리 잔대 각각 1개	· 유기로 만들었음
	술잔 각각 1개	· 유기로 만들었음
	공기 각각 1개	· 유기로 만들었음
	젓가락 각각 1벌	· 나무로 만들었음
	견과류(아몬드, 호두)	· 굽다리 유기 접시에 담음 · 신랑 신부 안줏감
전안례상	사각 상	· 나무로 만들었음 · 덮개 없음
	나무기러기	· 홍색 천으로 감쌈
관세례상	사각 상 각각 1개	· 나무로 만들었음
	대야 각각 1개	· 유기로 만들었음
	수건 각각 1개	· 흰색 면

여수 오동재 전통 혼례

여수 오동재는 여수의 바다가 훤히 보이는 언덕에 세워진 편백한옥 호텔이다. 전통 혼례는 오동재 뜰에서 거행되는데 혼례 의식 일체는 외부 업체에서 대행하고 있다. 장소 데코레이션, 혼례복 대여, 가마 대여, 전문 사회자 및 수모까지 전통 혼례에 필요한 것들을 모두 제공한다.

이곳에서의 혼례는 여수 바다의 배경이 그대로 초례청으로 들어오기 때문에 병풍을 펼치는 것이 오히려 손해다. 여기에 풍물패와 판소리 식전 공연까지 더해져 더욱 시끌벅적하고 흥겨운 잔치이자 축제의 장이 된다. 혼례 후에 이어지는 우인들의 멋진 노래와 축하 공연은 전통과 현대가 어우러진 또 다른 문화를 만들어내어 여수의 바다 물결과 함께 초례청을 온통 흥겨움으로 물들인다.

초례청은 병풍, 돗자리, 초례상, 전안례상, 관세례상으로 배설되며 근배례용 술상이 별도 배설되지 않는 것이 특징이다. 근배례용 술상에 올라가는 물품들은 모두 초례상에 배설된다. 전라도 서민 초례상에는 전통적으로 근배례용 술상이 차려지지 않았다고 한다.

초례상을 준비하는 측에서는 전라도의 가장 서민적인 초례상차림이라고 하였으나 실제 상차림은 사대부 혼례가 부럽지 않을 정도로 풍성하고 섬세하게 배설된다. 과거 우리나라 서민들의 생활은 풍족하지 않았기 때문에 초례상은 풍성할 수가 없었을 것이다. 그러나 일생에 한 번인 경사스러운 날을 기념하기 위해 최선을 다해 초례상을 준비했던 선조들의 순수한 마음을 이곳 초례상을 통해 저절로 느끼게 된다. 갖가지 음식을 올려 신랑 신부의 앞날에 행복과 평강이 함께하기를 기원했던 그 마음이야말로 우리 고유의 민족정신이 아닐까 싶다.

초례청은 병풍, 돗자리, 초례상, 전안례상, 관세례상으로 배설되며 근배례상이 별도 배설되지 않는 것이 특징이다. 근배례상에 올라가는 물품들은 모두 초례상에 배설된다.

초례상에는 청·홍색의 상보를 덮는데, 동쪽에는 홍색 부분을 덮고 서쪽에는 청색 부분을 덮는다. 색을 바꿔 덮는 것은 음양의 결합을 의미하기도 한다. 상에 올라가는 닭도 암컷은 청색 천으로 감싸고 수컷은 홍색 천으로 감싼다. 청·홍초는 원래대로 동쪽에 홍초를 꽂고 서쪽에 청초를 꽂는다.

초례상에 기본적으로 배설되는 소나무와 대나무는 모형을 사용하는데, 이때, 소나무와 대나무는 서로 분리하지 않고 섞어 갈색 화병에 꽂는다. 여기에 동백꽃을 추가해 아름다움과 풍성함을 더했는데, 동백잎이 사계절 푸른 것에 의미를 두고 함께 꽂는 것에서 현대적인 감각이 가미된 것으로 생각할 수 있으나 동백꽃이 많은 이 지역의 특성이 반영된 듯하다. 동백꽃 역시 조화를 이용한다.

초례상 동서 첫 줄에는 주전자, 표주박, 젓가락, 술잔이 나란히 놓이고, 둘째 줄은 동서가 다르게 배설된다. 신랑 쪽에는 곶감, 대추, 사과, 배, 대두, 팥이 올라가고 신부 쪽에는 깐 밤, 은행(겉껍질째), 목화씨, 통팥 시루떡이 올라간다. 초례상의 중앙에는 무를 깎아 만든 숭어, 신부 촛대, 쌀 담은 그릇(청·홍실을 꼬아 올림) 두 개, 신랑 촛대, 무를 깎아 만든 숭어가 순서대로 올라간다. 초례상에 올라가는 음식들은 모두 곡식과 과일들로 풍성한 살림살이와 건강과 장수를 기원하는 의미를 내포하고 있다. 특히 목화씨는 목화솜을 이용해 실을 만든다는 의미에서 장수를 기원하는 물품이다. 숭어는 무를 이용하여 모형을 깎고 사인펜으로 숭어의 모습을 그렸는데 서민들의 입신출세에 대한 바람이 담겨 있다. 숭어는 조선시대 임금님의 수라상에 자주 올라갈 만큼 귀한 생선이었기 때문에 서민들이 숭어를 귀하게 여겼다는 것은 당연한 이치이다. 서민들은 숭어를 쉽게 잡을 수가 없었으므로 무를 깎아 신랑의 입신출세를 기원했다고 한다.

신부 쪽에 배설되는 통팥 시루떡은 액막이용으로 가택신과 기타 신에게 올리는 제물을 의미한다. 과거에는 통팥을 시루에 쪄서 시루째로 초례상에 올렸다. 현재에도 개업을 하거나 고사를 지낼 경우 통팥 시루떡을 올리고 있으며, 혼례 때는 신랑 신부의 금슬을 위해 찹쌀로 시루떡을 한다.

통팥 시루떡은 켜를 만들어 쪄내는데, 이때 켜는 홀수로 한다. 우리나라는 홀수 문화로 홀수를 양의 기운으로 보기 때문이다. 팥을 삶을 때는 첫 물을 따라내고 두 번째 물로 팥이 무르도록 삶고, 삶은 후 팬에 볶아 물기를 날린다. 찹쌀가루는 소금 간을 하고 체에 내린다.

시루에 젖은 면포를 깔고 삶아 볶은 통팥을 먼저 안친 다음 체에 내린 쌀가루를 고루 펴준다. 찹쌀가루 위에 다시 통팥을 올리고 다시 찹쌀가루 올리기를 반복적으로 수차례 하면 켜가 생긴다. 시루에 김이 오르면 뚜껑을 넓고 충분히 익혀낸다.

표주박은 동서에 한 개씩 배설되는데, 각 표주박 끝에 황·청·홍색의 실을 연결해서 초례상 동서로 길게 드리운다. 근배례 시에도 실이 연결되어 있기 때문에 친밀감을 줄 수 있으며 둘이 하나 됨과 동시에 음양의 결합을 더욱 강조하는 의미이다.

근배례에 소용되는 물품들은 모두 초례상에 배설되는 것이 특징이다. 심지어 관세례에 소용되는 수건도 동서로 한 개씩 올라간다. 주전자는 백색 도자기에 목단 꽃문양이 있으며 손잡이는 대나무 뿌리로 만들었다. 술잔은 없는 대신 유기로 만든 대접이 배설된다. 젓가락은 나무젓가락으로 첫 줄 중앙에 놓인다.

전안례상은 붉은 천으로 덮었으며 나무기러기는 청·홍색의 술이 달린 청색 천으로 감싼다. 관세례용 상은 천을 각각 덮는데, 신랑 쪽에는 홍색 천을 덮고 신부 쪽에는 청색 천을 덮는다. 위에 각각 대야를 올린다.

현대 초례상에는 올리지 않지만 과거에는 꼬막을 많이 올렸다고 한다. 지역에서 많이 생산되는 꼬막을 초례상에 가득 올려 재물과 다복을 기원했으며 혼례가 끝나면 꼬막을 초례청에 던져 하객들이 주워 가기도 했다. 초례상에 올리는 곡식들도 하객들이 한 움큼씩 집어 가는데 그 누구도 막지 않는 자연스러운 풍습이었다.

십장생 병풍

암탉　화병 2　곳감　관세례 수건　관세례 대야

숭어　성냥

깐 밤

대추

술잔　촛대　주전자

사과

은행　표주박

쌀 청·홍실

신부　표주박　목화씨　배　술잔　전안례상　신랑

주전자　쌀 청·홍실　대두

팥시루 떡　촛대　팥

숭어　암탉

성냥

관세례 대야　관세례 수건　화병 1

초례상 및 초례청 배설도

초례상 및 초례청 물품

초례상	초례상 덮개	· 청·홍색 천을 덮음 · 동쪽은 홍색, 서쪽은 청색
	팥 1접시	· 굽다리 나무 접시에 담음
	대두 1접시	· 굽다리 나무 접시에 담음
	배 4개	· 굽다리 나무 접시에 담음
	사과 4개	· 굽다리 나무 접시에 담음
	대추 1접시	· 굽다리 나무 접시에 담음
	곶감 1접시	· 굽다리 나무 접시에 담음
	밤 1접시	· 굽다리 나무 접시에 담음
	은행 1접시	· 굽다리 나무 접시에 담음 · 겉껍질째로 담음
	목화씨 1접시	· 굽다리 나무 접시에 담음
	통팥 시루떡	· 굽다리 나무 접시에 담음
	숭어 2개	· 굽다리 나무 접시에 담음 · 무를 깎아서 만들었음 · 검정 사인펜으로 숭어 생김새를 그렸음
	대나무, 소나무, 동백꽃	· 모형 사용 · 갈색 화병에 꽂음 · 세 가지를 섞어 한 화병에 모두 꽂음
	촛대 2개	· 유기로 만들었음 · 청·홍초를 꽂음
	성냥 2개	· 동서로 관세례용 수건 옆에 배설
	암탉	· 모형 · 청색 천으로 감쌈
	수탉	· 모형 · 홍색 천으로 감쌈
	쌀 2그릇	· 유기로 만들었음 · 그릇의 3분의 2를 채움 · 쌀 위에 청·홍색 실을 감아 올렸음(꼬임이 있음)
	표주박 2개	· 삼색 실을 묶었음(황·청·홍) · 끝에 구멍을 뚫고 두 개 표주박에 실을 연결함 · 동서로 표주박을 하나씩 배설
	주전자 각각 1개	· 백색 도자기에 청색 목단 문양이 있음 · 손잡이는 대나무 뿌리로 만들었음
	술잔 각각 1개	· 유기로 만든 대접

	수건 2장	· 관세례용 수건 · 청·홍색 면(일반적인 세안용 수건) · 동서로 배설됨
근배례용 술상	원형 상	· 배설 안 함
	주전자	· 초례상에 배설
	술잔	· 초례상에 배설
전안례상	사각 상 1개	· 나무로 만들었음 · 홍색 천을 덮음
	나무기러기	· 청색 보자기로 감쌈
관세례상	사각 상 각각 1개	· 나무로 만들었음 · 각각 청·홍색 천을 덮음
	대야 각각 1개	· 유기로 만들었음
	수건 각각 1개	· 초례상에 배설

초례상 동서 첫 줄에는 주전자, 표주박, 젓가락, 술잔이 나란히 놓이고, 둘째 줄은 동서가 다르게 배설된다.

근배례에 소용되는 물품들을 모두 초례상에 배설한다. 술잔은 없는 대신 유기로 만든 대접을 놓고 젓가락은 나무젓가락으로 첫 줄 중앙에 놓인다.

청·홍실은 소나무나 대나무에 걸치지 않고 놋쇠 그릇에 쌀을 담고 그 위에 똬리를 틀어 얹었다.

관세례용 상은 천을 각각 덮는데, 신랑 쪽에는 홍색 천을 덮고 신부 쪽에는 청색 천을 덮고 위에 대야를 올린다.

초례상에 배설되는 소나무와 대나무는 갈색 화병에 꽂는데 소나무와 대나무는 분리하지 않고 섞어 꽂는다. 여기에 동백꽃을 꽂아 아름다움과 풍성함을 더했다.

낙안읍성 민속마을 전통 혼례

순천 낙안읍성은 연간 120만 명의 관광객이 방문하는 주요 관광지로 조선 시대 대표적인 지방 계획도시이다. 대한민국 3대 읍성 중 하나로 사적 제302 호로 지정되어 있다.

풍요로운 낙토민안(樂土民安)의 땅 낙안읍성은 600여 년의 역사와 전통 민속 문화, 낙안팔경이 조화를 이루며 넓은 평야에 자리 잡고 있다. 조선시대부터 현재까지 조상들의 삶의 모습이 오롯이 이어져오면서 옛 정취를 여유롭게 느껴볼 수 있는 문화 체험의 장이기도 하다.

원형이 잘 보존된 성곽, 관아 건물과 소담스러운 초가, 고즈넉한 돌담길에 이르기까지 옛 추억을 되살려 힐링 명소로 주목받고 있으며, 최근 세계문화유산 잠정 목록 등재와 함께 CNN 선정 대표 관광지 16선, 문화재청 선정 가족 여행지 32선에도 선정되는 등 대한민국 대표 관광지로 거듭나고 있다.

순천시는 주말 상설 체험을 할 수 있는 프로그램을 개발하여 방문하는 관광객들에게 전통문화 체험의 기회를 제공하고 있다. 혼례 의식 전 행사로 국악 판소리 공연이 진행되는 등 관광객들에게 더없이 즐겁고 신나는 볼거리를 제공한다.

혼례 집례는 낙안읍성 별감이 맡아서 진행을 하며 오랫동안 내려오는 지역 홀기를 기준으로 혼례 의식을 치른다. 이곳 혼례 의식에서는 살아 있는 닭은 올라가지만 닭 날리기 이벤트를 하지 않기 때문에 전라도의 전통 혼례 풍습을 볼 수 없다. 최근에는 경상도 지역에서도 닭 날리기 이벤트를 하고 있어서 전국적으로 전통문화의 혼습이 더욱 빠르게 진행되고 있음을 알 수 있다.

초례청은 관아 객사 앞마당 제단에 마련되는데 병풍은 펴지 않는다. 돗자리는 두 개가 신랑석과 신부석에 각각 배설되고 초례상 아래에는 배설되지 않는다. 신랑 쪽 돗자리에는 전안상이 배설된다. 관세례용 대야는 동서로 남쪽 끝에 각각 한 개씩 배설된다.

초례상 중심에 남북으로 화려한 꽃대가 장식된다. 청·홍색 띠로 꽃대를 감싸 올리며 꽃대 중간중간에 화려한 조화를 붙여 장식하였다. 꽃대의 의미는 인생에서 가장 화려하고 귀한 날을 축하하는 것이다.

신랑 쪽 첫 줄에는 닭이 남북으로 올라가는데 북쪽에는 수탉이, 남쪽에는 암탉이 올라간다.

낙안읍성 민속마을의 전통 혼례 초례상에는 특별한 것이 있다. 전국 어느 지역에서도 볼 수 없는 물품으로 초례상 중심에 남북으로 화려한 꽃대가 장식되는 것이다. 플라스틱으로 길게 꽃대를 만들고 청·홍색 띠로 꽃대를 감싸 올리며 꽃대 중간중간에 화려한 조화를 붙여 장식하였다. 꽃대의 의미는 인생에서 가장 화려하고 귀한 날을 축하하는 것이다. 꽃대를 중심으로 남북으로 청색 화병이 각각 한 개씩 배설되며 대나무, 소나무, 동백나무를 골고루 섞어 꽂는다.

신부 앞 첫 줄에는 청·홍초가 배설되는데 남쪽에는 홍초, 북쪽에는 청초가 놓인다. 이들 초는 쌀 담은 그릇에 꽂혀 있고 흰 무명실이 초를 감고 있어서 멀리서 보면 하얀 국수 가닥들이 그릇에 넘쳐나는 듯하다. 흰 무명실은 신랑 신부의 무병장수를 의미한다.

홍초 옆 남쪽 끝에는 청색 수건을 올린다. 근배례에 소용되는 물품은 청·홍초 안으로 북쪽에서부터 주전자, 술잔, 표주박이 놓여 있으며, 둘째 줄에는 통팥 시루떡이 남쪽 끝에 올라간다.

신랑 쪽 첫 줄에는 닭이 남북으로 올라가는데 북쪽에는 수탉이, 남쪽에는

암탉이 올라간다. 이때 닭은 살아 있는 닭이다. 첫 줄에는 북쪽에서부터 관세
례용 수건, 술잔, 표주박, 주전자를 놓는다. 표주박 끝에는 색실이 동서로 연
결되어 있다. 초례상 중앙에는 북쪽부터 대두, 팥, 단감, 목화씨를 올린다. 전
안례상은 사각 나무상으로 천을 덮지 않으며 상에 올리는 나무기러기는 붉은
천으로 감싼다. 관세례에 소용되는 대야는 상에 올리지 않고 초례상 아래 바
닥에 동서로 각각 한 개씩 배설하는데 남쪽 끝에 놓는다.

초례상 및 초례청 배설도

초례상 및 초례청 물품

초례상	초례상 덮개	· 청·홍색 천을 남북으로 덮음
	팥 1접시	· 굽다리 나무 접시에 담음
	대두 1접시	· 굽다리 나무 접시에 담음
	배 1개	· 굽다리 나무 접시에 담음
	단감 3개	· 굽다리 나무 접시에 담음
	대추 1접시	· 굽다리 나무 접시에 담음
	밤 1접시	· 굽다리 나무 접시에 담음
	은행 1접시	· 굽다리 나무 접시에 담음
	목화씨 1접시	· 굽다리 나무 접시에 담음
	통팥 시루떡	· 굽다리 나무 접시에 담음
	숭어 2개	· 굽다리 나무 접시에 담음 · 무를 깎아서 만들었음 · 검정 사인펜으로 숭어의 생김새를 그렸음 · 신랑 쪽 첫 줄에 배설
	대나무, 소나무, 동백나무 가지	· 옥색 화병에 동백나무 가지를 추가로 꽂음 · 각 화병에 소나무, 대나무, 동백 가지를 섞어 꽂음
	촛대	· 없음 · 청·홍초는 쌀그릇에 꽂음
	암탉	· 살아 있는 닭 · 보자기를 감싸지 않음
	수탉	· 살아 있는 닭 · 보자기를 감싸지 않음
	쌀 2그릇	· 유기로 만들었음 · 그릇의 3분의 2를 채움 · 쌀 위에 청·홍초를 꽂음 · 초를 중심으로 쌀 그릇 안에 흰색 실타래를 감음
	표주박 2개	· 삼색 실을 묶었음(황·청·홍) · 표주박 끝에 구멍을 뚫고 두 개의 표주박에 실을 연결시킴 · 동서로 표주박을 하나씩 배설
	주전자 각각 1개	· 스테인리스로 만들었음 · 나무 손잡이를 갖춤
	술잔 각각 1개	· 플라스틱으로 만든 갈색 대접
	수건 각각 1장	· 관세례용 수건 · 청·홍색 면(일반적인 세안용 수건) · 동서로 배설됨

근배례용 술상	원형 상	· 배설 안 함
	주전자	· 초례상에 배설
	술잔	· 초례상에 배설
전안례상	사각 상 1개	· 나무로 만들었음 · 홍색 천을 덮음
	나무기러기 1개	· 홍색 천으로 감쌈
관세례상	사각 상	· 배설 안 함
	대야 각각 1개	· 유기로 만들었음 · 동서로 남쪽 끝에 배설
	수건 각각 1개	· 초례상에 배설

초는 쌀 담은 그릇에 꽂혀 있고 흰 무명실이 초를 감고 있는데 이는 신랑 신부의 무병장수를
의미한다. 표주박 끝에 녹·홍색의 끈을 달아 맞은편 표주박과 연결한다.

둘째 줄에는 통팥 시루떡이 남쪽 끝에 올라간다.

전안례상은 사각 나무상으로 천을 덮지 않으며, 상에
올리는 기러기는 붉은 천으로 감싼다.

06 제주 지역

제주향교 전통 혼례

제주향교는 1971년 8월 26일 제주특별자치도의 유형문화재 제2호로 지정된 곳으로 제주 지역의 유교 전통문화를 이어가고 있다. 원래는 관덕정 동쪽으로 1리 되는 곳의 향교전에 처음 지어졌던 것을 가락천 동쪽 고령밭과 광양 등 다섯 번의 이건(移建)을 거쳐 여러 차례 재건을 반복하다 순조 27년(1827) 당시의 제주 목사 이행교가 최종적으로 옮겨 지은 곳이 현재의 향교이다.

제주향교 전통 혼례는 주말마다 행해지고 있다. 혼례를 원할 경우 일정 금액을 지불하면 향교에서 모두 준비해서 혼례를 치를 수 있게 도움을 준다.

전통적으로 제주도에서는 혼인이 성사되면 일주일 동안 한바탕 잔치가 벌어진다. 혼례 전 신랑과 신부를 위해 깨끗한 이불을 만드는 일이 첫째 날에 행해지며, 둘째 날은 돼지를 잡는다. 셋째 날은 혼인 당사자인 신랑과 신부를 축하해주는 날이며, 비로소 넷째 날이 혼례 날이다. 혼례가 끝난 다음 날은 신부집에서 신부 측 사돈을 모셔 잔치를 하고, 여섯째 날은 신랑집에서 신랑 측 사돈과 친척을 모두 불러놓고 맛있는 음식으로 대접한다. 마지막 일곱째 날은 잔치로 어수선해진 집안 구석구석을 모두 청소하고 정리 정돈을 하는 날로 '설거지 날'이라고 한다.

제주도에서 빠질 수 없는 혼례 음식은 돼지고기에 모자반을 넣고 끓인 국인데 일명 '몸국'이라고 한다. 이 외에도 빙떡,[51] 두부, 순대, 돼지고기와 채소 음식을 잔칫상에 내놓는다. 제주도 결혼 피로연에 돼지고기를 사용하는 것은 관례였다.

과거 고구려 시대에는 신랑집에서 신부집으로 돼지와 술을 이바지 음식으로 보냈으며[52] 이 돼지와 술은 신부집 혼례식장에 모인 사람들과 나눠 먹었다.

---

[51] 메밀가루를 반죽하여 돼지비계로 지진 전에 무채를 넣고 말아 만든 제주 전통 음식
[52] 「北史」「高句麗傳」

초례청에는 병풍, 돗자리, 초례상, 전안례상, 근배례상(향교에서는 혼례상이라고 부름), 관세
례 물품, 대나무 화분, 소나무 화분, 신랑 의자, 신부 의자가 배설된다.

대나무와 소나무는 초례상에 올라가지 않고
초례상 아래 놓는다.

혼례에 술과 돼지를 사용한 흔적은 『의례』의 「사혼례」에 등장한 동뢰연 상차림에서도 나타난다. 제주도뿐만 아니라 전국적으로 집안마다 큰 의례가 있을 때 돼지를 잡아서 잔치를 벌였는데, 돼지는 성장이 빠르고 한번에 많은 새끼를 낳기 때문에 의례용으로 쉽게 사용했을 것으로 생각된다.

최근 혼례 풍습은 서양식으로 예식장에서 혼례를 치르고 음식도 뷔페에서 대접하기 때문에 인간미 넘치는 과거 혼례 풍습은 보기가 힘들어졌다. 경주향교에서 행하고 있는 전통 혼례도 혼례를 원하는 쪽에서 일정 금액을 지불하면 모든 물품을 향교에서 마련하기 때문에 까다로운 준비를 할 필요가 없다. 혼례 날 하객들을 위한 피로연만 챙기면 되는데 전국 곳곳의 향교 전통 혼례에서는 피로연을 케이터링 업체에 위탁해 뷔페를 현장에 차리기 때문에 이 또한 혼주들의 수고로움을 덜어준다. 제주향교에서도 명륜당 앞마당에 차일을 치고 뷔페가 차려지기도 한다.

우리나라 초례는 신랑이 신부집에 가서 혼례를 올리는 것이 관례였으나, 제주도에서는 신랑과 신부의 집이 육지보다 멀지 않기 때문에 신부를 신랑집에 데리고 와서 초례를 치르는 것이 전통적인 혼례 풍습으로 알려져 있다.

초례청에는 병풍, 돗자리, 초례상, 전안례상, 근배례용 술상(향교에서는 혼례상이라고 부름), 관세례 물품, 대나무 화분, 소나무 화분, 신랑 의자, 신부 의자가 배설되는데, 육지의 초례청 배설과 큰 차이를 보인다. 특히 신랑 신부 교배례석과 근배례석이 분리되어 있는 것이 특징이다. 교배례석에는 돗자리를 깔고 각각 방석을 올려놓고 근배례석에는 의자를 배설하였는데 의자에도 각각 방석을 올려놓는다. 대나무와 소나무는 초례상에 올라가지 않고 초례상 아래 놓는다. 굽이 높은 나무 탁상을 받침대로 하여 소나무와 대나무를 동서로 올려둔다.

병풍은 청·홍색으로 구분하여 두 개를 초례청 북쪽에 펼쳐둔다. 병풍 앞에는 육지에서 일컫는 초례상을 배설하고 흰 천을 덮는데, 육지에서 청·홍색 천을 덮는 것과 차이가 있는 부분이다. 초례상에는 다양한 곡식과 과일들이

각 상 앞쪽 첫 줄에 북어, 술잔, 빈 굽다리 접시가 배설되고 두 번째 줄에는 고임을 한 조과,
비스킷 접시가 배설된다. 셋째 줄에는 밤, 쌀, 팥, 대추가 배설되고 마지막 넷째 줄에는 배,
밀감, 사과를 배설한다.

올라가지만 제주향교 혼례에는 표주박 두 개와 촛대 두 개가 전부다. 나머지 물품들은 모두 초례상 아래 다리가 낮은 혼례상에 배설된다. 이 상을 마주 보고 근배례가 행해진다. 혼례상은 동서로 각각 배설되며 위에 올리는 물품은 동일하다. 각 상 앞쪽 첫 줄에는 굽다리 접시에 올린 북어, 술잔, 빈 굽다리 접시가 배설되고 두 번째 줄에는 고임을 한 조과, 비스킷 접시가 배설된다. 셋째 줄에는 밤, 쌀, 팥, 대추가 배설되고 마지막 넷째 줄에는 배, 밀감, 사과를 배설한다. 상에 올라간 비스킷이 현대 전통 혼례임을 보여주고 있다. 이 비스킷은 안줏감으로 쓰인다.

　신랑 신부는 교배례 자리에서 교배례를 올리고 근배례 자리로 이동하여 의자에 앉는다. 전안례상은 신부가 있는 서쪽 방 앞에 배설되며 관세례 대야는 다리가 세 개 달린 금속 받침에 올리고 흰 수건이 함께 배설된다.

　현재 제주도 전통 혼례 초례상은 1626년 반친영 때 신부집에서의 동뢰연 상차림과 흡사하다. 의자와 탁자를 동서로 마주 보게 놓고 신랑 신부가 동서로 앉는 것도 동일한 배설법이라고 할 수 있다. 다만 상 위에 올라가는 음식들은 다르다.

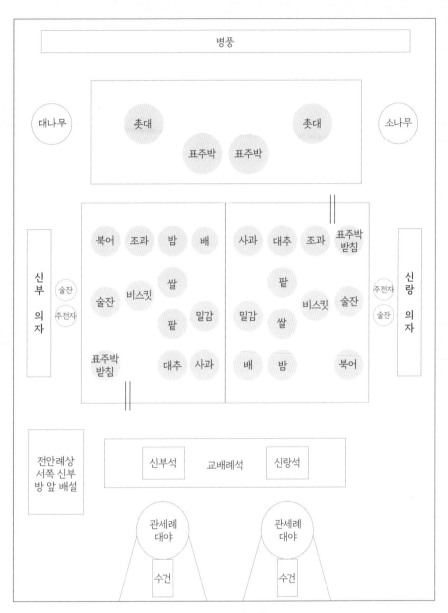

병풍

대나무

소나무

촛대   촛대

표주박 표주박

신부 의자

술잔
주전자

신랑 의자

주전자
술잔

북어	조과	밤	배	사과	대추	조과	표주박 받침
		쌀				팥	
술잔	비스킷					비스킷	술잔
		팥	밀감	밀감	쌀		
표주박 받침		대추	사과	배	밤		북어

전안례상
서쪽 신부
방 앞 배설

신부석	교배례석	신랑석

관세례 대야

관세례 대야

수건

수건

초례상 및 초례청 배설도

초례상 및 초례청 물품

초례상 (육지와 다르게 쓰임)	표주박 2개	· 상의 중앙에 배설 · 향교에 있는 여러 개의 표주박이 서로 짝이 바뀌지 　않도록 일련의 번호를 적어둠
	촛대 2개	· 청·홍초를 꽂아 동서로 배설
	사각형 큰 상 각각 1개	· 나무로 만들었음 · 동서로 배설 · 혼례상이라고 함
	주전자 각각 1개	· 양은 주전자 · 굽다리 나무 잔대를 받침
	굽다리 잔대 각각 1개	· 나무로 만들었음 · 술잔을 받침
	술잔 각각 1개	· 나무로 만들었음 · 굽다리 나무 잔대에 올림
근배례용 술상 (동서로 각각 한 상씩 배설)	술잔 각각 1개	· 근배례용 술상 바닥에 배설 · 나무로 만들었음 · 굽다리 나무 잔대에 올림
	젓가락 각각 1벌	· 나무로 만들었음 · 굽다리 받침대에 올림
	조과 각각 1통	· 상업용으로 판매하는 고임 조과 · 플라스틱 통에 들어 있음
	북어 각각 1마리	· 굽다리 나무 접시에 담음
	대추 각각 1접시	· 나무 그릇에 담음 · 굽다리 나무 잔대를 받침
	팥 각각 1공기	· 스테인리스 밥공기에 담음 · 굽다리 나무 잔대를 받침
	쌀 각각 1공기	· 스테인리스 밥공기에 담음 · 굽다리 나무 잔대를 받침
	밤 각각 1접시	· 굽다리 나무 접시에 담음
	비스킷 각각 1접시	· 굽다리 나무 접시에 담음
	사과 각각 1접시	· 굽다리 나무 접시에 담음
	밀감 각각 1접시	· 굽다리 나무 접시에 담음
	배 각각 1접시	· 굽다리 나무 접시에 담음
관세례상	대야 각각 1개	· 초례청 입구에 배설
	수건 각각 1개	· 대야와 함께 배설

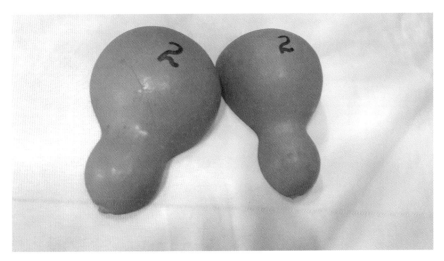

병풍 앞에는 육지에서 일컫는 초례상을 배설하고 흰 천을 덮는데, 육지에서 청·홍색 천을
덮는 것과 차이가 있는 부분이다.

보통 육지는 지역적 특성에 따라 혼습이 되어 이어져온 반면, 제주는 육지
와 달리 혼습과 교류의 기회가 적기 때문에 육지보다도 더 오랜 역사의 전통
혼례 예법을 고수하며 유지해온 것으로 생각된다.

참고 문헌

1부 상차림에 혼례의 의미를 담다

『高麗史(고려사)』, 卷89, 1454.

김상보, "朝鮮朝(조선조)의 혼례음식", 『정신문화연구』, vol 25, no 1, 2002.

김상보, 『조선 왕조의 혼례연향 음식문화』, 신광출판사, 2006.

김상보, 『조선시대의 음식문화』, 가람기획, 2006.

徐兢(서긍), 『宣和奉使高麗圖經(선화봉사고려도경)』「雜俗(잡속)」, 1124.

정구복 외, 『역주삼국사기』, 한국정신문화연구원, 1999.

『增補文獻備考(증보문헌비고)』

『春官志(춘관지)』, 1744, 규장각.

韓東龜(한동구), 『韓國(한국)の冠婚葬祭(관혼장제)』, 國書刊行會(국서간행회), 1974.

2부 조선 왕실의 혼례상차림

『嘉禮都監儀軌(가례도감의궤)』, 1681, 규장각.

『嘉禮都監儀軌(가례도감의궤)』, 1866, 규장각.

『國朝五禮儀(국조오례의)』, 1474.

김상보, 『음양오행사상으로 본 조선왕조의 제사음식문화』, 수학사, 1995.

김상보, 『조선왕조 궁중의궤 음식문화』, 수학사, 1995.

김상보, "朝鮮朝(조선조)의 혼례음식", 『정신문화연구』, vol 25, no 1, 2002.

김상보, 『조선왕조 혼례연향 음식문화』, 신광출판사, 2006.

『萬機要覽(만기요람)』, 1808.

『三國史記(삼국사기)』「百濟本紀(백제본기)」, 1145.

송재선 엮음,『농어속담사전』, 동문선, 1994.

송재선 엮음,『음식속담사전』, 동문선, 1994.

矢野憲一(시야헌일),『たべもの日本史總覽(일본사총람)』「あわび」, 新人物往來社
     (신인물왕래사), 1982.

『迎接都監儀軌 (영접도감의궤)』, 1643, 규장각.

이광규,『한국인의 일생』, 형설출판사, 1985.

『進宴儀軌(진연의궤)』, 1719, 규장각.

허균,『屠門大嚼(도문대작)』, 1611, 규장각.

3부 조선 반가의 혼례상차림

『家禮增解(가례증해)』, 1792, 규장각.

김상보,『조선 왕조 혼례연향 음식문화』, 신광출판사, 2006.

김상보, "朝鮮朝(조선조)의 혼례음식",『정신문화연구』, vol 25, no 1, 2002.

문옥표 외,『조선시대관혼상제』(I) 관례 혼례 편, 한국정신문화연구소, 1999.

문옥표, 이충구 역주,『증보사례편람』역주본, 한국학중앙연구원 출판부, 2014.

『四禮便覽(사례편람)』, 규장각.

『常變通攷(상변통고)』, 1830, 규장각.

성백효 역,『국역 여헌집』4, 민족문화추진진회, 1999.

『與猶堂全書(여유당전서)』, 국립중앙도서관, 1962.

『禮記(예기)』「禮器(예기)」

장철수,『한국의 관혼상제 연구』, 집문당, 1995.

정선용,『가례집람도설』, 한국고전번역원, 2003.

한국사상연구소 편, 『여헌 장현광의 학문세계, 우주와 인간』, 예문서원, 2004.

韓東龜(한동구), 『韓國(한국)の冠婚葬祭(관혼장제)』, 國書刊行會(국서간행회), 1974.

허균, 『사창장식 그 빛나는 상징의 세계』, 돌베개, 2000.

4부 근대의 혼례상차림

안동대학교 대학원 민속학과 BK21사업팀, 『셋이면 하나인 원구마을』, 민속원, 2007.

장철수, 『한국의 관혼상제연구』, 집문당, 1995.

조화은, "한국과 중국 조선족의 전통혼례 및 음식문화 비교 연구", 원광대학교 대학
　원 석사학위논문, 2005.

주영, "한·중 혼례와 혼례음식의 비교연구", 부산외국어대학교 대학원 석사학위 논
　문, 2007.

한국역사연구회, 『우리는 지난 100년 동안 어떻게 살았을까』, 역사비평사, 1998.

5부 현대의 전통 혼례상차림

강원도 외, 『강원의 마을 민속』 3-3, 강원도문화원연합회, 2015.

경기도박물관, 『경기민속지』V, 2002.

김시황, 『韓國禮學散稿(한국예학산고)』, 푸른사상, 2002

김의숙, 이학주 『강원인의 일생 의례』, 민속원, 2005.

『디지털용인문화대전』, 한국학중앙연구원.

『北史(북사)』「高句麗傳(고구려전)」

송악면향토지편찬위원회, 『송악면향토지』, 2012.

송재용, 『韓國 儀禮의 研究(한국 의례의 연구)』, 제이앤씨, 2007.

신수현, "혼인의례의 변화에 따른 예식 시설 실내 설계에 관한 연구", 홍익대학교 건축도시대학원, 2006.

엄흥용, 『영월 땅 이름의 뿌리를 찾아서』, 대흥기획, 1995.

여증동, "退溪先生撰 婚禮笏記 연구 1", 『퇴계학논집』, 1990.

여증동, "退溪先生撰 婚禮笏記 연구 3: 交拜禮를 中心으로", 『퇴계학논집』, 1990.

여증동, "退溪先生撰 婚禮笏記 연구 4: 交酬禮·合졸禮를 中心으로", 『퇴계학논집』, 1991.

영월군, 『영월군지』, 2002.

영월삼굿마을 홈페이지, http://3good.invil.org/index.html

온양문화원, 『온양아산의 민속』, 1996.

온양문화원, 『온양아산마을사』, 2007.

온양문화원, 『아산의 입향조』, 2009.

온양문화원, 『아산 인물록』, 2009.

온양시지편찬위원회, 『온양시지』, 1989.

외암사상연구소, 『외암 이간의 철학과 삶』 Ⅳ, 온양문화원, 2008.

용인군지편찬위원회, 『용인군지』, 1992.

용인문화원, 『백암면지』, 2006.

용인시, 『용인의 역사지리』, 2000.

이창일, 『정말 궁금한 우리 예절 53가지』, 예담, 2008.

정승모 외 10인, 『한국인의 일생 의례』 1, 국립문화재연구소, 2011.

정승모 외 10인, 『한국인의 일생 의례』 2, 국립문화재연구소, 2011.

충청남도지편찬위원회, 『충청남도지』 민속, 2010.

『한국민족문화대백과사전』, 한국정신문화연구원, 1991.

한국문화재보호재단, 『알기쉽게 풀이한 우리의 전통예절』, 한국문화재보호재단, 1996.

韓東龜(한동구), 『韓國(한국)の冠婚葬祭(관혼장제)』, 國書刊行會(국서간행회), 1974.

전통 혼례상차림

1판 1쇄 발행 2017년 2월
2판 1쇄 발행 2017년 9월

기획   K·FF 한식재단 KOREAN FOOD FOUNDATION
발행인   임상백

글   김상보, 석대권, 최명환, 최정은
편집   Hollym 기획편집팀
디자인   Hollym 디자인팀

펴낸곳   한림출판사
          Hollym

주소   서울 종로구 종로 12길 15
전화   02 735 7551~4   전송   02 730 5149
전자우편 hollym@hollym.co.kr   홈페이지 www.hollym.co.kr

ISBN 978-89-7094-993-2 93380